欧亚历史文化文库

总策划 张余胜

兰州大学出版社

敦煌吐鲁番出土唐代军事文书考释

丛书主编　余太山
王永兴　著

图书在版编目（CIP）数据

敦煌吐鲁番出土唐代军事文书考释 / 王永兴著. --
兰州 : 兰州大学出版社, 2014.12
（欧亚历史文化文库 / 余太山主编）
ISBN 978-7-311-04671-2

Ⅰ. ①敦… Ⅱ. ①王… Ⅲ. ①军事—文书—研究—吐鲁番地区—唐代 Ⅳ. ①E294.2

中国版本图书馆CIP数据核字(2014)第301846号

策划编辑　施援平
责任编辑　高燕平　施援平
装帧设计　张友乾

书　　名　敦煌吐鲁番出土唐代军事文书考释
丛书主编　余太山
作　　者　王永兴　著
出版发行　兰州大学出版社　（地址:兰州市天水南路222号　730000）
电　　话　0931-8912613(总编办公室)　0931-8617156(营销中心)
　　　　　0931-8914298(读者服务部)
网　　址　http://www.onbook.com.cn
电子信箱　press@lzu.edu.cn
网上销售　http://lzup.taobao.com
印　　刷　天水新华印刷厂
开　　本　700 mm×1000 mm　1/16
印　　张　22.75(插页2)
字　　数　303千
版　　次　2014年12月第1版
印　　次　2014年12月第1次印刷
书　　号　ISBN 978-7-311-04671-2
定　　价　70.00元

出版说明

随着20世纪以来联系地、整体地看待世界和事物的系统科学理念的深入人心，人文社会学科也出现了整合的趋势，熔东北亚、北亚、中亚和中、东欧历史文化研究于一炉的内陆欧亚学于是应运而生。时至今日，内陆欧亚学研究取得的成果已成为人类不可多得的宝贵财富。

当下，日益高涨的全球化和区域化呼声，既要求世界范围内的广泛合作，也强调区域内的协调发展。我国作为内陆欧亚的大国之一，加之20世纪末欧亚大陆桥再度开通，深入开展内陆欧亚历史文化的研究已是责无旁贷；而为改革开放的深入和中国特色社会主义建设创造有利周边环境的需要，亦使得内陆欧亚历史文化研究的现实意义更为突出和迫切。因此，将针对古代活动于内陆欧亚这一广泛区域的诸民族的历史文化研究成果呈现给广大的读者，不仅是实现当今该地区各国共赢的历史基础，也是这一地区各族人民共同进步与发展的需求。

甘肃作为古代西北丝绸之路的必经之地与重要组

成部分，历史上曾经是草原文明与农耕文明交汇的锋面，是多民族历史文化交融的历史舞台，世界几大文明（希腊—罗马文明、阿拉伯—波斯文明、印度文明和中华文明）在此交汇、碰撞，域内多民族文化在此融合。同时，甘肃也是现代欧亚大陆桥的必经之地与重要组成部分，是现代内陆欧亚商贸流通、文化交流的主要通道。

基于上述考虑，甘肃省新闻出版局将这套《欧亚历史文化文库》确定为2009—2012年重点出版项目，依此展开甘版图书的品牌建设，确实是既有眼光，亦有气魄的。

丛书主编余太山先生出于对自己耕耘了大半辈子的学科的热爱与执著，联络、组织这个领域国内外的知名专家和学者，把他们的研究成果呈现给了各位读者，其兢兢业业、如临如履的工作态度，令人感动。谨在此表示我们的谢意。

出版《欧亚历史文化文库》这样一套书，对于我们这样一个立足学术与教育出版的出版社来说，既是机遇，也是挑战。我们本着重点图书重点做的原则，严格于每一个环节和过程，力争不负作者、对得起读者。

我们更希望通过这套丛书的出版，使我们的学术出版在这个领域里与学界的发展相偕相伴，这是我们的理想，是我们的不懈追求。当然，我们最根本的目的，是向读者提交一份出色的答卷。

我们期待着读者的回声。

总序

本文库所称“欧亚”(Eurasia)是指内陆欧亚,这是一个地理概念。其范围大致东起黑龙江、松花江流域,西抵多瑙河、伏尔加河流域,具体而言除中欧和东欧外,主要包括我国东三省、内蒙古自治区、新疆维吾尔自治区,以及蒙古高原、西伯利亚、哈萨克斯坦、乌兹别克斯坦、吉尔吉斯斯坦、土库曼斯坦、塔吉克斯坦、阿富汗斯坦、巴基斯坦和西北印度。其核心地带即所谓欧亚草原(Eurasian Steppes)。

内陆欧亚历史文化研究的对象主要是历史上活动于欧亚草原及其周邻地区(我国甘肃、宁夏、青海、西藏,以及小亚、伊朗、阿拉伯、印度、日本、朝鲜乃至西欧、北非等地)的诸民族本身,及其与世界其他地区在经济、政治、文化各方面的交流和交涉。由于内陆欧亚自然地理环境的特殊性,其历史文化呈现出鲜明的特色。

内陆欧亚历史文化研究是世界历史文化研究中不可或缺的组成部分,东亚、西亚、南亚以及欧洲、美洲历史文化上的许多疑难问题,都必须通过加强内陆欧亚历史文化的研究,特别是将内陆欧亚历史文化视做一个整体加以研究,才能获得确解。

中国作为内陆欧亚的大国，其历史进程从一开始就和内陆欧亚有千丝万缕的联系。我们只要注意到历代王朝的创建者中有一半以上有内陆欧亚渊源就不难理解这一点了。可以说,今后中国史研究要有大的突破,在很大程度上有待于内陆欧亚史研究的进展。

古代内陆欧亚对于古代中外关系史的发展具有不同寻常的意义。古代中国与位于它东北、西北和北方，乃至西北次大陆的国家和地区的关系,无疑是古代中外关系史最主要的篇章,而只有通过研究内陆欧亚史,才能真正把握之。

内陆欧亚历史文化研究既饶有学术趣味,也是加深睦邻关系,为改革开放和建设有中国特色的社会主义创造有利周边环境的需要，因而亦具有重要的现实政治意义。由此可见,我国深入开展内陆欧亚历史文化的研究责无旁贷。

为了联合全国内陆欧亚学的研究力量，更好地建设和发展内陆欧亚学这一新学科,繁荣社会主义文化,适应打造学术精品的战略要求,在深思熟虑和广泛征求意见后,我们决定编辑出版这套《欧亚历史文化文库》。

本文库所收大别为三类:一,研究专著;二,译著;三,知识性丛书。其中,研究专著旨在收辑有关诸课题的各种研究成果;译著旨在介绍国外学术界高质量的研究专著;知识性丛书收辑有关的通俗读物。不言而喻,这三类著作对于一个学科的发展都是不可或缺的。

构建和发展中国的内陆欧亚学,任重道远。衷心希望全国各族学者共同努力,一起推进内陆欧亚研究的发展。愿本文库有蓬勃的生命力,拥有越来越多的作者和读者。

最后,甘肃省新闻出版局支持这一文库编辑出版,确实需要眼光和魄力,特此致敬、致谢。

余太山

2010年6月30日

目录

序

这是一本资料书，我力图使这本书便于有志于敦煌吐鲁番学的中、青年研究者，减少他们在阅读和使用敦煌吐鲁番军事文书中的困难，对他们有点用处。

我是唐史研究者。说到资料，我不禁想到我国唐史研究的情况。近几十年来，在唐史研究领域内，我国研究者，特别是中、青年研究者，写出许多篇有创见的好文章，取得了可喜的成绩。几十年转瞬而过，但几十年究竟也是相当长的时期，我们虽然取得了成绩，但在一些重大问题上，我们的研究没有取得有系统的创造性的突破。我们的成绩是不大的。其原因很多，但没有过好资料关是主要原因之一。几十年来，搜集和整理资料一直未被承认为研究。在一些重要学术杂志上，即或刊登少数整理资料的文章，也一定在那些高谈阔论的文章之后，用小一号字排印，表示低一等。与资料相通的考证，也同样被看不起，被称为堆砌史料和烦琐考证。其实，掌握准确的原始性的资料是研究的出发点，要使史料准确，就离不开考证。考证是科学方法。在《陈垣敦煌劫余录序》中，陈寅恪先生说：

> 一时代之学术，必有其新材料与新问题。取用此材料，以研求问题，则为此时代学术之新潮流。治学之士，得预于此潮流者，谓之预流(借用佛教初果之名)。其未得预者，谓之未入流。此古今学术史之通义，非彼闭门造车之徒，所能同喻者也。敦煌学者，今日世界学术之新潮流也。

一时代学术之新潮流，必植根于取此时代之新材料以研究问题之上。寅恪先生对材料在学术研究中重大作用的论述，是我们研究敦煌吐鲁番学以及研究唐史必遵循的。我们要花大力气过好资料关。

唐代前期是我国古代史上的鼎盛时期。富强文明的唐帝国居于当时世界强国的前列。军事力量的强大是唐帝国为举世推重的条件之一，因此，研究唐代军事史，特别是研究唐代前期军事史是有重要意义的。我希望这本资料书能为唐代军事史的研究者阅读和使用敦煌吐鲁番文书提供方便，特别是对广大中、青年研究者有所帮助。

陈寅恪先生是举世景仰的一代宗师。他是我国敦煌学的开创人之一，这门学问就是由他命名的。在上文引录的他的文章中，他鼓励我们勉作敦煌的“预流”。我相信，我国广大的敦煌吐鲁番学研究者不会辜负寅恪先生的期待。

王永兴于北京大学蔚秀园

1990 年春

前　言

敦煌吐鲁番学是当代的显学。敦煌文书传世者约四万余件。吐鲁番文书传世者约两万余件,但地下埋藏者尚多。怎样充分使用这一大批敦煌吐鲁番文书,这是开展敦煌吐鲁番学研究的核心问题。使用敦煌吐鲁番文书,首先必须读懂敦煌吐鲁番文书。所谓"懂",就是明确文书的性质、年代、地域以及文书内容的每个细节。这就要求从识字开始,每一个字都认识,每一句都明白了,才能读懂整篇文书。望文生义、断章取义,不能认为是读懂文书了。要读懂敦煌吐鲁番文书(世俗文书),要具备以下三个条件:

(1)要有较高的古汉语水平;对于文字学、音韵学以及训诂和考证,要具有一定的知识和技能。

(2)在敦煌吐鲁番世俗文书中,属于唐代的占绝大多数,因此,要求研究者很熟悉唐代史实,相当熟悉唐代以前的史实,很熟悉唐代的典章制度,相当熟悉唐代以前的典章制度。

(3)要具有认真细致的读书方法,要有严谨的踏实的学风。

以上三个条件是真正读懂敦煌吐鲁番文书最低限度的条件。

就我近十几年来在教学中和学术活动中所接触的中、青年敦煌吐鲁番学研究者而论,具备上述三个条件的大有人在,不具备的也为数不少。不具备上述三个条件的中、青年研究者,不是因为他们不努力,不要过于责备他们,主要是由于客观环境和条件。近些年来,一些热心于敦煌吐鲁番学的研究者,曾试图用各种方法来培训有志于敦煌吐鲁番学研究的中、青年,希望经过一段时间学习,使他们具备上述三个条件。可惜,各种努力不得不中断,并最后放弃。真是无可奈何。

不管如何困难,我国的敦煌吐鲁番学研究总要开展下去。中、青年研究者是骨干，这门学问的发展和前途，希望寄托在他们身上。怎样使他们真正读懂文书、充分使用文书，这一问题时常萦回在我的脑海里。问题的回答是，我要力所能及地做点工作，减少他们读懂文书的困难。这就是我编著这本书的动机和目的。

我首先把我所掌握的敦煌吐鲁番文书中的军事文书挑选出来，时间仅限于唐代。在吐鲁番文书中，有相当多高昌时期的文书。但我对高昌的历史所知不多，无力考释这些文书。归义军时期的军事文书，我也未编入本书。对挑选出来的军事文书分类是我在工作过程中重要的一步。分类就是研究。我考虑到唐代军事上的各个方面，如军队编制、军费、军仓、军粮、兵甲等等，也考虑到军事上的一些重要事件和问题，如蒲昌府问题，驮马问题等等。本书对文书的分类就是根据上述考虑做出的（见目录）。对其中的第一类，我应在此多说几句。

唐帝国的创立，在军事方面，李靖之功仅次于李世民。汉水淮河以南直到岭南广大地区的平定，是李靖指挥的几次大战役取得的。贞观四年灭东突厥，俘颉利可汗，使北方边境稳定；贞观八年灭吐谷浑，对西方边境的稳定起了重要作用。这两次大战役也都是李靖指挥的。从武德初到贞观八年，李靖指挥多次战役的胜利，也是卫公兵法在战争中实际运用的胜利。从贞观三年起，李靖任兵部尚书。太宗赐靖诏书谓"兵事节度皆付公，吾不从中治也"（见《新唐书》卷93《李靖传》附《靖五代孙彦芳传》），当在是时。可见唐代前期军事制度的建设，应多出自李靖。军事制度的建设也是卫公兵法的组成部分。卫公兵法所起的作用，不限于武德、贞观两朝，而是影响到整个唐代和唐后。《通典·兵典》的撰著，杜佑主要依据卫公兵法。在吐鲁番军事文书中，虽只有这一件运用卫公兵法的文书，但由于李靖及其兵法文书在唐代军事史中的重要性，故单立为一类，列于篇首。

书名考释，考释什么？我考虑到我如何读文书，从识字始。因排版印刷上的困难，文书中的俗体字、异体字等，能以通用字代替的，都改为通用字；不能以通用字代替的，就注出字义。其次是文书中的人名、地名、专用词以及各种名称，特别是属于典章制度的，凡属罕见的或不易解释的，我都力所能及地加以注释。文书中涉及的史实和典章制度，诸书记载歧异，就加以考证。文书中的一句或一段，字已认识，名词名称等都能解释，但还是读不懂，这就涉及文书本身出现的历史环境，唐代公式令和唐代官府文案的结构以及判案的制度程序等等，我也力所能及地加以解释，解释不了的只能存疑，向读者指出，这是一个我尚不能解决但又必须解决的问题。在考释中，我也尽力吸取过去和现在研究者的意见。文书中的重大问题，特别是涉及典章制度的，我往往说得多一些，从流说到源，引证的史料也多一些。总之，我的着眼点是减少一般读者读懂文书的困难。在造诣很深的专家看来，我的有些考释是不必要的或不必说得那么详备，但我希望，我的考释对一般中、青年研究者有点用处。在编写过程中，我时时担心我没有给出他们所需要的。限于我的学力，我只能努力为之。

这本书取材：敦煌文书主要据北京图书馆、法国巴黎国家图书馆、英国伦敦博物馆所藏敦煌文书缩微胶卷；吐鲁番文书主要依据国家文物局古文献研究室等合编的《吐鲁番出土文书》一至八册、《大谷文书集成》一（大谷文书1001—3000号）和《西域文化研究》二、三中内藤乾吉、小笠原宣秀、西村元佑、大庭脩诸位学者所撰论文中引录的大谷文书（3000号以后）。同时参照了池田温著《中国古代籍帐研究》所载大谷文书录文。蒲昌府文书则根据《东方学报》第33册、45册载日比野丈夫著有关蒲昌府文书研究论文所载录文以及《历史档案》（1982年第4期）所载图版和录文移录。谨此向上列诸书诸文的著者编者表示感谢。

我感到遗憾的是：一年前就听说《吐鲁番出土文书》第九册出版了，但时至今日还没有看到这本书。《吐鲁番出土文书》第九、十册的内容主要应是开元天宝时期的文书，可以预见其中包括很多篇军事文书。不能把这些重要资料编入本书，真是憾事。我希望编著本书的续集，把这本遗漏或由于种种条件不能收录的唐代军事文书都汇集编入。

吐鲁番出土吐谷浑北返归朝文书20件，是很重要的军事文书，因我已有专文研究这批文书，本书不再收录。

本书收录的敦煌吐鲁番文书，绝大多数依据原著者、编者的标题、录文、说明、注释（原编者注释，本书放在页下注中），少数文书只有编号而无标题，我拟加了标题。此外，对文书内容的不同意见及增补，见于我的注释、陈述，本书放在录文之后并标以“考释”，以示区别。

为了便于研究者使用每一类文书，在每一类文书之前加以简要说明，指出此类文书的特点、性质和使用此类文书应注意之处。

对于编著资料书，我的经验不多，请读者指教。

1989年10月

1　唐战争中列阵队形及战术（《卫公李靖兵法》的具体运用）文书

1.1　简要说明

本类文书一件，移录自《吐鲁番出土文书》第七册。《李卫公兵法》，今只见于《通典·兵典》中。本件文书之后，我在注释中引录了几段，借以说明本件文书是卫公兵法具体运用的表现。

《李卫公兵法》是中华民族宝贵的文化遗产，我们应该研究继承。唐代兵书还有李筌著《太白阴经》，也值得研究。

本件文书是在战争中的列队图，我在注释中已指出：此图乃战锋队。据卫公兵法，一战锋队之后，列立二战队。战时，诸战锋队首先冲向敌阵，更多的战队随之。这样的布阵，就是卫公战术。在卫公兵法中一再说明此点。战锋队的作用以及为什么要如此列队，卫公兵法也一再说明。因此，读懂本件文书就要通读卫公兵法。

卫公兵法是李靖长期指挥战争经验的总结，也是他对唐代以前兵法的继承和发展。为此，我们要对李靖的一生有所了解，要读两《唐书·李靖传》以及笔记小说中关于李靖的传说纪事。这位杰出的军事家，为唐帝国建立了重大功勋，特别是在军事理论和战略战术方面有重大贡献，传说中把他神话不是偶然的。

1.2 唐垂拱四年(688)队佐张玄泰牒为通当队队陪[1]事

(1) 王如意

(2) 索君感 左僧伽

(3) 赵元叔 左德本 武须履 孙法明

(4) 右兼旗曲朔信 刘弘基 高嘉慎 叱雷本

(5)队头王神圆 执旗程文材 副执旗王神景 副队头武怀表

(6) 左兼旗武神登 淳于屯师 阳弘盖 白福敬

(7) 赵弘节 张玄泰 任永仁 王神威

(8) 赵义搥 蔺玄爽

(9) 卫阿荣

(10)牒件通当队队陪如前,谨牒。

(11) 垂拱四年四月十三日队佐张玄泰牒

(12) 队头武怀表

(13)第八队

(后 缺)

73TAM222:1(a)

考释

【1】首先要着重指出:上列文书的队形是根据《李卫公兵法》作出的。按《通典》卷148《兵一》“立军”略云:

> 《大唐卫公李靖兵法》曰:(中略)凡以五十人为队,其队内兵士须结其心。每三人自相得意者结为一小队,又合三小队得意者结为一中队,又合五中队为一队,余又五人:押官一人,队头执旗一人,副队头一人,左右兼旗二人,即充五十。

《通典》卷157《兵十》“下营斥候并防捍及分布阵附”略云:

《卫公李靖兵法》曰：(中略)诸每队布立，第一立队头居前引战，第二立执旗一人以次立，左兼旗在左次立，右兼旗在右次立。其兵分作五行，兼旗后左右均立。第一行战锋七人次立，第二行战锋八人次立，第三行战锋九人次立，第四行战锋十人次立，第五行战锋十一人次立，并横列鼎足分布为队。队副一人于兵后立，执陌刀，观兵士不入者便斩。果毅领兼人又居后立督战，观不入便斩，并须先知，左肩右膊，行立依次。

诸队头共贼相杀，左右兼旗急需前进相救。若左右兼旗如被贼缠绕，以次行人急需前进相救。其进救人又被贼缠绕，以次后行人参前急需进救。其前行人被贼杀，后行不救者，仰押官及队副使便斩。但有队被贼缠绕，比队亦须速救。临阵不救者，皆斩。

我们可以把文书所载队形图和《通典》卷 148、157 所载《李卫公兵法》中每队布立的情况做一比较如下：

(甲)队头居前，二者相同。

(乙)执旗一人以次立，二者相同

(丙)副执旗一人以次立，文书有，《卫公兵法》无。

(丁)左兼旗在左次立，右兼旗在右次立，二相相同。

(戊)兼旗后左右均立，文书及《卫公兵法》皆为五行，但人数不同，文书每行人数均少，《卫公兵法》人数均多。

(己)队副(或副队头)一人于兵后立，二者相同。

(庚)文书为 26 人，卫公兵法为 50 人。

据上列 6 点，文书所载队形图和《李卫公兵法》中的队布立图基本相同，在格局方面是相同的，但人数多少不同。这是兵法结合队的不同实际在实行中所产生的现象。据上述分析，我们可以肯定地说：文书所载队形图是《李卫公兵法》实行的表现，队形图源于《卫公兵法》，队形图是《李卫公兵法》在唐代实际使用的证明。上引《通典》卷 157 所载《李卫公兵法》的后一段说明了队布立格局的规定是战场上与敌战斗的需要，应该说，这是卫公李靖多次指挥战争经验的总结。卫公李靖是唐代杰出的军事家，也是我国中世纪杰出的军事家。唐帝国初建之时，国贫民困,但军事力量是强大的,因而能统一全国,为我国中世的鼎盛时期奠定了基础,李靖之功仅次于太宗。《新唐书·李靖传》附"五代孙彦芳"传说:"大和中上家故藏太宗赐靖诏书,其一曰:'兵事节度皆付公,吾不从中治也'。"这应是李靖任兵部尚书时之事。唐朝初期的军事建设以及统一江淮和南方的战争,李靖是有大功的。读卫公传和《卫公兵法》,想见其人所为之事。今兹读表现卫公兵法的吐鲁番文书,更为我国古代有这样优秀的军事家而感到民族自豪。上引《卫公兵法》说,在左右兼旗之后的为战锋45人,分为5行,可知此乃战锋队也。则根据此队而排列的文书中的一队,当然也是战锋队。关于战锋队,《卫公兵法》(《通典》卷157)说:

> 诸每队战锋五十人,重行在战队前,布阵立队讫,闻鼓声发,战锋队即入,其两战队亦排后即入。

据此,战锋队布阵列战队前,一战锋队之后立二战队。战锋队应是军中最精锐者,能冲锋陷阵。

文书5行载执旗一人,副执旗一人。文书第4、6行分别记载右兼旗和左兼旗。由此可见旗在军队中和战争中的重要性。《李卫公兵法》中多处说到旗在军中在战争中的重要作用。本文书记载的是一战锋队,今仅就队而言旗的重要性。

《通典》卷157《兵十》"下营斥候并防捍及分布阵附"引《卫公李靖兵法》曰:

> 诸每队给一旗,行则引队,住在立于队前。
>
> 诸军相去既远,语声难彻,走马报又劳烦,故建旗帜,用为节度。

《通典》卷149《兵二》"杂教令附"略云:

> 搴旗斩将,陷阵摧锋,上赏。
>
> 与敌斗,旗头被伤,救得者重赏。
>
> 行列不齐,旌旗不正,金革不明,斩之。
>
> 布阵旗乱,吏士惊惶,罪在旗头,斩之。
>
> 为敌所乘,失旗鼓节钺者,全队斩之。

战敌，旗头被敌杀，争得尸首者，免坐；不得者，一旗（队）皆斩之。（凡违律，详轻重论罚而为等差，卫公李靖兵法悉已载之。于所未尽者，故以此具之。）

据上引，队旗起着引导、团结、号召全队的重要作用。“故建旗帜，用为节度”，包括自主将以下各级各类旗帜，也包括队旗。包括队旗在内的军中旗帜的重要作用也表现在军律上。“搴旗”，胜敌拔取旗也。“搴旗”与斩将同受上赏，“旗”与将同样重要。保护旗，保护旗头的几条军律也都说明了队旗的重要。

《卫公兵法》规定，队头之后，执旗者一人，本文书载：队头之后，执旗者二人。但《通典》卷148《兵一》“令制附”略云：“旗头一人，副二人”，我疑《卫公兵法》中的“执旗者一人”的“一”乃“二”或“三”之误，这是后世刻印所造成的。由于旗的重要作用，如果第一个执旗者战伤或战死，第二个执旗者尚可高举队旗，第二个执旗者也战伤或战死，第三个执旗者仍可高举队旗。这一战斗组织继续存在和前进。《卫公兵法》应作执旗者二人或三人，表现为运用《卫公兵法》的文书作执旗者二人是也。

队陪，按《广韵》，“陪，厕也”。“陪”有许多含义，《广韵》只注此一种，可见中古时期，“厕”乃“陪”的主要含义。“厕”者，间也，次也，《史记》卷80《乐毅传》云：

厕之宾客之中，立于君臣之上。

“厕”、“立”相对，正体现出“厕”为立于其间，次于其中之义。因此，“队陪”指队伍中所布列之人，以“厕于其间”释“陪”字，与文书的内容也是相符合的。

2 唐行军镇戍以及战争时的军队编制文书

简要说明

本类文书共9件。唐代前期实行兵农合一的府兵制,卫士隶十二卫,平日属籍折冲府,折冲府制亦即军队的编制。《唐六典》、《通典》、《新唐书》等史籍都有记载。行军镇戍以及战争中军队的编制,《唐六典》、《新唐书》所记颇简略,但《通典》的记载颇详。《通典》的记载主要依据《大唐卫公李靖兵法》,战时军队的编制实际上是战略战术的内容之一。这9件文书中记载有战队、西州营、庆州营、武城队、中军左虞候、大总管、总管。很显然,其编制的简单体系如下:大总管—总管—军—营—队。在这一体系中,"队"是基层单位,也是主要的战斗组织。如《通典》卷148《兵一》"立军"云:

《大唐卫公李靖兵法》曰:诸大将出征,且约授兵二万人,即分为七军,如或少,临时更定。大率十分之中以三分为奇兵。

中军四千人,内取战兵二千八百人。十五人为一队。计五十六队。

战兵内弩手四百人、弓手四百人、马军千人、跳荡五百人、奇兵五百人。

左右虞候各一军,每军各二千八百人,内各取战兵九百人,共计七十六队。

战兵内每军弩手三百人、弓手三百人。

马军五百人,跳荡四百人,奇兵四百人。左右厢各二军,军各二千六百人,各取战兵千八百五十人。(兴按:此下应有"共计一百四十八队”,不知是否在传刻中脱漏?)

战兵内每军弩手二百五十人、弓手三百人、马军五百人、跳荡四百人、奇兵四百人。

兴按:“左右虞候各一军,每军各2800人,内各取战兵900人,共计76队”,“七”字误,应作“三”。

据上述,两万人中有战兵1.5万人,尚余500人。按《通典》卷157《兵十》“下营斥候并防捍及分布阵附”云:

《卫公李靖兵法》曰:(中略)诸道狭不可并行者,即第一战锋队为首,其次右战队次之,其次左战队次之,其次右驻队次之,其次左驻队次之。

据此,军队编制分为战锋队、战队、驻队。战锋队及战队可统称为战队,则上七军两万人之中,1.5万人为战队,余500人中大部分应是驻队,左右虞候二军5600人中,战兵只1800人,可以推知虞候军中应有相当多的兵士充当斥候及防捍营幕,故战兵较少。

据《李卫公兵法》,唐代前期军队在行军镇戍及战争时的编制如上。读者可详读《通典》“兵典”中所载《大唐卫公李靖兵法》。唐代前期,国家富强,人民生活安定,经济发展,文化昌盛。军事力量的强大是富强唐帝国的支柱之一。李靖及其兵法对唐军事力量的强大起了重要作用。研究李靖及其兵法是唐史研究领域中的重要课题,而本类文书9件是研究这一课题的有用资料。

本类文书第1件移录自《吐鲁番出土文书》第七册,第2~9件移录自《吐鲁番出土文书》第八册。

2.1 唐中军左虞候[1]帖为处分解射人事

原编者说明:本件以为残案卷,骑缝前乃其他文件。

(前　缺)

(1)　　依　判　基　示

(2)　　一日

……………………………………………………………

(3)牒检一月事至,谨牒。

(4)　　　　　　五月四日典杜栾(奕?)牒

(5)　　　　　　　　　连道白

(6)　　　　　　　　　　四日

……………………………………………………〔1〕

(7)　中军左□□□大总管[2]营

(8)　　□□牒称□大总管处分诸

(9)　　□□解射五百人韩郎

(10)　将□检校,每下营讫,即教别为

(11)　射手队,不须入大队者。帖至,仰

(12)　营所有解射人立即具录姓名

(13)　通送,待拟简定,仍准人数差解

(14)　射主帅押领,限今日午时到者。

(15)　火急,立待。五月四日典徐豪帖

(16)并弓箭自随　　　兵曹李　　训

(17)　　　　　总管左金吾卫郎将[3]韩　欢

(18)牒检案连□如前,谨牒。

(19)　　　　　　　　□□杜栾牒

(后　缺)

73TAM222:1(b)

考释

【1】原注:此 5 字是第 7 行墨渍印字。兴按:在第 5、6 行之间有“中军左虞候”墨渍字,因排印困难,未录。

中军左虞候,按《通典》卷 148《兵一》“立军”引《大唐卫公李靖兵法》云:

---

〔1〕此线意为古文书骑缝,全书同。——编辑注

中军四千人，内取战兵二千八百人（五十人为一队），计五十六队。

（中略）

左右虞候各一军，军各二千八百人，内各取战兵九百人，共计七六队。

据此，文书“中军左虞候”即此是也。

【2】大总管，按《唐六典》卷5“兵部郎中员外郎”条云：

凡亲王总戎，则曰元帅，文武官总统者，则曰总管。

《唐会要》卷78“节度使”条云：

贞观三年八月，李靖除定襄道行军大总管。

自贞观三年以后，行军即称总管，本道即称都督。

《通典》卷149《兵二》“法则附”引《大唐卫公兵法》”曰：

其大总管及副总管则立十旗以上。

所谓大总管者乃统帅数总管之行军高级将领，如《通鉴》卷195“唐太宗贞观十三年”云：

十二月壬甲，遣交河行军大总管、吏部尚书侯君集，副总管兼左屯卫大将军薛万均等将兵击之。（兴按：伐高昌也。）

大总管、副总管、总管乃行军总戎之官，非经常之制也。

【3】左金吾卫郎，将按《唐六典》卷25“左右金吾卫”云：

左右翊中郎将府

中郎将一人

左郎将一人

右郎将一人（《旧唐志》、《新唐志》略同）

据此，文书第17行“左金吾卫”之下脱“中”字，或脱“左”字，或脱“右”字。文书9～10行之“韩郎将”，可能为“中郎将”或“左郎将”或“右郎将”之省称，但第17行“总管”云云为正式署衔，不应省称，必脱“中字”或“左”字或“右”字，可无疑也。不知原卷如何？

2.2 唐神龙三年（706）主帅康某牒

原编者说明：本件背面骑缝有“敬”字押署，残存左半。

（前　缺）

（1）　□实谨牒

（2）　　神龙三年二月　日主师康□

（3）　　　附敬仁白

（4）　　　　　一日

………………………………………………………………

72TAM188:72(a)

2.3　唐先天二年(713)队副王奉琼牒为当队兵见在及不到人事

（一）

（前　缺）

（1）□　人　　曹破延　□

（2）□　人　杂　破　除

（3）□　苏玄感　张怀邹　杜秃塠　张和感　王且部曲[1]阿□

（4）□　奴典仓　奴磨□　姚孝顺（已上抽入战队）[2]李官寺□

（后　缺）

67TAM83:5

（二）

（前　缺）

（1）□□□　奴大吉　傅□

（2）剧质奴什德（被牒入武城队）杨⿰十口⿰每口　□

（3）韩善住（已上里正）　部曲赵丰洛（转事天山县人麹洪感）[4]成礼部曲白无难　王小叔　索僧□

（下残）

4□寿　王嘉积　史意奴毛德　高波子　张慈感（已上今日点身□）（下残）

（后　缺）

67TAM83:6

（三）

（前　缺）

(1)□　人　见　□

(2)□□□承素　副王奉琼　史君竟　奴宜才　曹住洛　马□□　部曲□

(3)刘富多　车秃子　奴长保　奴孤易奴　万秃秃　部曲□

(4)奴富海　和阇利　奴阿师奴　（下残）

(5)牒，件通当队兵□见在及不到人姓名如前。谨牒

(6)　　先天二年九月　日副王奉琼牒

(7)　　队头氾承素

考释

【1】部曲、奴：这件军事文书载部曲5人、奴9人，可见先天时军队中部曲奴很多。这样多部曲、奴充当兵士，值得注意。部曲、奴充当兵士可能始于武则天时，按《唐会要》卷86“奴婢”条云：

> 万岁通天元年九月敕：士庶家僮仆，有骁勇者，官酬主直，令讨击契丹。（时契丹首领李尽忠攻陷营州也。）

部曲和奴都可称为僮仆，可见这次讨击契丹的军队中有相当多的奴和部曲。先天二年晚于万岁通天元年十七年，西州军队中有大批奴和部曲，可见这一时期奴和部曲充当兵士相当普遍。而这一时期府兵制严重败坏，兵源严重不足，两种情况应联系起来加以研究。

【2】战队：《通典·兵典》引《李卫公兵法》多处记述“战队”，兹引一条如下：《通典》卷157《兵十》“下营斥候并防捍及分布阵附”引《卫公李靖兵法》云：

诸道狭不可并行者，即第一战锋队为首，其次右战队次之，其次左战队次之，其次右驻队次之，其次左驻队次之。若道平川阔可得并行者，两战队并行次之，又两驻队并行次之。

据上引，无论如何布阵排列，都是战锋队居前，战队次之，驻队又次之。这样排列可能由于各种队的战斗力不同。文书“已上抽入战队”，即姚孝顺等人由驻队抽入战队。

【3】武城队：按“武城”乃乡名，属西州高昌县（见大谷文书3149号有“武城乡勋官王感洛”之语，见池田温著《中国古代籍帐研究》载《唐开二九年（741）冬西州高昌县给田关系牒》第3件）。军中的“队”以乡得名，这似乎是地方兵，队兵皆高昌县武城乡人，故名为武城队。西州乃边州军州，处于边境上，故以地方兵守边镇戍。本册载阿斯塔那108号墓出土文书中有有关西州营的军事文书3件，西州营与武城队一样都似乎是西州地方兵，而武城队乃西州营的一队。仅就西州而论，可能如此。但还有西州以外的同类史料，我又认为以地名命名的营队，不是地方兵。本册载阿斯塔那230号墓出土文书中有有关“庆州营”的一件残军事文书，其第1行云：“庆州营□□[被][征]驴三头送到。”此“庆州营”是否是庆州的地方军呢？按《元和郡县图志》卷3“关内道”云：

庆州，顺化。

西北至灵州六百二十里。西至原州三百四十里。

据同书同卷，原州西至会州390里。据同书卷4，灵州西南至凉州900里。会州西北至凉州540里。据同书卷40“陇右道下”云：“凉州东南至东都二千八百六十里。伊州东南至东都五十一百六十里，西南至西州七百三十里。”根据以上约略计算，庆州至西州的行程约为3000余里，如果庆州营是庆州地方军，是否要到两千里外的西州去守边镇戍呢？这是值得怀疑的。

又按《新唐书》卷37《地理志》“关内道”云：“庆州顺化郡。有府八，曰龙息、交水、同川、永清、蟠交、永业、乐蟠、永安。”如皆以中府计，则庆州有府兵8000人，戍边镇守者应是这些府兵。开元初，府兵制败坏，如《通鉴》卷212“唐玄宗开元十年”云：

初，诸卫府兵，自成丁从军，六十而免，其家又不免杂徭，浸以贫弱，逃亡略尽，百姓苦之。

则开元初年时，诸折冲府是否还有卫士？在上引一段论述之前，《通鉴》又云：

先是，缘边戍兵常六十余万，[张]说以时无强寇，罢二十余万使还农。

在开元二十五年实行募兵制之前，缘边的几十万戍兵中，最少有相当部分应是府兵，先天二年时各地折冲府应仍有兵士。

《通鉴》卷212“唐玄宗开元十一年”云：

[十一月]戊子，命尚书左丞萧嵩与京兆、蒲、同、岐、华州长官选府兵及白丁一十二万，谓之“长从宿卫”，一年两番，州县毋得杂役使。

据《新唐书·地理志》，京兆、蒲、同、岐、华共有223府，应有府兵20余万至30万。今从此五府州府兵中选出一部分兵士加一定数目白丁共12万“长从宿卫”，可见此五州府仍有府兵，而且为数不少。庆州及其他府州亦应如此，则文书载在西州戍边的“庆州营”应是庆州8折冲府的卫士，而不是地方兵，我认为如此。

吐鲁番军事文书中的“西州营”、“武城队”、“庆州营”，我认为和卫公李靖的建军思想有关，今试论之。

《通典》卷148《兵一》“立军”条云：

《大唐卫公李靖兵法》曰：（中略）凡以五十人为一队，其队内兵士须结其心，每三人自相得意者结为一小队，又合三小队得意者结为一中队，又合中队为一队。（兴按：上文已引此段，为论述方便，兹又重出）

“须结其心”，“自相得意者”“得意者”，均意互相熟悉，互相了解，互有感情，这些人结成小队、中队及队，在战争中能互相支持团结，增强战斗力。有这种情况的兵士莫过于来自同一折冲府及来自一州一县一乡者。文书中的“西州营”、“武城队”、“庆州营”正是李靖这种思想的具体表现。

根据以上全部分析，我认为在府兵制虽已败坏但折冲府仍有相当数目卫士的开元初年，在西州边境镇戍者仍是各地折冲府的卫士，最少，其主力部队是统于中央诸卫的府兵，而不是地方兵。“西州营”、“武城队”、“庆州营”是统于中央诸卫的府兵，而不是地方兵。军中的“营”、“队”以“州”、“乡”命名是卫公李靖建军思想的体现。杜佑所以在《兵典》“立军”条中阐述卫公的建军思想，是由于深知卫公的军事思想在军队建立及编制上所起的重要作用。

【4】部曲赵丰洛(转事天山县人麴洪感)：按《唐律疏议》卷2《名例律》“诸犯十恶、故杀人、反逆缘坐”条略云：

> [疏]议曰：又令云：“转易部曲事人，听量酬衣食之直。”

同书卷23《斗讼律》云：

> 诸部曲、奴婢詈旧主者，徒二年；殴者，流二千里；伤者，绞；杀者，皆斩；过失杀伤者，依凡论。
>
> 问曰：部曲、奴婢殴詈旧主期以下亲，或旧主亲属殴伤所亲旧部曲、奴婢，得减凡人以否？
>
> 答曰：至如奴婢、部曲，唯击于主，为经主放，顾有宿恩，其有殴詈，所以加罪。

据上引律及律疏，部曲虽经主放，但对旧主仍有严重的人身隶属关系。旧主转易部曲事人，即部曲为新的主人服役，要“量酬衣食之直”，实际上有如买卖。部曲殴詈旧主比凡人加罪，也说明其间的良贱关系。

2.4 唐通当队兵死亡、抽调、见在牒

原编者说明：本件墨点多处，内容、形式与上件类同。(二)段队头汜猫子见本墓一《唐先天二年张则等车牛文书》，本件当与上两件同为先天二年文书。又(二)段甯和才亦见阿斯塔那35号墓所出《武周载初元年高昌县手实》。其时甯只14岁。

（一）

（前　缺）

（1）　陈思忠（二人死）

（2）　（已上人抽入战队）　张古

（3）　奴□孔（死）　马亮

（4）　□定柱　白毳□

（5）　□寅住　杨验住

（后　缺）

（二）

（1）　赵思直

（2）　甯和才　奴当

（3）　麴怀暕　鲁才

（4）　胡、輩（上）　氾积（上）、郭

（5）　人

（6）　队头氾猫子

（7）　王神□

（8）　氾闵孝

（9）　李君□

（10）　奴

（后　缺）

67TAM83:9/1

（三）

（前　缺）

（1）　匡相相（木匠）

（2）　冯氾师

（3）　李□护□欢

（4）　安

（5）　匡保□

(6)[　　]　　　奴秃代　肯[　　]

(7)[　　]　　　谨　　□

(8)[　　]　　[年]二月　日　[　　]

（后　缺）

67TAM83:9/2

2.5　唐知白人安浮咖盆等名籍

原编者说明:本件纪年已缺,奴典仓又见本墓2《唐先天二年队副王奉琼牒》,又下件名籍中张师师、圈富亦见此件,疑皆同时。另本件第3行有墨笔勾勒。

（前　缺）

(1)□[十]二日,知白人安浮咖盆　[康][　　]

(2)□□通　毛大忠　张师师　　独孤阿北　赵圈□　（下残）

(3)[　　][赵][圈]富　目知谷　奴典[仓]　（下残）

(4)[　　　　　　　]　□F□丶　[赵][圈][富]　[张][师][师]　（下残）

（中　缺）

(5)□十三日,[知][白][　　]

(6)竹留师　二十四日知白人康钹子　[　　]

(7)[二]十五日知白人史君　张仁欢　典仓　左[尾]□　（下残）

67TAM83:11

2.6　唐张师师等名籍

（前　缺）

(1)张师师　左尾住　奴七禄　阴师子　圈富　奴子　奴尾奴

(2) 曹破遮　康浮咄延　安世那　氾行同　张仁静

（后　缺）

67TAM83:10

2.7　唐阴行感等残名籍

原编者说明：本件第3行“奴尾奴”见于上件《唐张师师等名籍》，第5行倒书“奴典仓”同见于本墓《唐先天二年队副王奉琼牒》，本件当与上两件同时。

（前　缺）

(1) ☐　令狐☐乡（重名）☐

(2) ☐　只（里正）　阴行感（老 ☐ ）

(3) ☐　奴尾奴（二人安昌[1]未 ☐ ）

(4) ☐　（在）

(5) ☐　回仓典奴

67TAM83:12/1

考释

【1】安昌：按《新唐书》卷40“地理志陇右道西州”条云：“自州西南有南平、安昌两城，百二十里至天山西南入谷。”据此，安昌城在西州西南。

2.8　唐白买奴等残名籍

（前　缺）

(1) ☐　白买奴（☐☐）　尉迟彻（下残）

(2) ☐　赵住君（礼仁）

67TAM83:14/1

2.9 唐独孤西丰等官兵破除残文书

原编者说明:本件第5行之“史君”,亦见本墓《唐知白人安浮□知盆等名籍》,本件在破除之列,应在其后。

（前　缺）

(1)□　[官]兵破除见　□

(2)□　　　人　□

(3)□　　独孤西丰　□

(4)□　(市丞)[1]　史行　□

(5)□　(年六十老)　史[君]　□

(6)□　冯宝德　白奴　□

（后　空）

67TAM83:8

考释

【1】市丞:按《唐会要》卷86“关市”条略云:

《州县职员令》:大都督府市令一人,掌市内交易,禁察非为。通判市事丞一人,掌判市事。

又按《唐六典》卷30,大都督府和中、下都督府以及上、中、下州皆有市丞,均无品。

3　唐军府上番文书

简要说明

本类文书共18件，其中有纪年者两件，即《唐贞观廿二年安西都护府承敕下交河县符为处分三卫犯私罪纳课违番事》、《唐垂拱年间某团通当团番兵牒》。武周期间的文书亦有多件。

关于卫士上番，《唐六典》卷5“兵部郎中员外郎”条云：

凡三年一简点，成丁而入，六十而免，量其远迩，以定番第。

百里内恐作外当五番，五百里外七番，一千里外八番，各一月上。二千里外九番，倍其月上。若征行之镇守者，免番而遣之。

但《新唐书》卷50《兵志》所载的制度，与《六典》不同。其文云：

凡当宿卫者番上，兵部以远近给番，五百里为五番，千里七番，一千五百里八番，二千里十番，外为十二番，皆一月上。若简留直卫者，五百里为七番，千里八番，二千里十番，外为十二番，亦月上。

两相比较，《新唐志》所记者不合理，六典之文亦有脱漏。今请先言《六典》：“百里内内恐作外当五番。”兴按：“百里内”下注文乃日本近卫本所加者，日本广池本同。所谓“百里”、“五百里”等皆指距京城而言，即《新唐志》所谓“凡当宿卫者番上”，“宿卫番上”当然在京师。如按近卫本改“内”为“外”，则距京师百里内之折冲府卫士均不上番，这是不可能的。如《两京城坊考》卷3朱雀门街，即皇城东之第二街。云：

次南宣平坊。（中略）寺东，义阳府。贞观中置。

《杨盈川集·左武卫将军成安子崔献行状》云：“乾封元年，诏迁游击将军左威卫义阳府折冲都尉。”《长安志》卷20记载，阳县有仲山府。《杨盈川集》、《原州百泉县令李君楚才神道碑》云：

武德六年，转仲山府左列。

《元和郡县图志》卷1《关内道一》“京兆府”云：

云阳县，次赤西南至府一百二十里。

据上引史料，在皇城第二街宣平坊之义阳折冲府为百里之内，在京兆府云阳县之仲山折冲府为百里之外。无论义阳府之卫士或仲山府之卫士均上番，即按《六典》所载之规定五番。这样，《六典》“百里内五番”，我意应如仁井田陞氏的意见（见《唐令拾遗》）在“百里”上加“五”字，即“五百里内五番”，近卫本改“内”为“外”恐非是。

其次，《六典》所谓“五百里内”，“内”即如义阳府之类，“五百里外”则为自500里至1000里，“一千里外”则为自1000里至2000里，“二千里外”为自2000里至3000里以及更远，于事理于文义皆可通。

《新唐志》，“五百里为五番”，因欧阳修文省故，应理解为“五百里外为五番”，以下皆可如此理解，但距京师少于500里的折冲府如何上番？《新唐志》所载之规定无此一项，使人怀疑《新唐志》所载上番规定恐不可信。

再其次，《新唐志》所记卫士上番之规定与《唐六典》载勋官上番之规定几乎完全一致，《六典》之文书略云：

凡勋官十有二等，皆量其远迩，以定其番第。

五百里内五番，一千里内七番，一千五百里内八番，二千里内十番，二千里外十二番，各一月上。

我怀疑《新唐志》将上引《六典》之文的“内”字省而误植于卫士上番之处，以致引起误解，不知是否？请读者指教。

史籍文献无明文记载卫士镇戍为番上，本类文书中的《唐某团番上兵士残文书》云：

卫士张[缺]德方亭[缺]

即卫士张某二人于方亭戍上番也。又如《武周天山府索进达辞为白水镇上番事》，其第4行“白水镇番”，即于白水镇上番也。此可补史籍文献之阙。

以下1～6件，10～17件文书移录自《吐鲁番出土文书》第七册。

3.1 唐贞观廿二年(648)安西都护府承敕下交河县符为处分三卫[1]犯私罪纳课违番[2]事

原编者说明：本件第42行有朱笔勾勒。

(1)敕旨：有荫及承别恩者，方沾宿卫，钩陈近侍，亲

(2)□非轻，故立考第，量能进叙，有劳必录，庶不遗材。

(3)□　之徒，情乖奉上，假托事故，方便解免。比循

(4)□　今以后，三卫犯私罪应除免官

(5)□　须解官推勘辨定　□

(6)□　本罪，轻　□

(7)□□依法征纳，所有考　□

(8)□起应叙年考校，比来　□

(9)其违番应配西　□

(10)　　　　　贞观廿二年　□

(11)　　　　　　中书侍郎臣崔仁□[3]

(12)　　　　　　朝议郎守中书舍人柳□□[4]

(13)奉

(14)敕旨如右，牒至奉行。

……………………………………………………〔1〕

(15)　　　　　贞观廿二年二　□

(16)侍　　中(阙缺)　　守门下　□

(17)太中大夫守黄门侍郎临[5]

(18)朝散大夫守给事中茂将　主　□

(19)　　　　　　　二月廿六日未　□

---

〔1〕第14、15行间骑缝背面押"弘"字。——原编者注

(20)　　　　　　　　中大夫太子少保 □

(21)尚书省

(22)安西都护府主者:得行从 □

(23)敕旨运写如右,牒至准　敕[者]。 □

(24)敕,符至奉行。

(25)　　　　　　　　　主事能振

(26)兵部员外郎礼　　令史

(27)　　　　　　　　书 □

(28)　　　　　　贞观廿二年[三] □

(29)　　　　　　　　六月廿 □

……………………………………………………………

(30)　　　　　　　　参军判 □

(31)都护府

(32)交河县主者:被府奉　　敕旨连写如右,牒 □

(33)敕者,县宜准　　敕,符到奉行。

(34)　　　　　　　　　　府

(35)法曹参军判兵曹事　弘建

(中　缺)

(36)　　　　　　　　　　丞(未到)　　付法

(37) □　　　敕白如前,已从正　敕行下讫。

(38) □ 牒。

(39)　　　　　　　贞观廿二年七月五日史张守洛牒

……………………………………………………………〔1〕

40　　　　　　　付司。景弘示

41　　　　　　　　　五日

42　　　　　　　七月五日录事受

(后　缺)【6】

〔1〕第39、40行间骑缝背面押“弘”字。——原编者注

73TAM221:55(a)、56(a)、57(a)、58(a)

考释

【1】三卫:按《唐六典》卷5“兵部郎中员外郎”条云:

凡左右卫亲卫勋卫翊卫及左右率府亲勋翊卫及诸卫之翊卫,通谓之三卫。

【2】纳课违番:同上书又略云:

凡三卫,量远迩以定其番第。

凡诸卫及率府三卫贯京兆、河南、蒲、同、华、岐、陕、怀、汝、郑等州,皆令番上,余州纳资而已。

应纳资者,每年九月一日于本贯及寄住处输纳。本贯挟名录申兵部。

三卫远番者,征资一千五百文,仍勒陪番。有故者免征资。三番不到注里(兴按:里,恐当作甲)毁夺告身。有故者,不陪番。

永兴按:纳资即纳课。违番,应上番而不上番也。

【3】崔仁□:据《旧唐书》卷74《崔仁师传》云:“[贞观]二十二年,迁中书侍郎,参知机务。”按此文书第10行有“贞观廿二年”一语,此时崔仁师任中书侍郎,参知机务。文书第11行“中书侍郎臣崔仁”下缺字,应填“师”字。

又据《新唐书》卷61《宰相表》“贞观二十二年”云:

[正月]己亥,中书舍人崔仁师为中书侍郎,参知机务。

二月己卯,仁师除名,流于连州。

按贞观二十二年正月己亥为正月十八日,二月己卯为二月二十八日,则文书第10行“贞观廿二年”之下所缺月份为正月或二月。但文书第15行“贞观廿二年二□”,则文书第10行“贞观廿二年”之后应为二月。又据唐《公式令》,中书省署名者应为中书令、中书侍郎、中书舍人3人,何以文书此处只有中书侍郎及中书舍人2人,而无中书令?我的解释是:据《新唐书·宰相表》,自贞观十九年四月丁未中书令岑文本薨,十一月丁亥摄中书令杨师道贬为工部尚书,至贞观二十二年正月丙午(二十五日)长孙无忌检校中书令,约两年余中书令职位缺;

同时,崔仁师为中书侍郎参知机务,实际上是宰相,兼有中书令之职能,故中书省署名者可无中书令。此系推测,聊备一说。

【4】朝议郎守中书舍人柳□□:按《旧唐书》卷77:“柳奭传”云:

贞观中,累迁中书舍人。

则文书此处“柳”缺字似可填“奭”,但“柳”下缺二字,填一“奭”字,仍不符合,不知原卷如何,待考。

【5】太中大夫守黄门侍郎临,按《旧唐书》卷85《唐临传》云:

累转黄门侍郎,加银青光禄大夫。

据上下文,唐临为黄门侍郎当在贞观末年,文书第17行“守黄门侍郎临”应即是唐临,因其为黄门侍郎,散位亦迁转为银青光禄大夫。

【6】请读者参阅《敦煌吐鲁番文献研究论集》第3辑载吴宗国著《唐贞观二十二年敕旨中有关三卫的几个问题》,北京大学出版社1986年版,第148－175页。

3.2 唐垂拱年间(685—688)某团通当团番兵牒

(前缺)

(1) 郭文弘(弘)

(2)牒件通当团第一番 □

(3) 垂拱 □

(后 缺)

73TAM501:105/12－3

永兴按:原标题“垂拱”后脱“年”字。

3.3 唐五团通当团番兵姓名牒

原编者说明:本件纪年残缺,然所云为通当团番兵姓名事,与上件垂拱年间牒文同类,今始置于上件之后,下两件亦同。

(1)□团

(2)□番兵总七十九人□

（中　缺）

(3)牒件检五团应来月一日送□

(4)合陪番[1]人姓名如前。谨牒。

(5)　　　九月廿五日

(6)　　　依前方□

73TAM501:109/11－5(a)109/10(a)

考释

【1】陪番:按《唐六典》卷5“兵部郎中员外郎”条略云:

三卫违番者,征资一千五百文,仍勒陪番。有故者免征资。三番不到注里里恐当作甲毁告身。有故者不陪番。

以上为三卫违番陪番制度,从文书所记“合陪番人姓名如前”看,一般府兵中也有这一制度。但不知违番者征资多少?府兵也没有注甲毁告身问题,也可能还有类似规定,这些,都有待于进一步研究。

3.4　唐某团番上兵士残文书

（前　缺）

(1)卫士张□德方亭□

(2)令狐□员外果毅[1]

(3)董海□洛准前

（后　缺）

73TAM501:109/11－1

考释

【1】员外果毅:按《通典》卷19《职官一》略云:

神龙二年三月，又置员外官二千余人。（国初旧有员外官，至此大增加。）于是遂有员外（员外官，其初但云员外，至永徽六年，以蒋孝璋为尚药奉御员外特置，仍同正员。自是员外官复有同正员者。其加同正员者唯不给职田耳。其禄俸赐予正官同。单言员外者，则俸禄减正官之半。）

此文书中“员外果毅”上下文均残缺，不知是单言员外抑或为“加同正员”？

3.5　唐某团通当团番兵数牒

（前　缺）

（1）牒件通当团番兵 ☐

（后　缺）

73TAM501:109/11－3

3.6　唐军府卫士名籍

原编者说明：本件正面为《武周请备狂贼残文书》之（一），同墓所出多武周文书，疑本件亦在武周时，但无确据，姑置于唐代。

（前　缺）

（1）永平府[1]卫士胡外生贯坊□中部县安平乡　神安里　父通□

（2）☐　县 ☐ 乡 ☐ 感为□□

（后　缺）

72TAM225:36(6)

考释

【1】永平府：按《新唐书》卷37《地理志》“关内道”略云：

坊州中部郡

县四。有府五，曰杏城、仁里、思臣、永平、安台。

据此,永平府在关内道坊州。

3.7 唐分番文书断片一

大谷3492、3491号,移录自《西域文化研究》(三)载小笠原宣秀、西村元佑著《唐代役制关系文书考》。著者原注,此件为同一文书两个断片。

(1)司兵　　连　　礼(?)白(兴按:原文如此)

(2)　　队副魏明(?)德　　十五日

(3)牒检案内前件人番当。今月十六日州上。

(4)其人先为□驿哏 ▭

(5)勒送上。谨上。牒举请裁。　谨牒。

(6)　　垂拱三年八月　日史刘信牒

(7)　　　　司马牒

3.8 唐分番文书断片二

大谷3154号,移录自《西域文化研究》(三)载小笠原宣秀、西村元佑著《唐代役制关系文书考》。

(前　缺)

(1)六 ▭

(2)　白水镇[1]将王 ▭

(3)　各关牒下所由,准 ▭

(4)　咨。崇几白。

(5)　　　五日

(6)　依判。咨。▭示

(7)　　　□□

(后　缺)

考释

【1】白水镇：按池田温著《中国古代籍帐研究》载大谷 3355 号文书，其中一行云：

"交河仓支，及"

一人白水镇界

这是一件西州驻军支用仓粮文书。驻白水镇兵士支用交河仓粮，则白水镇在交河县境内，可确言也。

3.9　唐军府番兵见在及破除文书

此文书为大谷 3020 号，出处同上。

(1)　　张殊仁
(2)　　孙渚仁□填沙钵[1]七日 ▭
(3)　三　人　见　上 ▭
(4)　　左弘祐
(5)　　徐鼠仁
(6)　　索隆子
(7)　牒件通当团第二番兵破除□
(8)　如前谨牒
(9)　　　　垂拱四年九月

考释

【1】沙钵：小笠原宣秀和西村元佑在上文所引论文载此件文书，并据《新唐书·地理志》"北庭大都护府"条所载"沙钵城守捉"，即是本文书的"沙钵"，甚是。我还可以补充一条史料，按《元和郡县图志》卷40"陇右道下庭州轮台县"云：

沙钵镇，在府西五十里。当碎叶路。

沙钵镇与沙钵城为一地，沙钵城守捉因此得名。

3.10 武周番上残文书

原编者说明：本件纪年残缺，内有武周新字。

（前　缺）

（1）□□ 帖下所由□

（2）□□ 番到一日[1]随解送

（后　缺）

73TAM501:109/111－2

考释

【1】原为武周新字，为避免排印困难，改为通用字。

3.11 武周天山府索进达辞为白水镇上番事

原编者说明：本件缺纪年，有武周新字，当为武周文书。本件以下至第11件均拆自女尸纸鞋，疑为同一案卷。本卷背面为神龙二年(706)交河县学生刘虔寿仿书千字文。自本件至第11件顺序依背面千字文序列。

（前　缺）

（1）□□ 府张君君 □□

（2）　　府　（下残）

（3）□□□年叁月　日[1]天山府索进达辞

（4）□□ 进达元不是白水镇番[1]，昨为□

（5）□□□□ 如后到，所

---

〔1〕“年”、“月”、“日”及“天”四字均为武周新字，因排印困难，改为通用字。

(6) ［　　　　　　　　］上,谨辞。

(后　缺)

72TAM209:85/10(a)、55/9(a)

考释

【1】白水镇番:按《唐律疏议》卷16《擅兴律》“诸镇戍应遣番代”条云:

> “疏”议曰:依军防令,“防人番代,皆十月一日交代。”

即曰番代,则有番期,谓之轮番服役。文书中的“白水镇番”即到白水镇轮番服役。西州是边州,天山府在西州天山县境内,因天山而得名。白水镇不知在何处?按《西州图经》(伯2009号)载有“白水涧道”,并云“右道出交河县界”,我推测“白水镇”可能为白水涧镇的简略,应在交河县城附近。又按唐天宝年间(742—755)北庭天山军兵士破用诸仓粮文书(大谷3354号记载了白水镇。兴按:池田温著《中国古代籍帐研究》著录此文书,标题为“唐天宝时代(750)河西天山军兵员给粮文书”,池田氏标题有误)。据《通鉴》卷215“唐玄宗天宝元年(742)”略云:

> 是时,置十节度经略使以备边。北庭节度使防制突骑施、坚昆,统瀚海、天山、伊吾三军,屯伊、西二州之境,治北庭都护府,兵二万人。天山军在西州城内,兵五千人。(《旧唐书》卷38《地理志》同)

据此,统辖天山军者为北庭节度使,非河西节度使也。池田氏标题中“给粮”二字亦不确切。文书有下列两句:

> 六人白水镇界
> “交河仓支,及”
> 一人白水镇界

兴按:“交河仓支,及”为朱书,系一句官批语,意为此一驻白水镇兵士的食粮,由交河仓支给。另驻白水镇6名兵士的食粮也是如此。驻军食粮,当然要由附近粮仓支给,可推知白水镇在交河县城附近。

又，本文书："进达元不是白水镇番"，可见折冲府卫士轮番服役各有一定地点。索进达元不是白水镇番，则应元是另一镇或戍的番兵。

3.12　武周牒为请追上番不到人事

（前　缺）

(1)　九日[1]前检案□上

(2)　件人番当贰月上，今随牒送者。依

(3)　检不到。其月判：牒府追。

(4)郑隆护

(5)　□　捡案内去年拾月贰　□

(6)　□　番当拾月镇　□

(7)　□去　□

（后　缺）

72TAM209:85/8(a),85/7(a)

3.13　武周牒为请处分前庭府请折留卫士事

（前　缺）

(1)□　暖者便　□

(2)讫，具折留人[2]姓名□□其日来□

〔1〕文书中的"年"、"月"、"日"及"人"字皆为武则天新字，因排印困难，皆改为通用字。

〔2〕文书中"人"、"月"、"日"、"正"均为武周新字，因排印困难，皆改为通用字。

(3)得前庭府[1]主帅[2]刘行感状,称上件人
(4)兼丁厚暖,已勒留正月重上。其月
(5)肆日具状上州讫者。又检案内参上件人
(6)去□□□日 [ ]

(中 缺)

(7) 取来,今差悔非陈 [ ]
(8) □准例入得□贷 [ ]
(9) 仓准给讫上叁 [ ]
(10) □重留五等 [ ]
(11) [ ] 上其不到 [ ]
(12) 如白主帅牒
(13) 白三日

72TAM209:85/6(a)、85/5(a)

3.14 武周佐王某牒为前庭等府申送上番卫士姓名事

(前 缺)

(1) 骨君埴
(2) 贾义行 夏□□
(3) 李连仁 侯君□
(4) 侯胡胡 侯君□ □
(5) 张惠感 史苟女

---

[1]前庭府:此府应设置在高昌县境。按《册府元龟》卷958《外臣部·国邑二》"高昌"条云:

一说[高昌]即汉车师前王之庭,西域长史戊己校尉之故地也。

前庭府可能既取"前王之庭"而又从简也。天宝元年,高昌县改名为前庭县(见《元和郡县图志》卷40)亦因此。

[2]主帅:按《新唐书》卷49上《百官志》"诸卫折冲都尉"云:

昼以排门人远望,暮夜以持更人远听。有众而嚣,则告主帅。

据此,"主帅"不是折冲府的常设官,如折冲都尉等等,而是有军事行动时的领兵者。

(6)　康僧　　　□群子

（中　缺）

(7)　天山府

(8)牒件检如前谨牒

(9)　□□□　肆月贰日[1]　佐王□□□

(10)　前庭等府肆月上□□□

(11)　者，准例牒屯伍处[2]□□□

(12)　粮，牒仓准给讫，[3]□□□

(13)　等不到，牒府□□□

(14)□□□　示叁日

（后　残）

72TAM209:85/4(a)、85/3(a)

3.15　武周牒为上番卫士姓名事

（前　缺）

(1)　□□□　　董贞积

(2)　□□□　　贾建开木匠

(3)　张隆定　　索住洛

(4)　□智达　　贾海□

(5)　康□□　　□□□

(6)　冯默□　　张君君不

(7)　辛□□　　杜阿定

---

〔1〕文书中"天"、"月"、"日"均为武周新字，因排印困难，均改为通用字。又，"屯"原为俗体，亦改为正体。

〔2〕屯伍处：按《唐六典》（宋本）卷7"工部屯田郎中员外郎"条略云：

凡天下诸军州管屯总九百九十有二，大者五十顷，小者二十顷。

这992屯中，有北庭20屯，伊吾一屯，天山一屯，都是军屯。军屯上的主要劳动者为兵士。本文书所载前庭等府卫士上番就是到这些军屯处所。屯是营田单位，也是管理营田的军官兵士等驻在地。"屯伍处"即屯田兵士队伍所在之处。

〔3〕牒仓准给讫：军屯上的卫士由军府给粮，"牒仓准给讫"说明了这一制度。

(8)　　赵峻达　　　康隆仕

(9)　　魏定宝　　　卫捉□

(10)　　［　　］　　　高令□

(11)　　［　　］　前得府牒[已]番当叁［　　］

（后　缺）

72TAM209:85/2(a),85/1(a)

3.16　武周牒为安西大都护府牒问文怛送酸枣戍事

原编者说明:本件纪年残缺,用武周新字,知是载初改行新字后文书。

（前　缺）

(1)　　　　　　　正月五日[1]录事［　　］

(2)　　　　　　　主簿［　　］

(3)　　　　　　检案连㐬

(4)　　　　　　　　　　五日

(5)　牒检案连如[前]［　　］

(6)　　安西大都［　　］

(7)　　牒得伊、庭［　　］

(8)　　　右检案［　　］

(9)　　　时天山府［　　］

(10)　　　文怛送酸枣戍［　　］

(11)　牒件检如前谨牒。

(12)　　　　　　正月五［　　］

(13)　　　　　　问［　　］

（后　缺）

---

[1]文书中"正"、"月"、"日"、"天"等字均为武周新字,因排印困难,均改为通用字。

73TAM518:3/3－18(a)、3/3－19(a)

3.17　武周文怛辩辞为持牒向酸枣戍事

原编者说明:本件纪年残缺,用武周新字,据内容疑与上件为同一案卷。

(前　缺)

(1)［　　］［文］［怛］

(2)□西大都护府牒北庭都［　　］

(3)［　　］

(4)文怛辩被问十二月十三日[1]戍时［　　］

(5)前件持牒向酸枣,至彼分付何人［　　］

(6)何领抄,并仰具答者。谨审［　　］

(7)二月十三日戍时［领］［得］［　　　　］十四日

(8)□时到戍,分付［　　　　］典王［　　］

(9)□□勘见［　　］

(后　缺)

73TAM518:3/3－4(a)、3/3－2(a)、3/3－10(a)、3/3－3(a)

3.18　唐胡泰等牒为卫士分番事

(1)廿　五　人　分　番

(2)校尉杨古峻　队正辛[不]君贞　队副安□［　　］

(3)卫士赵仫□[2]　令狐海隆　阏祐洛[3]　李［　　］

(4)　左[去]騧子　孙[住]寅[去]　樊孝通　曾［　　］

[1]文书中"月"、"日"、"人"均为武周新字,因排印困难,均改为通用字。

[2]赵仫□:细审图版,第二字肯定不是仫,此字似为"强"字的草书。

[3]阏祐洛:细审图版,第一个字不是"阏",应作阚。

(5)　和护(去)单　杨大(去)智　安伏(守府)力　张□ ［ ］

(6)　白鸡仁　郭户鼠[1]　史海久　侯［ ］

(7)　李政海[2]

(8)　　右　□　司　马　胡　泰　等　牒

(9)　　　　［ ］　　　　今月一日[3]

（大谷3025号，图版11）

〔1〕郭户鼠:细审图版,“郭”下的笔迹不是“户”,“郭”下的全部笔迹似为一个字,即“鼠”,按“鼠”字《龙龛手镜》作“鼡”,文书上此字上部书写稍长,似为二字。

〔2〕李政海:细审图版,第二字不是“政”,应为“峻”。

〔3〕此件文书移录自《西域文化研究》(三)所载小笠原宣秀和西村元佑著《唐代役制关系文书考》。原著无标题,现在的标题是作者拟加的。

4　唐军府简点征行镇戍兵士名籍

简要说明

本类文书共33件，第四、五两件文书保留原编者的标题，但就其内容来讲，这两件文书乃卫士简点名籍。在注释中，我引录了吴丽娱女史关于这两件文书的论述，我同意她把这两件文书拼接为一件并同意她的命名。

关于"样人"，在注释中我提出了吴丽娱女史的解释，也是目前有些敦煌吐鲁番学研究者的解释。最近，吴丽娱女史撰文，关于"样人"她提出了另一解释，即从隋代高颎创制的"输籍定样"的"样"，唐代"点籍样"的"样"来解释"样人"，"样"并不是"貌"。总之，由于新史料提出的新问题，现在还不能有完满解决。

唐高宗在位期间的几件征行镇戍名籍是研究唐代前期军事史颇为重要的史料。文书中的"金山道行"、"疏勒道行"、"昆丘道行"、"金牙道行"等是几次重要战役，在注释中，我引证了有关的史籍文献资料，与文书相印证。读者使用这些文书，首先应该对当时西北边西边的军事政治形势有所了解，这涉及西突厥、吐蕃在这一广大地区的军事政治活动。为此就要掌握更多的史籍文献资料，结合文书内容，对这几次重要战役的经过和意义，作出详到的论证。充分使用文书，就必须充分使用有关的史籍文献。

移录自《大谷文书集成》(一)的几件文书，原编著者所拟加标题，我未改动。移录自《西域文化研究》(三)所载小笠原宣秀、西村元佑著《唐代役制关系文书考》的几件文书，原著者只标出文书号码，未加标题，标题都是我拟加的。对于这几件文书的年代，我和小笠原宣秀、西村元佑的意见不同，请读者参阅两位日本学者的论文。我认为这件文书是属于唐高宗统治期间的，很可能是高宗初期的，与移录自《吐鲁番出土文书》第七册的几件文书的年代大致相同，因而也有相同的历史背景。

移录自上述两位日本学者所著论文的文书，两位日本学者的拼接工作值得注意。我还认为：本类文书中有关高宗在位期间卫士征行名籍多件，也存在拼接问题。由于未看到原卷，我不敢尝试，特向读者提出。如《大谷文书集成》（二）出版后，看到原卷图版，可以尝试进行拼接。

以下第1—8件文书移录自《吐鲁番出土文书》第六册，第9—11件与20、21、24、25件文书移录自《吐鲁番出土文书》第七册，第22、23件移录自《吐鲁番出土文书》第八册。

4.1　唐贞观十九年（645）安西都护府下军府牒为速报应请赐物见行兵姓名事

原编者说明：本件盖有朱印3处，仅一处完整，印文为“安西都护府之印”。

（前　缺）

（1）□□□ 加减未知定数，去 □□□

（2）□□□ 审勘见行兵应请赐物，□ □□□

（3）□□□ 具“顯[1]姓名申者，依检至今 □□□

（4）□□□ 宜速上故牒

（5）　　　贞观十九年八月廿一□□

（6）　　　　　　府

（7）□□□ 兵曹参军 □□□

〔1〕《龙龛手镜》卷4：“顯俗音显。”《碑别字新编》（秦公辑）：顯（“显”的别写）。

（后　缺）

67TAM91:19(a)

4.2 唐申勘防人残文书

（前　缺）

(1)　申勘当故防人吴来[　　　]讫申上事

（后　缺）

67TAM91:32(a),31(a)

4.3 唐咸亨三年(672)西州都督府下军团符

原编者说明：本件盖有朱印3处，印文残损，细审首为“西”字，次行“府之印”三字依稀可辨。

（前　缺）

(1)家资车、牛、马等并武贞父，同送向府者。今

(2)以状下团[1]，宜准状，符到奉行。

(3)　　　　　　　府

(4)司马　场

(5)　　　　　　　史索达

(6)　　　　　咸亨三年五月廿二日下

72TAM201:25/1

〔1〕《旧唐书》卷44《职官三》“诸府”条云：

凡卫士，三百人为一团，以校尉领之。

文书“今以状下团”的“团”，应指此。

《吐鲁番出土文书》第六册载《唐永隆元年(680)军团牒为记注所属卫士征镇样人及勋官签符诸色事》一文书中的“校尉麹丘团”，即校尉麹丘所率领的团。但旅帅亦可领团，此文书中的“旅帅王则团”即是一例。

4.4 唐永隆元年(680)军团牒为记注所属卫士征镇样人及勋官签符诸色事

原编者说明:本件多处有朱笔点记,[1]骑缝处背面均有押字。

(一)

(前 缺)

(1)□ □安西镇 样人[2]张弟弟

(2)□ □[样]人翟隆贞

(中 残)

(3)□ [上]护军,签符[3]见到。

---

〔1〕因排印困难,这些朱笔点记在上列录文中未能印出。据唐代勾检制,官府文案均由勾官勾检,勾官的批语和点检时的点记,均用朱笔。此文书中的朱点,我推测为勾官所加,表示勾官已对此文案勾检过。

〔2〕)样人:在这一文书中,"样人"有16见。这一名词如何解释?吐鲁番文书研究者都很关注并进行了初步探讨,但迄今为止,还未能提出确切意见。在《唐高宗永隆元年(680)府兵卫士简点文书的研究》(见敦煌吐鲁番学会编辑的《敦煌吐鲁番学研究论文集》)一文中,吴丽娱女史据16见样人都注在出征出使和派遣镇戍的卫士姓名之后,而充当样人的都是留居军团内或军府内的。她又根据《吐鲁番出土文书》第六册载阿斯塔那330号墓文书"唐赵须章等貌定簿?"的下列4行:

(一)

(1)□ 礻□年□□第三户

(2)赵须章年廿二白丁须□□(西行),样似赵永□上等

(二)

(1)□□塠年廿七[白][丁],西行,样以牛□ ⊏父老,一姪来年丁。第三户

(2) 兄隆隆年卅六残疾 丁瘇 次等

认为,赵须章西行(兴按:此"西行"乃著者以意补)下注"样似某某",□□塠西行下注"样似某某",与永隆元年文书中征行卫士下注样人的用意相同,都是为了这些远出征行的兵士如有逃走者,即按"样人"或"样似某某"指出逃走者的相貌身形,以便缉捕。当时,兵士逃亡者相当多,官府采取了"样人"或"样似某某"这一措施。兴按:吴丽娱女史这一意见虽非定论,但在"样人"问题展开讨论之际,她提出有根据的推测,是值得重视的。

〔3〕签符:这一名词在本文书中八见。"签符"又作"籤符",据唐五代史料,选人授官(多为州县官)附甲后,需由吏部下达"签符"到本人即将任官的官府,方可就任领取俸料。故推测"签符"是官员上任的通知。"签符"的制作者是吏部甲库,有别于授给官吏本人的告身。参见《唐会要》卷75"选部下附甲"门贞元八年二月奏及《五代会要》卷22"甲库"门载后周显德五年闰七月甲奏。

(4)□ 年卅五上轻车，签符见到。

(5)王胜藏年卅一

(6)刘尸举年廿六

(7)白欢进年卌一送波斯王[1]，样人康文义。进上轻车，签符到府。

(8)赵力相年卅五送波斯王，样人康昙住。

(9)解养生年卅五安西镇，样人白祐海。养生上轻车，签符到。

…………………………………………………………[2]

（后　缺）

73TAM191:119(a)

（二）

（前　缺）

(1)康悪隆年卌八

(2)竹海相年卅一

(3)白祐海年卌三上轻车，签符到。

(4)康妙达年卅四轻车都尉，[签]□在州授（守）囚。

(5)张尾苟年卌一

（后　缺）

73TAM191:120(a)

（三）

（前　缺）

(1)[向]住海年卅一□卅授囚。

(2)冯石师年卅四孝假[3]

---

[1]送波斯王：按《旧唐书》卷148《波斯传》云：

> 咸亨中，卑路斯自来入朝，高宗甚加恩赐，拜右武卫将军。仪凤三年，令吏部侍郎裴行俭将兵册送卑路斯为波斯王。行俭以其路远，至安西碎叶而还。

文书中所载送波斯王，即指裴行俭册送卑路斯事。读者可参看《旧唐书》卷84《裴行俭传》。

[2]骑缝背残半押字。——原编者注

[3]孝假：为亲丧服孝期间，按制度应免役。

(3)翟胥(姚)[1]子年卅三

(4)康祐住年卅三庭州镇。样人康妙达,授囚。

(5)翟阿达年卅八孝假。

(6)左隆贞卌捉道。样人杜惠住。

……………………………………………………………

(后　缺)

73TAM191:121(a)

(四)

(前　缺)

……………………………………………………………

(1)[　　　　] □

(2)[　　　　] [　　]杜隆儁

(3)[　　　　] [　　]样人冯海达,在州授囚。

(4)[　　　　] 往安西镇　样人高小仁

(5)□□子年卌二捉道[2]。样人赵知奴。

(6)□士洛年卌三在州授囚。

(7)□懂仁年卅五侍丁[3],残疾

(8)张欢海年卅四[　　]

(9)淳[于][　　]

(后　缺)

73TAM191:122(a)

[1]胥:右旁以朱笔写"姚"字,疑是原写作"胥",后改为"姚"。——原编者注

[2]捉道:"捉"意为守,捉道即看守道路。

[3]侍丁:按《唐六典》卷3"户部郎中员外郎"条云:

凡庶人年八十及笃疾给侍丁一人,九十给二人,百岁三人。

皆先尽子孙,次取近亲,次取轻色丁。

这是唐代的惠民政策,侍丁免役。

（五）

（前　缺）

(1)□□子年卅二七月内安西镇，样人樊孝文，在州[授]□。

(2)左苟仁年卅五

(3)令狐亥达卅一调露二年七[月]□□[西][镇]，样人▭

(4)高海仁年卌九

(5)杜隆傷年卅二

(6)张白奴年卅七

……………………………………………………

（后　缺）

73TAM191:123(a)

（六）

（前　缺）

(1)田海亥年卌

(2)康守绪年廿[九]安西[镇]　样人▭

(3)氾慈贞▭

（后　缺）

73TAM191:124(a)

（七）

……………………………………………………

(1)左相海年卅九柱国，签符到府。

（后　缺）

73TAM191:111(a)

（八）

（前　缺）

……………………………………………………

(1)□□□年卅一孝假

(2)范寅贞年▭

(3)赵秃□▭

(4) [王][隆] [　　]

(5) 赵 [　　]

(6) [苏] [　　　　] [二] [庭]州镇，[样]人张善駋

(7) □俾头年廿九送波斯□，样人氾塠□

(8) 李 [　　]

(9) 左 [　　]

（中　缺）

(10) [　　　　] [　 样人赵 [

（后　缺）

73TAM191:110(a)

（九）

（前　缺）

(1) 严憧相年□□（下残）

(2) 陈 [　　]

(3) 张 [　　]

（中　缺）

(4) 范定隆年 [　　]

(5) 张申军年卅二　（下残）

(6) [　　] 年 [　　]

（后　缺）

73TAM191:105(a)、108(a)

（十）

（前　缺）

(1) [　　] □卅二

(2) [　　] 年卌一送波斯王。样人张□

(3) [　　] 年卅在州授囚

(4) □卅三

……………………………………………………………

（后　缺）

73TAM191:109(a)

（十一）

（前　缺）

(1)□□□样人范隆贞

(2)□□□到。在州授四。

（后　缺）

73TAM191:101(a)

（十二）

（前　缺）

(1)□□□严憧相

（后　缺）

73TAM191:101(a)

（十三）

（前　缺）

(1)样人、勋官、签符等诸色，具注如前。谨牒。

(2)　　　　永隆元年十月　日队副孙　贞

(3)　　　　　　　　队正田

(4)　　　　　　　　旅帅赵文远

(5)　　　　　　　　校尉司空令达

(6)　　　　　　旅帅王则团队[1]王文则

(7)　　　　　　　　队正氾文感

…………………………………………………………

(8)　　　　　　　　队副卫海珎

(9)　　　　　　　　队正韩真住

(10)　　　　　校尉麹丘团队正高丑奴

(11)　　　　　　　　旅帅裴通达

(12)　　　　　　　　队副白相

(13)　　　　　付司。伏生示。

(14)　　　　　　　廿五日

(15)　　　　十月廿五日录事张文表受

(16)　　　　司马　　伷　　付兵

(17)　　　　检案伷写示

(18)　　　　　廿五日

73TAM191:17(a)

考释

【1】"队"字下当脱一字,参见同件第10行"校尉麹丘团队正高丑奴"条。

4.5　唐史卫智牒为军团点兵事[1]

原编者说明:本件前后骑缝背面有"伷"字押署,前后二缝各残剩半字。

(1)牒检案连如前,谨牒。

(2)　　　　十月廿五日史卫智牒

(3)　　　　　史辛群昉

(4)　　　　　府张文贞

(5)　　　问五团:所通应

(6)　　　简点兵尪弱、疾

(7)　　　病等诸色,不有

(8)　　　加减、隐没、遗漏

(9)　　　具尽已不? 伷

(10)　　　写示　□

……………………………………………………

73TAM191:32(a)

考释

【1】兴按:在前件文书我的注释中所引吴丽娱女史的文章中,她认

为这件文书是前件文书的后半部分，两件文书应复原为一件，并应另拟标题。仔细分析这两件文书的内容和结构，并参校在敦煌吐鲁番文书中的官府文案的结构和顺序，吴丽娱女史的意见完全正确。兹引录她的文章有关部分如下：

以上文书，原为整理者视作两件而分别定名。其中《唐永隆元年(680)军团牒为记注所属卫士征镇样人及勋官签符诸色事》一件，共由13个断片组成。名称年代显然皆据文书尾部而定。但从残存内容来看，则文书虽是一件牒文，但所列却是一件府兵卫士的名籍。其中一部分卫士除标明姓名年龄外，还以小字注明去向，如安西镇、北庭镇以及送波斯王和在州授(守)囚等。更有一些还注明勋官签符及样人。文书的末尾，则有府兵自队正、副乃至旅帅、校尉的署名。由于其中最高的官职校尉是府兵团一级的长官，所以可以肯定这件标注卫士名籍的牒文是府兵某团给其上级的报告。又第2件文书，原定名《唐史卫智牒为军团点兵事》，但文书的第2行，注明十月廿五日，这个日子与前件文书末尾标明的时间恰是相同的。文书末的"傍写示"与前件文书的"检案傍写示"也显然出自一人之手。(又按本件原整理者说明文书前后骑缝背面都有"傍"字押署，则"傍"也即"傍写"。)由此，我认为这两件文书实际上是同一文书的两部分，上部分即府兵某团牒文，而下部分则为"傍写"阅牒文后的判。根据判文内容："问五团：所通应简点兵尪弱、疾病等诸色，不有加减、隐没、遗漏，具尽已不?"可知前一部分应是府兵某府五团报上级的卫士简点名籍。而牒文末尾"样人"、勋官签符等具注如前一语，正是在申报时对于简点内容所做的说明总结。那么，这个上级是谁呢？根据第一件文书第11行有"付司伏生示"一语，伏生的名字也见于同墓出土的《唐永隆二年(681)卫士索天柱辞为兄被高昌县点充差行事》(载同书559页)：

(1)永隆二年正月　日校尉裴达团卫士索天柱辞

(2)　　兄智德

(3)府司:天柱前件兄今高昌县点充

(4)行讫,恐县司不委,请牒县知,谨辞。

(5)　　　　　　　　付司。伏生示。

(中　略)

(20)　　　　　　　　依判。伏生示。

这件文书的年代虽比前件略晚,但两件文书的"伏生"显然是同一人。又从这件文书9~17行判文"差兵先取军人君柱等,此以差行讫。准状别牒高昌交河两县,其人等白丁兄弟,请不差行。(中略)牒前庭府准状,余准前勘"语气来看,伏生所付司是西州都督府的某一部门。又原第一件文书第16行也有"司马仲付兵"一语。据《旧唐书》卷44《职官志》,司马也为州或都督府所置官员。"付兵"之"兵"即州兵曹。据此,我认为五团所报上级为西州都督府,而一、二两件文书应合为一件,并改定名为"唐永隆元年西州某府五团牒州简点卫士名籍及判",似更为恰当。

永兴按:吴丽娱女史把原分为两件的文书拼接为一件,根据充分,定名也恰当。我还可就文书的结构(也是唐官府文案的结构)提出补充依据。原名为"唐永隆元年军团牒为记注所属卫士征镇样人及勋官签符诸色事"一文书的末两行为:

(17)　　　　　　　　捡(检)案侉写示

(18)　　　　　　　　　　廿五日

原名为《唐史卫智牒为审团点兵事》一文书的首两行为:

(1)牒检案连如前,谨牒。

(2)　　　　　　　十月廿五日史卫智牒

这4行的意思是,西州都督府某官侉写命令检案,史卫智遵示检案并连接在一起。这一结构是唐代官府文案的普遍规定,可举出另外两件文书为证:

《周长安三年三月括逃使牒并敦煌县牒》(大谷2835)这一文书的第24~27行云:

(24)检案泽白

(25)　　　十六日

(26)牒检案连如前,谨牒。

(27)　　　　　三月十(六)日史氾艺牒

《周长安三年三月敦煌县录事董文彻牒》(大谷2836)文书的第13~16行云:

(13)检案。泽白。

(14)　　　一日

(15)牒检案连如前,谨牒。

(16)　　　　　三月(一)日史氾艺牒

这两件文书中的武则天造字,因排印困难,换成通用字。"六"、"一"二字是我以意填的。

这两件文书接连4行和我们分析的原为两件文书的末首4行,从结构上讲完全一致,可见这末首4行是紧相连接的,是一件文书的4行,即原名为《唐史卫智牒为军团点兵事》的第1、2两行是前一文书的第19、20行。这样,原分裂为两件文书并分别定名的,可复原为一件文书并使用吴丽娱女史的拟名,即《唐永隆元年(680)西州某府五团牒州为简点卫士名籍事及判》。

最后,我要谈谈从这件文书所看到的唐四等官制。略论如下:

《唐律疏议》卷5《名例律》略云:"诸同职犯公坐者,长官为一等,通判官为一等,判官为一等,主典为一等。各以所由为首。"[疏]议曰:"同职者,谓连署之官。公坐,谓无私曲。假如大理寺断事有违,即大卿是长官,少卿及正是通判官,丞是判官,府史是主典,是为四等。"

在复原后的这一文书(也就是官府文案)中,首先,第16行的"司马仲付兵"明确告诉我们,"仲"是通判官。无论在西州或在西州都督府,司马都是职位仅次于州刺史或都督府都督的上佐,刺史或都督是长官,司马就是通判官。

其次,第17行:"检案仿写示",这是对司马命令"付兵"的具体行为,则"仿写"应是兵曹参军,检案是行判的准备。无论在西州或西州都督府,兵曹参军是判司,是判官。

复原后文书的第19~20行："牒，检案连如前，谨牒。十月廿五日史卫智牒"，"检案连如前"是对兵曹参军命令检案的行动，史卫智是主典。

根据以上考证，我们看到了主典卫智四等官，判官仵𥦗三等官，通判官仲二等官。"付司。伏生示"（第13行）的"伏生"应是长官，但在文书中的表现不够明确。兹以别一文书证之。《吐鲁番出土文书》第六册载《唐永隆二年（681）卫士索天住辞为兄被高昌县点充差行事》，其下列两行云：

（5）　　　　付司。伏生示。

（20）　　　依判。伏生示。

"依判。伏生示"是在判官"举"行判之后，就其语气以及在文案中的位置而论，此"伏生"是长官无疑。举此可以证明永隆元年文案中的同一"伏生"，也是长官无疑。

4.6 唐军府名籍

原编者说明：本件纪年残缺，内记"乾封元年"，必造于是年之后。第3、4行间有朱书"□日同帖"。[1]

（前　缺）

（1）　史永海年廿九

（2）□　一人从次等进入步射[2]

（3）＿＿　年卅七傔[3]。前天山府[4]果毅麹善因入京使，未回。申州，请申省，未

---

[1]朱书"□日同帖"，应是勾官批语。

[2]按《唐六典》卷5"兵部郎中员外郎"条云：

四曰步射射草人。

文书所记步射应指此。但"从次等追入步射"之次等何所指？是否指步射的前一项"三曰马枪"（见《六典》同卷）的次等？不能肯定，待考。

[3]傔：《唐六典》卷5"兵部郎中员外郎"条略云：

凡诸军镇大使副使已上（据《旧唐志》当作"下"）皆有傔人别奏以为之使。所补傔奏皆令自召以充。

此处的傔应是天山府果毅麹善的侍从。

[4]天山府：此折冲府应在西州天山县境内，《新唐书·地理志》未载。

报。样人高欢绪。

(4) □ 乾封元年从果毅赵刀行,未还。申州,未有处分。[样]人[赵]屯屯

(5) □ ▭毅张全行,未还。申州,未有处分。

(6) □ ▭样人赵屯屯

(后　缺)

73TAM191:74(a)

4.7　唐永隆二年(681)卫士索天住辞为兄被高昌县点充差行事

原编者说明:本件前骑缝背面残剩“同”字左半侧,后骑缝背面有“举”字押署。

(一)

(1)永隆二年正月　日校尉裴达团卫士索天住辞

(2)　　兄智德

(3)府司[1]:天住前件兄今高昌县点充

(4)行讫,恐县司不委,请牒县知。谨辞。

(5)　　　　付司。伏生示。

(6)　　　　　六日

(7)　　　　正月六日毕

(8)　　　　司马[2]穷

(9)　　　　差兵先取军人

(10)　　　　君柱等,此以差

---

[1]府司:此指西州都督府。按《元和郡县图志》卷40“陇右道下”云:

西州,交河。

显庆三年改置都督府,天宝元年复为西州。

据此,永隆二年时,可称西州都督府。这一文书是卫士索天住上西州都督府辞。

[2]司马:按《新唐书》卷40《地理志》“陇右道”云:

西州交河郡,中都督府。

《唐六典》卷30“都督府官”云:

中都督府　司马一人(旧、新《唐志》同)

上文移录的永隆元年文书载西州都督府司马仲,此处之司马穷,可能是“穷”接替“仲”为西州都督府司马。

(11)　　行讫。准状,别牒高
(12)　　昌、交河两县,其
(13)　　人等白丁兄弟,请
(14)　　不差行[1]。吴石仁
(15)　　此以差行讫,牒
(16)　　前庭府准状,
(17)　　余准前勘。待
(18)　　举　示[2]
(19)　　　六日
(20)　　依判。伏生示。
(21)　　　　六日

……………………………………………………………

73TAM191:104(a)

(二)

(1)高昌县牒其日付索天住　———[3]

---

[1]判文中"准状别牒高昌交河两县,其人等白丁兄弟,请不差行",是针对索天住的申请而说的。索天住辞是为了其兄被"高昌县点充行讫",这一点充是不符合制度的,因而请求西州都督府告示高昌县。据上引判文,西州都督府准许了索天住的请求。这涉及唐代差遣卫士制度。《唐六典》卷5"兵部郎中员外郎"条云:

凡差卫上上当作士征戍镇防,亦有团伍。其善弓马者为越骑团,余为步兵团,主帅已下统领之。火十人有六驮马(若无马乡,任备驴骡及牛)。若父兄子弟不并遣之。若祖父母父母老疾《旧唐志》疾下有家字无兼丁免征行及番上。

永兴按:上引文是一条完整的唐军防令。日本学者仁井田陞复原唐军防令时,即据上引《六典》之文,但分为3条:"凡差卫士征戍镇防"至"主帅已下统领之"为第二条,"若父兄子弟不并遣之"云云为第9条(见《唐令拾遗》),恐不妥。"若父兄弟不并遣之"乃承上文"凡差卫士征戍镇防"而言,不应分开。否则,"若父兄子弟不并遣之"一条文义不完全不明确。

文书判文中"其人等白丁兄弟,请不差行",其根据即是"若父兄子弟不并遣之"这一军防令文。这也就是军防令结合索天住家庭的实际情况的实行。由此可见,敦煌吐鲁番文书的重要性。敦煌吐鲁番文书可以补史证史,此文书是证史之一例。

[2]待举示:索天住辞的内容是关于军事的,行判者待举应是西州都督府兵曹参军,按《唐六典》卷30"都督府官"云:

中都督府

兵曹参军事二人

西州为中都督府,有兵曹参军二人,即此文书中的待举与永隆元年文书中的傍冩。

[3]此一行写在背面。——原编者注

73TAM191:74(b)

4.8 唐下镇将康怀义牒[1]

（一）

（前　缺）

(1)□　镇将康怀义

(2)□　职受要　□

（后　缺）

65TAM40:23

（二）

（前　缺）

(1)□　野，职受要冲，押兵游　□

(2)□　防劫抄兼祇承使命　□

（后　缺）

65TAM40:20

（三）

（前　缺）

(1)□　缘解中丞追问　□

(2)□　所由事了，具合赴任，不得　□

（后　缺）

65TAM40:21

[1]在此文书之前，编者说明了此文书的时间性。兹全文移录如下：

阿斯塔那40号墓文书：

本墓为合葬墓，男尸先葬，无墓志及随葬衣物疏，所出文书亦无纪年。本墓出有《杜定欢赁舍契》，查与本墓同一茔区42号墓中，出《唐永徽二年(651)杜相墓志》，并出有另一件《杜定欢赁舍契》，今将本墓姑置于高宗时期之末。

（四）

（前　缺）

（1）＿＿ 阙人检校，谨以 ＿＿

（后　缺）

65TAM40:22

4.9 唐高宗某年西州高昌县贾致奴等征镇及诸色人等名籍

原编者说明：本件王默婢、张奚默名又见于下件，知为高昌县文书。本件虽无纪年，然王、张二人均列入庭州镇数内，下件列王入孝假数内，列张入逃走数内，故知本件时间在下件前。

（前　缺）

（1）贾致奴　张令洛　张胜君　史欢达　张弥达

（2）竹父师　唐善生　竹宝达　赵之旧　竹善德

（3）一十二人庭州镇

（4）董海绪　康塠子　孙住胜　王相才　李力相

（5）郭未德　卫君静　康辰君　王默婢　张奚默

（6）匡德隆　辛瓶仁

……………………………………………………………〔1〕

（7）一人先任爲（焉）耆佐史不还

（8）白孤易奴

（9）□□先替人庭州镇

（10）　□□[富]

（11）□[人]疏[勒] ＿＿

（后　缺）

73TAM501:109/7(a)

〔1〕本骑缝背面有“[签署]”字签署。（——原编者注）

4.10 唐高宗某年西州高昌县左君定等征镇及诸色人等名籍

原编者说明:本件张海欢又见于阿斯塔那4号墓七:《唐麟德二年张海欢、白怀洛贷银钱契》,知张为前庭府卫士,本件当是高昌县文书。内纪年已缺,据《册府元龟》卷985载:贞观二十一年诏以阿史那社尔为昆丘道行军大总管,讨龟兹。又《旧唐书·高宗本纪》载:永淳元年以裴行俭为金牙道行军大总管。本件列有昆丘道和金牙道,又不见武周新字,当为唐高宗文书,本件人数有墨点记。兴按:为排版,墨点记未录。

(前　缺)

(1)　(上残)　　　　　　□　　注

(2)□人金山道行,[1]未还:左君定　何善智　冚和定

(3)　冯住住　翟武通　张海欢

〔1〕金山道行:《新唐书》卷215下《西突厥传》略云:

> 显庆初,擢[苏]定方伊丽道行军大总管,率燕然都护任雅相、副都护萧嗣业、在骁卫大将军瀚海都督回纥婆闰等穷讨(兴按:讨贺鲁)。诏右屯卫大将军阿史那弥射、左屯卫大将军阿史那步真为流沙道安抚大使,分出金山道,俟斤嬾独禄等万余帐迎降。定方以精骑至曳咥河西,(中略)于是昼夜进,收所过人畜,至双河,与弥射、步真会,军饱气张,距贺鲁牙牙帐二百里,阵而行,抵金牙山。

《册府元龟》卷986《外臣部·征讨五》云:

> [显庆二年]十二月,苏定方大破贺鲁金牙山,尽收其所据之地,西域悉平。初贺鲁侵并西域诸国,进寇廷(庭)州,回纥婆闰等诸部属请讨之。(中略)及苏定方为大总管,领回纥等兵与阿史那弥射、步真等分出西州金城(山)两道以经略之。定方至金山之地,其俟斤嬾独禄等率万余帐来降。定方发其千骑进至曳咥河之西,(中略)遂至双河。(中略)径至金牙山所。

根据上引史料,显庆二年征讨贺鲁的战役中,阿史那弥射、步真率领的军队出金山道。文书记载左君定等6人金山道行未还,有可能这6个卫士所参加的就是阿史那弥射、步真率领的部队出金山道讨贺鲁的战役。

其次,文书第19行记载曹□□"金牙道行,未还",上引史料说:唐军"抵金牙山","径至金牙山所"。金牙山是贺鲁的最后根据地,唐军于此作战,也可称之为"金牙道行",文书中的一个卫士金牙道行未还,也有可能参加了取贺鲁最后根据地金牙山战役。

金山在西突厥境内。按《新唐书》卷215下《突厥传》云:

> 贞观四年,俟毗可汗请婚,不许。(中略)由是西域诸国悉叛之,国大虚耗,众悉附肆叶护可汗。虽俟毗之部亦稍稍去,共以兵攻俟毗,俟毗走保金山,为泥孰所杀,奉肆叶护为大可汗。

据此,金山在西突厥境内,也是西突厥的军事根据地。故阿史那弥射、步真率军讨西突厥贺鲁,以此称这次征行为金山道行。

(4) 四人救援龟兹,[1]未还:左运达　宋令智　张定□

(5)　康隆欢

(6) 三人八百人数行,未还:何父师　麹孝宝　赵□□

(7) 一十三人逃走:郭子生　白居住　李住隆　康[恶]　[　　]

(8)　张智运　张奚默　马法住　康石仁　支惠义　[　　]

(9)　翟丰[海]　侯弥达

(10) 一十二人疏勒道行,未还:令狐安定　刘守怀 [贾] [　　]

……………………………………………………

(11)　张文才　马君子　吴宝申　杜安德　白欢达　辛静□

(12)　麹德通　田君褚　赵仕峻

(13) 二人安西镇:□□塠　张神力

(14) □人孝假:竹石住　王默婢　石伯隆　王远达

---

[1]救援龟兹:按《通鉴》卷200"唐高宗显庆三年正月"云:

> 初,龟兹王布失毕妻阿史那氏与其相那利私通,布失毕不能禁,由是君臣猜阻,各有党与,互来告难。上两召之,既至,囚那利,遣左领军郎将雷文成送布失毕归国。至龟兹东境泥师城,龟兹大将羯猎颠发众拒之,仍遣使降于西突厥沙钵罗可汗。布失毕据城自守,不敢进。诏左屯卫将军杨胄发兵讨之。会布失毕卒,胄与羯猎颠战,大破之,擒羯猎颠及其党,尽诛之。乃以其地为龟兹都督府。戊申,立布失毕之子素稽为龟兹王兼都督。(兴按:《新唐书》卷221上《龟兹传》亦记此事,但未著年月)

作者认为文书第4行"四人救援龟兹未还"可能指上列史料中杨胄率兵援布失毕诛羯猎颠立素稽之事。当时征发西州府兵随杨胄入龟兹援布失毕也。

唐军这次入援龟兹,使龟兹的政治军事局面稳定下来,建立了龟兹都督府,并直接关系到唐第一次设置四镇。按上引《通鉴》同卷同年又云:

> 夏五月癸未,徙安西都护府于龟兹,以旧安西复为西州都督府,镇高昌故地。贞观十四年平高昌,置安西都护府于交河城,今徙于龟兹。
>
> [十一月],阿史那贺鲁既被擒,(中略)赦免其死,分其种落为六都督府。其所役属诸国皆置州府,西尽波斯,并隶安西都护府。四镇都督府,州三十四;西域都督府十六,州七十二。

这是第一次设置四镇。此次杨胄入援龟兹,意义重大,反映在吐鲁番文书中,文书的史料价值是很高的。

(15)□人昆丘道行:[1]史德义　康善生　支隆德　翟胡胡

---

〔1〕 昆丘道行:按《通鉴》卷198“唐太宗贞观二十一年十二月”条云:

龟兹王伐叠卒,弟诃黎布失毕立,浸失臣礼,侵渔邻国。上怒,戊寅,诏使持节、昆丘道行军大总管,自古相传,西域有昆仑丘,河源所出。又《尔雅》曰:三成为昆仑丘,故曰昆丘道。左骁卫大将军阿史那社尔、副大总管。右骁卫大将军契苾何力、安西都护府敦孝恪等将兵击之。

据此,昆丘道乃由昆仑山而得名。按《新唐书》卷221上《龟兹传》云:

葱岭以东俗喜淫,龟兹、于阗置女肆,征其税。

据此,龟兹西接葱岭。在葱岭之东。《旧唐书》卷198“于阗传”云:

于阗国,西南带葱岭,与龟兹接。

葱岭即昆仑山。因昆仑山在龟兹西界,故讨龟兹,以昆丘道行为其征行之名。

昆丘道的解释如上。但这件文书中的昆丘道不可能指贞观二十一年阿史那社尔征讨龟兹,文书中的昆丘道行应指高宗在位期间唐对龟兹或四镇的军事行动。这一点涉及四镇的设置与废罢问题。唐设四镇始于唐高宗显庆三年,咸亨元年废,武后垂拱二年再废。长寿元年又设。这些,史籍记载比较明确。但咸亨元年废后至垂拱二年再废,其间必有一次再设,否则,如何有再废呢?但再设在何时?兹论述如后。

《旧唐书》卷84《裴行俭传》云:

仪凤四年,十姓可汗阿史那匐延都支及李遮匐扇动番落,使逼安西,连和吐蕃,议者欲发兵讨之。行俭建议曰:(中略)高宗从之,因命行俭册送波斯王,仍为安抚大食使。(中略)至西州,人吏郊迎,(中略)行俭仍召四镇诸蕃酋长豪杰谓曰:(中略)都支先与遮匐通谋,秋中拟拒汉使,卒闻军到,计无所出。(中略)遂擒之。是日,传其契箭,诸部酋长,悉来请命,并执送碎叶城。

《唐会要》卷73“安西都护府”云:

调露元年九月,安西都护王方翼筑碎叶城,四面十二门,作屈曲隐伏出没之状,五旬而毕。

据上引史料,唐高宗仪凤四年(679,按仪凤四年六月十三日,改元调露)时,四镇已在唐的控制之下,故裴行俭能召四镇诸蕃酋长豪杰至西州,王方翼能筑碎叶城。据此亦可推知,在仪凤四年之前,唐已再设四镇或恢复四镇,可断言也。

《通鉴》卷202“唐高宗咸亨四年”云:

十二月丙午,弓月、疏勒二王来降。西突厥兴昔亡可汗之世,诸部离散,弓月及阿悉吉背叛。苏定方之西讨也,擒阿悉吉以归。弓月南结吐蕃,北招咽麫,共攻疏勒,降之。上遣鸿胪卿萧嗣业发兵讨之。嗣业兵未至,弓月惧,与疏勒皆如朝;上赦其罪,遣归国。

《通鉴》卷202“唐高宗上元年”云:

[十二月]戊子,于阗王伏闍雄来朝。

同书同卷“唐高宗上元二年”云:

春正月丙寅,以于阗国为毗沙都督府,分其境内为十州,以于阗王尉迟伏闍雄为毗沙都督。

根据上引史料,可知上元二年春正月,四镇之一于阗又复在唐的控制之下,此其一;四镇之二的疏勒与唐的关系密切,此其二。我们现在研究的文书第10行“一十二人疏勒道行,未还”,可能即在此时,这是我的推测。卫士的“疏勒道行”当然是军事行动,在萧嗣业率兵进攻弓月的同时,也有可能以兵力威胁疏勒,因而导致弓月与疏勒在咸亨四年十二月同时降唐。史料不足,暂作此推测。由此,我们还可以进一步考虑龟兹、焉耆与唐的关系。文书第15行“□人昆丘道行”应是唐对龟兹的一次军事行动。这次军事行动的时间应在咸亨元年(670年,即唐废四镇之年)之后至调露元年(679)的9年之间,这是可以肯定的;同时,这次军事行动也有可能在上元二年(675)前后。

(16) 目君住　张君君　赵富海　王石德

(17)五人狼子城行:白胡仁　张尾住　薭真信　郭定君　康祐欢

(18)一人庭州镇,今年正月一日□□□勘当:康憧海

(19)一人金牙道行,[1]未还:曹□□

(20)一人侍[2]:白卑子。一人大角手:[3]沮渠足住

(21)二人虞候:[4]魏长欢　尉屯爽

---

[1]金牙道行:按《通鉴》卷203"唐高宗永淳元年"云:

[夏四月]辛未,以礼部尚书闻喜宪公裴行俭为金牙道行军大总管,此指西突厥之金牙山也。帅右金吾将军阎怀旦等三总管分道讨西突厥。

《旧唐书》卷84《裴行俭传》云:

永淳元年,十姓为可汗车薄反叛,诏复以行俭为金牙道大总管,率十将军以讨之。

文书中"金牙道行"可能指永淳元年裴行俭讨西突厥,也可能指显庆三年苏定方讨贺鲁抵金牙山所。参看第51页注释(1)"金山道行"。

[2]一人侍:"侍",侍丁也。参看上文第4行文书注释。

[3]大角手:《唐六典》卷16"卫尉寺武库令"云:"器用之制有八,一曰大角。"下注云:

《乐录》曰:角者,说云:蚩尤氏率魍魉与黄帝战于涿鹿,帝乃始命吹角为龙鸣以御之。至魏武北征乌丸,度沙漠而军士思归,于是减为中鸣,而尤更悲矣。胡角者,本以应胡笳之声,后渐用之,故有长鸣中鸣。故角据乐书故角当作胡角凡三部,今唯有大角,金吾主之也。

凡诸道行军,皆给鼓角。三万人已上,给大角十四具;二万人已上,大角八具;万人已上,大角六具;万人已下,临事量给。其镇军,则给三分之二。

《通典》卷149《兵二》"法制附"略云:

诸教战阵,每五十人为队,每隔一队,定一战队,即出向前,各进五十步。听角声第一声绝,诸队即一时散立;第二声绝,诸队一时捺枪卷幡张弓拔刀;第三声绝,诸队一时举枪;第四声绝,诸队一时笼枪跪膝坐,目看大总管处大黄旗。

根据上引史料,可知三事:(甲)大角乃胡角。(乙)大角手即鸣大角的兵卒,行军及镇军皆给大角若干,镇军较少,亦即有大角手若干人。(丙)在军队操练演习中,角声成为指挥兵士动作的命令,作战时亦应如此。

[4]虞侯:按《通典》卷149《兵二》"杂教令"附引《李卫公兵法》曰:

诸行军立营,驴马各于所营地界放牧,如营侧草恶,便择好处放,仍与虞候计会,不许交杂,各执本营认旗。

《通鉴》卷223"唐代宗广德二年"云:

十一月丁未,郭子仪自行营入朝,郭晞在邠州,纵士卒为暴,节度使白孝德患之,以子仪故,不敢言。泾州刺史段秀实自请补都虞候,虞候,古候奄之职。虞,防虞也。候,候望也。孝德从之。

据上引,虞候乃军中维持秩序防范扰乱的中、下级军官。唐制源于南北朝,按《魏书》卷18《广阳王渊传》云:

深上书曰:及太和在历,仆射李冲当官任事,凉州土人,悉免厮役,丰沛旧门,仍防边戍。自非得罪当世,莫肯与之为伍。征镇驱使,但为虞候白直,一生推迁,不过军主。

据此,北魏军队中已有虞候,唐制即源于此。

（22）一[人][疏][勒]道 □

（后　缺）

73TAM501:109/6(a)

4.11　唐张义海等征镇及诸色人等名籍

原编者说明:本件纪年残缺,然形式及所记内容与前同,今姑置于其后。又本件人名旁多有墨点记,人数上多有墨勾记。兴按:墨点与勾记未录。

（一）

（前　缺）

（1）张义海　阴感成　氾隆贞　韩 □

（2）张武伦　车海护　王隆智　樊 □

（3）江定洛

（4）二人去年安西镇 □

（5）曹玄恪　车智德

（6）一十五人孝□

（后　缺）

73TAM501:109/8 – 1

（二）

（前　缺）

（1）李丑驴　程德达　龙 □

（2）　　　一人[大] □

（后　缺）

73TAM501:109/8 – 2

（三）

（前　缺）

（1）　　　三人安 □

（后　缺）

73TAM501:109/8－3

（四）

（前　缺）

（1）□　　果毅沙钵那　仗身[1]

（2）　□守德　邓憧定　竹闍利

（后　缺）

73TAM501:109/8－4

（五）

（前　缺）

（1）　□史天保　索孝进　鄯才□

（2）□　　行

（3）　□慈仁　董贞积

（后　缺）

73TAM501:109/8－5(a)

（六）

（前　缺）

（1）　□　龙悉洛　□

（后　缺）

---

〔1〕仗身：按《新唐书》卷55《食货五》云：

折冲府官则有仗身：上府折冲都尉六人，果毅四人，长史、别将三人，兵曹二人，中、下府各减一人，皆十五日而代。

麟德二年，给文官五品以上仗身，以掌闲、幕士为之。咸亨元年，与职事官皆罢。

调露元年，职事五品以上复给仗身。

都护府不治州事亦有仗身：都护四人，副都护、长史、司马三人，诸曹参军事二人，上镇将四人，中、下镇将上镇副三人，中、下镇副各二人，镇仓曹、关令丞、戍主副各一人，皆取于防人卫士，十五日而代。宿卫官三品以上仗身三人，五品以上二人，六品以下及散官五品以上各一人，取于番上卫士，役而不收课。

仗身钱六百四十。

仗身是为官吏个人服役的，大多数为武官服役。根据上述史料，仗身具备色役两个特点：（甲）轮番服役，每番15日。（乙）不服役者课640文，因而是色役的一种。

本文书中的仗身应是为武官服役的。

73TAM501:109/8－6

（七）

（前　缺）

(1)泖□德 ▭

(2)赵秃子

(3)一人先任庭州 ▭〔1〕

（后　缺）

73TAM501:109/8－7

4.12 唐代役制(兵役)关系文书一

以下3件文书移录自小田义久主编的《大谷文书集成》(一)。这3件文书的内容与《吐鲁番出土文物》第七册所载"唐高宗某年西州高昌县贾致奴等征镇及诸色人等名籍"3件文书的内容大致相同,也有"昆丘道行"、"送马往龟兹"、"疏勒道行"等句。这些,我在上文都已注释,并据以说明文书与四镇的关系以及文书的时间性。这3件文书也是如此,与前3件文书为同类,因此,置于前3件文书之后。文书的标题仍从原书。

原书编者说明:卫士关系文书,第1～4行有墨勾。第6行"十"字乃"九"字改写而成,"应"字乃"身"字改写而成。

（前　缺）

(1)　　二人[　　]人丁　杨才运 ▭

(2)　　一人　废疾〔2〕　　翟默奴 ▭

〔1〕本段纸质书法与片(五)同,但格式又似与本件有异,今姑置于此处。(——原编者注)

〔2〕废疾:按《唐律疏议》卷209《断狱律》"诸应议请减若年七十以上,十五以下及废疾者"条:

[疏]议曰:(中略)废疾,依令:"一支废,腰脊折,癡痖,侏儒"等。

按废疾不课,《通典》卷7《食货七·历代盛衰户口》"大唐"条略云:

老男废疾(寡)妻妾客女奴婢皆为不课户。

可资证明。

(3)　　二人　弩手[1]　　阴永智 ▢

(4)　　四人差送巡察使[2]　汜孝身[3] ▢

(5)　旅帅樊充充[4]

(6)十人应 ▢

(7)　七人随 ▢

(8)　队副□□尚之 ▢

(9)　卫士李□行 ▢

（后　缺）

（大谷2848号，图版96）

4.13　唐代役制（兵役）关系文书二

原书编者说明：卫士关系文书。第1～4行有墨勾，与大谷2850为同一文书。

（前　缺）

(1)　　四人走逃　小康善住　安连海　康黑奴　康君海

(2)　　四人虞候[5]　左君素　张四君　翟秃子　刘行感

(3)　　三人昆丘道行[6]　石丑奴　安智潘　马胜仁

---

〔1〕弩手：《唐六典》卷5“兵部郎中员外郎”条云：“诸卫有弩手。”

《通典》卷148《兵一》“立军”门引《大唐卫公李靖兵法》云：

战兵内弩手四百人。

战兵内每军弩手三百人。

战兵内每军弩手二百五十人。

弩手，军中善于用弩之战士也。

〔2〕巡察使：按《通典》卷19《职官一》杜佑论述唐官制云：

设官以经之，置使以纬之。（前略）其余细务因事置使者，不可悉数。

本文书之“巡察使”乃因事置使之类。

〔3〕汜孝身：细审图版，“汜”下之字难辨识，但肯定不是“孝”字，作者认为应作“汜□身”。

〔4〕樊充充：细审图版，“樊”下二字不应作“充”，作何字？不敢肯定，应暂缺。

〔5〕虞候：见本书前件文书注释。

〔6〕昆丘道行：见本书前件文书注释。

(4)　　一人孝假[1]　张信会

(后　缺)

(大谷 2849 号,图版 97)

4.14　唐代役制(兵役)关系文书三

原编者说明:卫士关系文书。

(前　缺)

(1)　　　□　赵云素　□

(2)二人送马往龟兹:　张智明　□兵才[2]　□

(3)□　□一人疏勒道行:　阚文住　康志远　范君爽[3]

(后　缺)

(大谷 2850 号,图版 97)

4.15　唐卫士征行名籍文书断片[4]

(前　缺)

(1)　□人□[昆]丘道行:　阴雪　□

(2)　廿　人　孝　假:　苏君信　翟武隆　□

---

〔1〕孝假:按《唐大诏令集》卷 4《改元天宝赦》略云:

侍丁者令其养老,孝假者矜其在丧。

"在丧",在其亲丧期间有丧服,谓之孝假。《唐会要》卷 83"租税上"略云:

天宝元年正月一日赦文,(中略)其侍丁孝假,与免差科。

此件文书中之"张信会",注明"孝假",谓其因免差科不在营中。此点与这一组文书之性质有关,下文当详论之。

〔2〕□兵才□:细审图版,"明"字下与"兵"字上之间,空一字之后,只有一个字的空位,不应作"□兵"二字。又细审此一字残留下部,似"冀"字的下部,我认为此字应作"冀","冀"下为"才"字,"才"下尚留一字残迹,则此人为"冀才□"。

〔3〕范君爽:细审图版,"范君"下之字不应作"爽"。西村元佑录文(见《西域文化研究》(三)载《唐代徭役制度考》)作"奭",从字形看,与图版上此字形近。

〔4〕此件残文书移录自《西域文化研究》(三)小笠原宣秀和西村元佑著《唐代役制关系文书考》所载录文。据文书"昆丘道行"等,我推测和前面的 6 件文书性质相同,故置于 6 件文书之后,并拟题为"唐卫士征行名籍断片"。

(3)　　　马金金　王胡才　朱反行　师文海

（后　缺）

（大谷 3390 号）

4.16　唐卫士征行名籍一[1]

这 3 件文书编号为大谷 3028、3029、3016 号。原著者说明：这 3 件文书是能拼接的。

兴按：自此以下 6 件（本书第 4.16～4.18 件）文书移录自《西域文化研究》（三）载小笠原宣秀和西村元佑著《唐代役制关系文书考》。录文形式仍从原著作，但拟题是我加的。

(1) □　　　　　　□

(2) 康牛知你潘　李峻达　孟胜才　邓羊德　狙渠[2]西达 □

(3) 高贞洛　吴怀欢　康酉海　尉令辈　潘阿兰 □

---

〔1〕文书的时间：在《唐代役制关系文书考》一文（见《西域文化研究》（三））中，小笠原宣秀和西村元佑二位日本学者指出：此件文书第 9 行的"曹定德"可能与大谷 1238 号给田文书第 2 行的"曹定德死退"有关，如两个曹定德是同一人，给田文书可以推测为开元末年的，则此件文书中的曹定德为卫士时应早于开元末年，应在开元初年或更早。

兴按：小笠原、西村二位先生的推断甚是。我应补充一点，在大谷 1238 号给田文书载"曹定德死退"，池田温先生定此给田文书为开元二十九年（见《中国古代籍帐研究》），如曹定德死于开元二十九年（741）或早一年，上推唐第二次恢复四镇之长寿元年（693），该时曹定德年 48 岁；如果再推至唐第一次恢复四镇之仪凤年间（676—678），该时曹定德年 32 岁；如果再上推唐第一次建置四镇之显庆三年（658），该时曹定德年仅 17 岁，尚未成丁。我之所以把曹定德的年岁以及此件文书的时间与四镇的置废联系起来，加以考察，因此件文书载有"一十二人送马往龟兹"，很显然，此件文书与唐对四镇的关系有关。根据以上考证，此件文书的时间为显庆三年四镇初建置之时为不可能，因曹定德尚未成丁，不能服兵役，不可能参加对龟兹的军事行动。其次，此件文书的时间为唐第二次恢复四镇之长寿元年亦不可能，因文书上的"人"（二见）、"君"（四见）均不作武周新字，不可能是包括长寿元年在内的武周时期的文书。上述关于此件文书时间的三个可能已经排除两个，唯一可能为唐第一次恢复四镇之仪凤年间，即此件文书可能为仪凤年间的文书。

由于一个相同的人名推断一件文书的时间，证据不充分，只能说有可能性，只能推测，不能肯定。

〔2〕狙渠：按"狙"应作"沮"。

(4)竹文知[1]　康辰相　唐平君　马恭感　杨忍君□

(5)樊隆默　张进洛　樊君义　安鼠子　石未□□

(6)赵住君　安只多罗　焦僧住　张孝通　翟隆□□

(7)李丑䮫　左隆子　魏石住　曹玖住　孙海□□

(8)刘进绪　安石师　赵胡胡　徐荀子　杨达□

(9)刘曹师[2]　牛隆海　康充子[3]　曹定德　高周□

(10)翟孝感

(11)一十二人　　送马往龟兹

(12)范守海　张行道[4]　李文行　王秞子[5]

魏信住(兴按:第十三行上部以后为第3029号文书　第十三行下部以后为3016号文书)

(13)曹䞘尸多　左通行　李建道　牛进通　左政偷[6]

(14)竹秃塠　樊才行

(15)廿　七　人　昆　　丘　　道　行

(16)□　　朱洛　　　　张嘉思　田武刚　白秃子

(17)□　□

[1]竹文知:细审图版,末一字不是“知”,应作“弘”。在敦煌吐鲁番文书中,“弘”字右部“厶”常作“口”,而此字左部乃“弓”的草书,很清楚。

[2]刘曹师:细审图版,第一个字不是“刘”,应作“邓”。

[3]康充子:细审图版,第二字不是“充”,应作“秃”。

[4]张行道:细审图版,末一字不是“道”,应作“通”。

[5]王秞子:细审图版,第二字不是“秞”,应作“秥”,此字右部“白”字,很清楚。

[6]左政偷:细审图版,末一字不是“偷”,应作“俭”,“俭”字稍草,甚显然也。

4.17 唐卫士征行名籍二[1]

(1)廿　七　人　救　援　龟　兹

(2)　赵信行　李君胜　李石德　周居由　康文住

(3)令狐苟子　张进海　郭君达　吴德师　竹秃子

(4)　王欢峻　康槐武　冯杜相　邓小国　康定智

(5)　龙菜显　刘君达　左小君　赵呈奴[2]　郭丑殊

(6)　史知敌[3]　韩保洛　康绪隆　索感达　康粟伏

(7)　赵玄素　匡德祀

(8)卌　三　人　逃　走

(9)　安德建　何圈德　赵宣达　阎住君　孟奴奴

(10)王阿六　范安德　解隆进　张伏护　张君达

以下为大谷3027号文书　……………………………（接缝）

(11)　张申相　李武信　□令海　辛駋子　安才子

---

〔1〕文书的时间性：西村元佑先生指出，本件文书第3行的“吴德师”也见于佃人文书（大谷2847号）第2行的四至中。两个“吴德师”似乎是同一个人。本件文书第11行的“辛駋子”也见于佃人文书（大谷2369号）第5行，两个“辛駋子”可能是同一个人。而根据周藤吉之对佃人文书的研究，大谷2369号文书和大谷2847号文书，分别为佃人文书的一、二两种形式，可以看为武周时期的文书。据此，卫士吴师德和辛駋子大体上也是武周时期的。在这样分析之后，西村元佑先生又进一步指出，记载“吴师德”的2847号佃人文书属于周藤吉之所说的佃人文书第二种形式，这种佃人文书有纪年的是大谷2846号文书，其纪年为“如意□年”（兴按：“年”字为武周新字，因排印困难，改为通用字）。兴按：天授三年四月，改元如意，九月，改元长寿。而长寿元年适有王孝杰破吐蕃，复四镇，置安西都护府于龟兹之事。据此，西村元佑先生推断标明“救援龟兹”这件文书是与王孝杰在长寿元年征讨龟兹有关的记载，其时间性应是长寿年间。

西村元佑先生的论述推断，有证据，也合乎逻辑，但却忽略了最重要的一点，即“救援龟兹”这件文书上没有武周新字。这件文书的“人”（二见）、“君”（七见）、“星”（一见）等都是通用字，而不是武周新字。据此，可以肯定这件文书不是包括长寿元年二年在内的武周时期的。

作者认为载有“救援龟兹”的本件文书和《吐鲁番出土文书》第七册所载《唐高宗某年西州高昌县左君定等征镇及诸色人等名籍》一文书可能是同一期间的。在那一件文书上也载有“救援龟兹”。在那一件文书的注释2，即对“救援龟兹”的注释中，我考证该文书的时间为唐高宗显庆三年。请读者参看。

〔2〕赵呈奴：细审文后附图版13，“呈”应作“星”。

〔3〕史知敌：细审文后附图片13，“知”应作“弘”。“敌”恐亦非是，此字左下侧作“冋”不作“周”，非“敌”字，宜暂缺为是。

(12)　竹辰才　卫回军　□小君　孙赤鼠　孟贞悻[1]

(13)　左绪隆　吕　出　杨隆护　赵尸钵　史熹住[2]

(14)　杨君集　杨护洛　翟默欢　侯□住　王守绪

(15)　白薄达　李未隆　侯僧师　王义达　康婆奴

(大谷 3021、3027 号)

4.18　唐卫士差行镇戍名籍

(1)□　人　差　送　洳［

(2)　朱石师　康鼠子　白相怀　和马［

(3)　张元海　李酉欢　令孤隆洛[3]　氾［

(4)　翟吉洛　贾祇隆　张阿君　张［

(5)　桥富奴　狙渠定仁[4]　何盲奴　韩［

(6)　安未奴　丁未欢

(7)　二　人　给　福[5]

(兴按:从第 8 行后为 3019 号文书)……………………… 骑缝

(8)　赵保通　李进达

(9)　一　人　先　方　亭　戍[6]　上　往

(10)　旅帅康守洛

(11)　二　人　大　角[7]

---

[1]孟贞悻:细审图版 13,末一字不作"悻",似应作"幸"。

[2]史熹住:"熹"与"住"之间右侧有"～"符号,录文缺。

[3]令孤隆洛:"令孤"当作"令狐"。

[4]狙渠定仁:"狙渠"即"沮渠"。

[5]二人给福:关于"给"福,小笠原、西村二位先生指出,"福"字恐为"复"字,当时可能把"复"字写成"福"字。

"给复"一词,唐代史籍文献中常见,如《唐大诏令集》卷 2《神尧即位赦》云:

义师所行之处,给复三年,自余给复二年。

"给复",即免除课役也。

[6]方亭戍:按戍乃边境驻兵之地,《唐六典》卷 30"大都护府"条云:戍有上、中、下。方亭戍在西州边境。《新疆出土文物》载《西州都督府营田牒》中记有方亭戍。

[7]大角:大角的解释见本书第 59 页注[3]。

(12)　质小女　康知子[1]

(大谷3026、3019号)

4.19　唐卫士差行文书

(1)二　人　濛　池　军[2]　差 □

(2)　宋才住　目海洛

(3)廿　二　人　差　送

(大谷3017号)

4.20　武周军府残文书一

原编者说明:本件有朱印一方,印文模糊不清。

(前　缺)

(1)　　付　司　德

(2)　　　　廿日[3]

(3)　□ 月[4]廿日录 □

(4)　　旅帅杜□□示

(5)　　检案　玄政白

(6)　　　　廿日

69TAM125:8

4.21　武周军府残文书二

(前　缺)

〔1〕康知子:细审图版,第二字不是"知",应作"弘"。

〔2〕濛池军:按小笠原宣秀和西村元佑在上引文章载此件文书,二位学者据《新唐书·地理志》"陇右道安西大都护府"条:"显庆二年平贺鲁,析其地,置濛池,昆陵二都护府",解释文书中的"濛池军",其言有据。但"濛池都护府"并非军,或文书原文非"军"字,因未见原文书,暂存疑。

〔3〕日:原皆武周新字,因排印困难,改为通用字。但第6行"日",不作武周新字,何故?不知原卷如何?

〔4〕月:原皆武周新字,因排印困难,改为通用字。

(1)　　　知，咨。玄政白

(2)　　　　十七日□

(3)　　　[依]判。德示

(4)　　　　十七日[1]

69TAM125:9

4.22　唐诸戍上兵文书

(一)

(前　缺)

(1)　　　[　　][十]五人

(2)　　　[　　]蓉　上　兵

(3)　　　[　　]未　　到

(4)　　[　　]决　杖　廿。(押)

(5)　　　　在

(后　缺)

72TAM187:200

(二)

(前　缺)

(1)　　[　　]合来月一日[2]戍上兵总六[　　]

(2)　　　[　　]一　十　六　人　[　　]

(3)　[　　]　五　人　身　[　　]

(后　缺)

72TAM187:189

(三)

(前　缺)

(1)　　勘[　　]

---

〔1〕十七日："日"不作武周新字，何故？不知原卷如何？

〔2〕"月"、"日"都是武周新字，本书内排印困难，皆改为通用字，"人"字原即通用字。

72TAM187:200

4.23　唐替取镇兵守捉残文书

原编者说明:本件有朱印痕,印文不能辨识。

（前　缺）

(1)　[　] 人今[在] [　]

(2)并杂破除,收茭人 [　]

(3)意不如镇兵。准长官注,每 [　]

(4)五人于镇赴上,替取镇兵守捉,仍 [　]

（后　缺）

72TAM187:203

4.24　武周请备狂贼残文书

本件(一)有残印两处,(二)中有武周新字。

（一）

（前　缺）

(1)　[　] 自□私家[　][马] [　]

(2)　[　] [草]泽[　][有]或[恐]□

(3)　[　] [备]狂贼□事,若不预作防□

(4)　[　] 其百姓

(5)　[　] 牧放

（后　缺）

72TAM225:36(a)

（二）

(1)□ [　]

(2)进止[从] [　]

(3)舩得运粮以不? 如[有]不通 [　]

(4)功即得通[运]□检回日具言 [ ]

(5)不得自去□□检必须得 [ ]

（后　缺）

72TAM225:35

4.25 武周久视二年(701)沙州敦煌县悬泉乡上柱国康万善牒为以男代赴役事

原编者说明:本件粘接缝背面有“禄”字押署。

……………………………………………………………………

(1)牒万善今简充马军,拟迎送使。万

(2)善为先带患,瘦弱不胜驱使,又复

(3)年老,今有男处琮,少年壮仕,又便弓

(4)马,望将替处。今随牒过,请裁。谨牒。

(5)　　久视二年二月　日[1]悬泉乡上柱国康万善牒。

(6)　　　　　　　　[付]　[司]

（后　缺）

72TAM225:22(a)

〔1〕文书中“年”、“月”、“日”均为武周新字,因排印困难,改为通用字。

5 唐军府财务文书

简要说明

本类文书共 16 件。第七件文书有人名四:赵兵曹(赵晋阳)、仙鹤、和忠、休胤;第八件文书有人名二:高惟仙、休胤;第九件文书有人名一:张惟谦;第十件文书有人名四:休胤、赵晋阳、张惟谦、□□仙(我推测此人是高惟仙);第十一件文书有人名四:麴训、休胤、氾磨伽、张惟谦。其中“休胤”见于第七、八、十、十一文书。“张惟谦”见于第九、十、十一件文书,赵晋阳(兵曹)见于第七、十两件文书。第九、十两件文书的年代为天宝四载,第十一件文书亦可推定为天宝四载。年代相同,“休胤”、“张惟谦”、“赵晋阳”、“高惟仙”见同于两件文书。把上述两个条件结合起来,可推知这 5 件残文书是性质相同的一组文书的 5 件,或同一文书的 5 个部分。更值得注意的是:《大谷文书集成》(一)所载 1014 号文书有“和忠”、“赵晋阳”两个人名,1057 号文书也有这两人名字,1312 号文书第 3 行有“文后令晋□□ ⌈ ”一段,“晋”下我推测是“阳”字,即“赵晋阳”,因此件文书与前两件一样,都是记述禄直的。105 号文书第 4 行“天宝四载十一月 日兵曹参军赵晋阳 ⌈ ”,可见这 3 件文书的年代为天宝四载,与前文所说 5 件文书的年代相同。性质相同,毫无疑问,这 8 件文书应是西州都督府官府财务文案的组成部分。小田义久先生已将大谷 1014 号与 1057 号两件文书拼接。如果能看到文书原卷,或文书原卷照相图版,我认为这 8 件文书是可以拼接的。

关于《唐西州都督府史李艺牒为兵法两曹及河西市马使请纸笔等等事》一文书，其中涉及市马事，请读者结合本书第七类唐军府官马驮马文书中有关市马资料参阅。

关于《唐总计练残文书》，对文书内容我做了较多的分析。我认为这是一件有关报蕃物的文书，原编者的标题虽不错误，但不够确切，我未改动。

关于《唐开元十六年末庭州轮台县钱帛计会稿》一文书，我从文书内容以及唐地方财务制度分析，文书应属于北庭都护府，不属于轮台县，池田温氏的标题不确，但我未改动。

以下文书5.1～5.3移录自《吐鲁番出土文书》第六册，5.14～5.16移录自《吐鲁番出土文书》第8册。

5.1　唐君安辩辞为领军资练事

原编者说明：本件第2、3行间有朱笔批语。又第2行“拾”字右侧有朱点一处。本件纪年残缺，据行间朱笔批语与前《贞观二十三年杜崇礼等辩辞》中批语字迹相同，本件年代应亦相当。

（前　缺）

（1）　［　］君安年廿八

（2）　［　］军资练拾匹

右勘领廿匹同付[1]

（3）　［　］辩被问付［　］资物领［　］

（4）　［　］谨审［　］物［　］

（5）　［　］□被问［　］

（后　缺）

73TAM210:136/10－1(a)

---

[1]“右勘领廿匹同付”：据唐代勾检制，第2行“拾”字右侧朱点及此朱书短句，皆勾官笔迹，表示此件已由勾官检过。

5.2 唐西州高昌县译语人康某辩辞为领军资练事

原编者说明：本件内容为军资练事，与上件相同。又同墓出土《唐史王公□牒》亦有译语人，年代亦应相当。又第2、3行间有朱笔批语，已残。

(1)[高]昌县译语人[1][康]□

领□

(2)军资练拾匹

(3)辩被问付[上]□

(4)□但□

(后　缺)

73TAM210:136/10－2

5.3 唐总计练残文书

(一)

(前　缺)

(1)　□[贰]段

(2)　右总□练八匹

(3)前总计准□匹贰丈陆[尺](下残)

(4)　右勘□[月]廿五日被□

(5)　书省□七日牒称[奉]□

(6)　敕守刺史□□□奏伊州三卫□

〔1〕译语人：在唐与边境上少数民族及外籍人的接触事件中，时有译语人的记载。此译语人康某，可能是昭武九姓胡。此等人四处经商，通诸种语言，如两《唐书》安禄山、史思明传均载安、史通六蕃语。高昌县设译语人，因地处东西来往通道，有各族人经商交涉也。

(7)　首领[1]次［　　　　］请准节［　　］

(8)　旨依奏者。得行从兵［　　］

(9)　旨连写如□。关至［　　］

73TAM210:136/4－1

（二）

（前　缺）

(1)　［　　］朝［　　］

(2)　［　　］首领［　　］

（后　缺）

---

〔1〕首领:在唐代史籍文献中,边境上少数民族的酋长等常被称为首领。如《新唐书》卷43下《地理志》云:

> 羁縻州
>
> 唐兴,初未暇于四夷,自太宗平突厥,西北诸蕃及蛮夷稍稍内属,即其部落列置州县。其大者为都督府,以其首领为都督、刺史,皆得世袭。虽贡赋版籍,多不上户部,然声教所暨,皆边州都督都护所领,著于令式。

《唐六典》卷18"鸿胪寺典客令"条云:

> 凡酋渠首领朝见者,则馆而以礼供之。
>
> 大酋渠首领准第四等,小酋渠首领准第五等。

《唐大诏令集》卷128《葛逻禄叶护开府仪同三司制》略云:

> 葛罗禄叶护特进毗伽,(中略)封金山王。依旧充叶护,禄俸于北庭给。

《全唐文》卷34《玄宗赐关内河东河西入朝蕃酋等敕》略云:

> 嘉尔蕃酋,慕我朝化(中略),其今春不入朝都督衙官并箭头将军在蕃者,已令王晙张说杨敬述等,取军中库物,各赐尔等衣一副。部落有疾苦,量给药物。

《全唐文》卷42《肃宗皇帝封回纥叶护忠义王制》云:

> 回纥叶护,特禀英姿。(中略)可司空,仍封忠义王。每载送绢二万匹至朔方军,宜差使受领。

根述上引史料中边境少数民族首领为都督刺史以及《六典》载酋渠首领等,而这件文书中"首领"二见,可知这件文书与边境少数民族有关。《唐大诏令集》及《全唐文》所载都说明,唐赐给边境少数民族首领衣物绢帛,多在边军边州如北庭都护府北庭节度使朔方军等等,边可以说是一种制度。而这一文书首载匹段若干,第5行"牒称奉",其下缺字可能为"旨",第8行"旨依奏者",凡此种种使我推测:这是记载唐对西北边境上少数民族赐匹段等物的文书。文书残缺,不能断言也。

又,《吐鲁番出土文书》第八册载"唐仪凤三年(678)中书门下支配诸州庸调及折造杂练色数处分事条启"的3行内容,亦可解释本文书。其文云:

> (7)拟报诸蕃等物,并依色数送□。其交州
>
> (8)都督府报蕃物于当府因［　　］用,所
>
> (9)有破除见在,每年申度□□部。

这件文书前数行记述的"匹段",有可能也是报蕃物之类。

73TAM210:136/4－2

（三）

（前　缺）

(1)　□如前谨［　　］

(2)　　　　二月九日［　　］

(3)　　　　录申省

(4)　　　　　十四日白

73TAM210:136/4－3

5.4　唐开元十三年北庭瀚海军兵赐匹段文书断片[1]

（一）

（前　缺）

开元十三年六月□［　　］

（后　缺）

（二）

（前　缺）

(1)［　　］西□□［　　］

(2)　□□库□北庭瀚海军开十三年□［　　］

(3)　　　　六万八千屯疋军兵[2]赐□［　　］

(4)　伊州状　　　敕持节□［　　］

(5)　　　［　　］□□［　　］

（后　缺）

---

〔1〕永兴注：原著者只标出文书号码，无题，此标题是我拟加的。

〔2〕按《通典》卷6《食货六・赋税下》所载天宝计帐略云：

布绢绵则二千七百余万端屯匹。

其下注文云：

千三百万诸道兵赐及和籴，并远小州使充官料邮驿等费。

文书中的“兵赐”与《通典》杜佑注符合。

大谷4938号,移录自《西域文化研究》(三)所载小笠原宣秀,西村元佑著《唐代役制关系文书考》。

5.5 唐西州都督府史李艺牒为兵法两曹及河西市马使请纸笔等事[1]

(一)

(前 缺)

(1) 付 司 楚 珪[2] 示

(2) 廿七日

(3) 五月廿七日录事使 录事参军沙妻 付 西州都督府之印

……………………………………………… 沙(纸背押缝)

(5)牒,检案连如前。谨牒。

(6) 五月 日李艺牒

(7) 兵法两司请纸。各准数

(8) 分付取领。咨。 沙妻白

(9) 廿七日

(10) 依判。咨。希望[3]示。

---

[1]这两个号的文书实际上是4件残文案。我的录文依据小笠原宣秀和西村元佑的录文并参照内藤乾吉的录文(见《西域文化研究》(三)所载《西域发现唐代官文书的研究》)移录。我的着眼点是这4件残文案都涉及军事官府经费开支,认为是军事文书。至于文书的结构以及有关唐公式文的特点等等,我概不涉及。请读者参看内藤乾吉教授的文章。

原著无标题,现在的标题是我拟加的。

[2]楚珪:在上述内藤乾吉的文章中,他根据《敦煌石室遗书》所收《沙州志残卷》所载张芝墨池条中的"上柱国张楚珪",认为此张楚珪即是本文书任西州都督府的"楚珪"。我认为内藤氏的推断是可信的。请读者参看。

[3]希望:我推测此人即杜希望。据《新唐书》卷166《杜佑传》附其父"杜希望传"云:

> 父希望(中略),开元中,交河公主嫁突骑施,诏希望为和亲判官。信安郡王澣表署灵州别驾,关内道支度使。

据此,杜希望在开元中任官西北边。在文书上,希望的职任为通判官,即西州都督府的别驾或长史或司马,这是可能的。

(11)　　　　　　廿七日

(12)　　　　依判。咨。球之示。

(13)　　　　　　廿七日

(14)　　　　依　判。　楚珪示。

(15)　　　　　　廿七日

…………………………………………………… 沙(纸背押缝)

(16)　　开元十六年五月廿七日

(17)　　　　史　李艺

(18)录事参军沙妻

(19)　　　　史

(20)　　五月廿七日受,即日行判。

(21)　　录事使

(22)　　录事参军自判

(23)案为兵曹法曹等司请黄纸准数分付事

…………………………………………………… 沙(纸背押缝)

(二)

(前　缺)

(1)　　案纸贰伯张次纸壹伯张笔两管墨一挺

(2)牒:真陁今缘市马要前件纸笔等,请准式处

(3)分。谨牒。

(4)　　开元十六年五月　日河西市马使米真陁

(5)　　　　付司。检令式,河西节度

(6)　　　　买马,不是别敕令市,计不

(7)　　　　合请纸笔。处分过。楚珪

(8)　　　　示　　　　廿九日

(9)　　　　五月廿九日录事使

(10)　　　　录事参军沙妻　付

(11)　　　　检案。沙白

(12)　　　　　　一日

…………………………………………………………… 沙(纸背押缝)

(13)牒,检案连如前,谨

(14)　　　　　　　　六月　日史李艺牒

(15)　　　　　　　　检。　沙　白。

(16)　　　　　　　　　　　　一日

(17)　案纸二百张,次纸一百张,笔两管,墨一挺。

(18)　　右得河西市马使牒,请上件纸墨等。

(19)　　都督判,检令式,河西节度买马,不是别

(20)　　敕令市,计不合请纸笔。处分过者。依检

(21)　　前后市马使麹中郎等,并无请纸墨等

(22)　　处

(23)牒,件检如前,谨牒。

(24)　　　　　　　六月　日史李艺牒

(25)　　　　　　　承前市马,非是一般,或朔方

(26)　　　　　　　远凑,或河西频来,前后

(27)　　　　　　　只见自供,州县不曾官给。

…………………………………………………………… 沙(纸背押缝)

(28)　　　　　　　既无体例可依,曹司实

(后　缺)

(三)

(前　缺)

(1)　　　　开元十六年八月十六日典渠思忠牒

(2)　　　　　　首领阚俟斤朱耶波德[1](押)

(3)　付　司。　楚　珪(押)示

(4)　　　　　　　　十九日

〔1〕首领阚俟斤朱耶波德:细审图版,第三字似不作"阚",应作"阙"。据《新唐书》卷215下《西突厥传》有"阿悉吉阙俟斤"、"阿悉结阙俟斤"、"哥舒阙俟斤"。"俟斤"之上皆作"阙",不作"阚"。

又,细审图版,第七字似不作"耶",应作"邪",据《新唐书》卷218《沙陀传》有"朱邪执宜",即本文书"朱邪"二字。

(5)　　　　八月十九日录事礼　受

(6)　　　　录事参军沙妻　　付

(7)　　　　检案。沙白

(8)　　　　　　　　十九日

……………………………………………… 沙(纸背押缝)

(9)牒,检案连如前,谨牒

(10)　　　　　八月　日史李艺牒

(11)　　　　　朱耶部落所请次案共

(12)　　　　　壹伯张。状来,检到不

(13)　　　　　虚。记。咨。沙妻付

(14)　　　　　　　　　　十九日

(15)　　　　　依判。咨。希望示

(16)　　　　　　　　　　十九日

(17)　　　　　依判。咨。球之示

(18)　　　　　　　　　　十九日

(19)　　　　　依判。楚珪(押)示

(20)　　　　　　　　　　十九日

……………………………………………… 沙(纸背押缝)

(21)　　　　　开元十六年八月十九日

(22)　　　　　　　　史李艺

(23)录事参军沙妻

(24)　　　　史

(25)　　　　八月十九日受,即日行判

(26)　　　　录事礼检无稽失

(27)　　　　录事参军自判

(28)案为朱耶部落检领纸到事

……………………………………………… 沙(纸背押缝)

（四）

(1)兵曹

(2)案纸五伯张纸伍伯张前后领足。杜成

(3)　　右须上件纸行下警固文牒，请处分。

(4)牒，件状如前，谨牒

(5)　　　　　　开元十六年八月　日　府杜成牒

(6)　　付　司。　楚　珪　(押)示

(7)　　　　　　　　　　廿日

(8)　　　　八月廿日　录事礼　受

(9)　　　　录事参军　沙妻[1]　付

(10)　检案。沙白)

---

〔1〕在本书行将发稿之际(1990年4月)，《吐鲁番出土文书》第九册由文物出版社出版了，书中载有多件《唐军事文书》，惜已不能编入。

《吐鲁番出土文书》第九册中，有5件文书上有“沙安”人名，引起我的注意思考，兹先简略引录如下：

1　唐开元二十一年(733)西州都督府案卷为勘给过所事

(50)　高昌县　　　为申麴嘉琰请过所所由具状上事

　　　(中　略)

(67)　朝议郎行录事参军摄令上柱国　沙安

73TAM509:8/8(a)、8/16(a)、8/14(a)、8/21(a)、8/18(a)

2　唐开元二十二年(734)录事王亮牒诉职田佃人欠交地子案卷

(9)　(上残)[录]事　亮受

(10)　□军　沙安付

73TAM509:23/4－3

3　唐开元某年西州蒲昌县上西州户曹状为录申刘得苜蓿秋茭数事

(6)　都督府□讠□[依]录申，请裁。谨上

(7)　　开元□[五]日朝议郎行尉上柱□

　　(中　缺)

(8)　　录事参军沙安勾□

73TAM509:23/8－1、23/8－2

4　唐史张知残牒

(2)　□十四日录事元肯受

(3)　□参军　　沙安付

73TAM509:23/14－3

(未完，转下页)

(11)　　　廿日

……………………………………………………… 沙(纸背押缝)

(12)牒,检案连如前,谨牒

(13)　　　　　　八月　日史李艺牒

(14)　　　　　　兵曹司缘警固请纸,

(15)　　　　　　须数分付取领。咨。沙妻白

(16)　　　　　　　　　　　廿日

(17)　　　　　　依判。谘。希望示

(18)　　　　　　　　　　　廿日

(19)　　　　　　依判。咨。球之示

(后　缺)

大谷5839、5840号。移录自《西域文化研究》(三)所载小笠原宣秀、西村元佑著《唐代役制关系文书考》。

(接上页注〔1〕)

5　**唐残牒为高昌县差水子事**

(1)　　　　录事参军沙安勾讫

(2)下高昌县为差水子一人处分讫申事

73TAM509:23/2－2

永兴按:上引第一件文书所载“沙安”,开元二十一年时其正官为西州都督府录事参军,摄高昌县令是临时的。在同一文书中有“功曹摄录事参军　思勾讫”之语,因沙安摄高昌县令,录事参军之职位暂空,由功曹思暂摄也。第二件文书第十行“军　沙安”上所缺字应是“录事参”3字,盖沙安在开元二十一年暂离西州都督府录事参军的职位,至开元二十二年又回到他的职位上。第三、四、五等件文书皆应是西州都督府文书,但年代不详。我推测,应为开元二十一、二十二年前后。

根据上述,这5件开元年间文书上的“沙安”与大谷5839、5840号开元十六年文书上的“沙妻”,同是西州都督府录事参军,“沙安”与“沙妻”应是一人。从开元十六年到开元二十一年为时6年,一个人在一个职位上任官六七年或为时再稍长是完全可能的。忆多年前,我阅读《西域文化研究》(三)所载内藤乾吉先生讨论大谷5839、5840号文书,细审所附图版,认为内藤氏录文中的“沙妻”应作“沙安”。“妻”、“安”二字草书,形虽近似,但仍有区别,细审可知也。但当时中日学术界对“沙妻”一名已作肯定,且称之为“沙妻文书”,我虽有不同意见,噤不敢发,因自己所知甚少,证据不足也。现在虽然有了这5件开元年间载有“沙安”的文书,但我还未看到这5件文书的原卷或原卷照相图,而且短时期内也不可能看到,不知字形究竟如何,我不能肯定我的意见正确无误。我只能推测,大谷5839、5840号文书所载西州都督府录事参军应是“沙安”,不作“沙妻”,“沙妻文书”亦不妥也。

5.6 唐开元十六年(728)末庭州[1]轮台县钱帛计会稿

(一)

(1)□□傔。从十六年七月一日已后至二月卅日已前,军府 ▭

〔1〕此件文书转录自池田温著《中国古代籍帐研究》,池田温氏原注谓:(一)移录自罗振玉编《贞松堂藏西陲秘籍丛残》,(二)、(三)据京都有邻馆藏卷移录。

文书标题应为池田温氏拟加。

唐代前期,纪年有“十六年”者,唯“贞观”及“开元”。据《元和郡县图志》卷40“陇右道下”云:

> 庭州,因王庭以为名也。后为贼所攻掠,萧条荒废,显庆中重修置,以来济为刺史,理完葺焉。长安二年改置北庭都护府,开元二十一年改置北庭节度使。

又按《新唐书》卷40《地理志》“陇右道”云:

> 北庭大都护府,本庭州,贞观十四年平高昌,以西突厥泥伏沙钵罗叶护阿史那贺鲁部落置,并置蒲昌县,寻废,显庆三年复置,长安二年为北庭都护府。

根据上引两条史料,贞观十六年时,“庭州”已废,“北庭都护府”尚未设置,本件文书不可能是贞观十六年的。至开元十六年,“庭州”和“北庭都护府”都早已存在,池田温氏把本件文书定为开元十六年的,完全正确。

其次,文书标题中的“庭州轮台县”,恐不确。文书(一)第1行“□□傔”,据《唐六典》卷5“兵部郎中员外郎”条,六品以上或相当六品以上的武官,按品级高下分别有傔从若干人为其个人役使。轮台县不可能有这类武官,北庭都护府则有这类武官。文书(一)第1行“军府”,文书(二)第2行“军使”,也都表明本件文书是属于北庭都护府的,不是属于轮台县的。文书(二)、(三)数处记载买马、纳突厥马,马的数目相当多,这也只能属于北庭都护府,不可能属于轮台县。根据上述文书内容,本件文书是北庭都护府的钱帛计会稿,不是轮台县的钱帛计会稿。

至于文书(二)第1、2两行所记轮台县白直执衣资课钱数,不能以此证明本件文书是属于轮台县的。白直执衣资课是官吏俸料的一部分,一般是由上级官府发给的。轮台县官吏的白直执衣资课应由北庭都护府支给,既或由轮台县支付,也要向北庭都护府申报,在北庭都护府的财务账上也有记载。

“钱帛计会稿”,池田温氏用“稿”字,很正确。文书(二)第1~2行“秋冬两□共”5字左侧有删除号,第5行“匹絁,匹别准肆伯捌拾计”左侧均有删除号,第6行“计”字左侧有删除号,第7行“八匹絁”左侧也有删除号,第10行“马价练”3字左侧有删除号,第11行“□”及“大练”2字左侧均有删除号,第12行“□”左侧有删除号,“九十一贯”4字左侧有删除号,右侧有疑问号,第13行“▭”及“计卌贯五百六十”左侧均有删除号,文书(三)第4行“□”左侧有删除号。上述所有的删除号,因排印困难,本书所载文书录文均未标出,请读者注意。文书(二)第3行“每月贰阡贰伯文”7字已被圈掉,第10行“大练”2字已被圈掉。这样多的删除号、疑问号、圈掉号表明这件文书是草稿,不是正式计会。

(2)料并执衣白直课[1]及诸色贷便及马价纸价□使 □

(3)及六月卅日已前破用回残钱等，总计当钱肆伯柒拾叁

（后　缺）

（二）

秋冬两季

(1)轮台县白直、执衣季别玖阡叁伯陆十文。秋冬两□

(2)共计壹拾捌贯柒伯贰拾文。

(3)军使八人料，每月贰阡贰伯文，从七月八月九月十

(4)月十一月十二月，每月二千贰伯文，计一十三贯二百文

(5)　　　　匹絁匹别准肆伯捌拾计

(6)一十一匹絁，絁别肆伯捌拾文计五千二百八十文。□

(7)　捌匹絁

(8)　　　　六匹纳马价直。五匹纳纸价直。

(9)一百六十四大练，匹别肆伯文 计六十四贯。

(10)　马价练，叁拾三匹纳马价大练。壹拾肆匹，请得纳突厥马及甲价。

(11)　贰拾匹□小练换得。拾匹大练纳纸价。捌拾叁匹纳 □

(12)四百□卅三匹　小练匹别三百廿文，九十一贯，计百八贯五百六十文。

(13)一百五十匹 □ 两□练 □计卌贯五百六十文。

（后　缺）

……………………………………………………

〔1〕执衣白直课：按执衣、白直均为色役，《通典》、《唐要会》及《新唐书》卷55《食货志》均有记载，兹引录《新唐志》之文如下：

> 二品以下又有白直、执衣：二品白直四十人，三品三十二人，四品二十四人，五品十六人，六品十人，七品七人，八品五人，九品四人；二品执衣十八人，三品十五人，四品十三人，五品九人，六品、七品各六人，八品、九品各三人；皆中男为之。（中略）白直、执衣以下分三番，周岁而代，供役不逾境。后皆纳课，（中略）白直钱二千五百，执衣钱一千。

白直、执衣课制如上，但文书（二）第1行“轮台县白直、执衣季别玖阡叁伯陆拾文”，右侧有“秋冬两季”4字，似白直、执衣课钱按季支付给官吏。这使我们对这一色役制有了进一步理解。

（三）

(1) 陆匹纳马价。伍匹纳纸价。

(2)壹伯陆拾匹大练，足别肆伯文。计陆拾肆贯。

(3) 叁拾叁匹马价。 壹拾肆匹，请得突厥纳马及甲价。

(4) 贰拾匹小练换得。拾匹□纸价。捌拾叁匹纳进马价。[1]

（后 缺）

5.7 唐西州都督府禄直练文书[2]

（前 缺）

(1)□ 大练八匹壹丈捌尺

(2)□ 直库，前件禄直练，赵兵曹[3]于 □

(3)□ 库门前仙鹤见付和忠，上件 □

(4)□ 请处分 休胤

---

〔1〕市马：文书(一)第2行，文书(三)第8、10行，文书(三)第1、3、4行，都有“马价”，这些都说明：处于唐帝国西北边境上的北庭都护府频繁买马，从毗邻于北庭都护府的突厥买马。文书(二)第10行及文书(三)第3行的“纳突厥马”，史籍文献也有记载。《唐会要》卷72“马”条云：

> 开元二年九月，太常少卿姜晦上疏，请以空名告身于六胡州市马，率三十匹马酬一游击将军。时厩中马缺，乃从之。

按唐代前期内闲厩马皆从陇右监牧选送，开元初年，马政败坏，陇右监牧送马不足，不得不市马以充闲厩。

《新唐书》卷50《兵志》云：

> 其后（兴按：约在开元中）突厥款塞，玄宗厚抚之，岁许朔方军两受降城为互市，以金帛市马，于河东、朔方、陇右牧之。

《唐六典》卷22《少府监》云：

> 诸互市监各掌诸蕃交易之事，丞为之贰。凡互市所得马驼驴牛等，各别其色，具齿岁肤第以言于所隶州府，州府为申闻，太仆差官吏相与受领印记。上马送京师，余量其众寡，并遣使送之，任其在路放牧焉。

开元中，马政修治，陇右牧马多至48余万匹。市马不是为了充实闲厩，而是为了准备边境诸军战马。互市主要市马，“以金帛市马”，本件文书所记就是以帛市马。

本书收录市马文书多件，请读者参阅此条注释。

〔2〕原编者只标出文书号码，无题，标题是作者拟加的。

〔3〕赵兵曹：此人当是大谷1057号文书中的赵晋阳，赵晋阳任兵曹参军，故可称赵兵曹。本件文书与大谷1014、1057号文书应是一组或同一文书的几个断片，可拼接。

(5)　□

(6)　　　四日

（后　缺）

大谷3021号,移录自《西域文化研究》(三)载小笠原宣秀、西村元佑著《唐代役制关系文书考》。

5.8　唐西州都督府纳阙官钱文书[1]

（前　缺）

(1)　高惟仙纳阙官钱伍阡文　休胤

(2)　　　右件钱十月廿四日送到

（后　缺）

大谷3011号,移录自《西域文化研究》(三)载小笠原宣秀、西村元佑著《唐代役制关系文书考》。

5.9　唐天宝四载西州都督府史张惟谦牒[2]

（一）

（前　缺）

(1)▭　牒

(2)天宝四载十月　日府史张惟谦牒

（后　缺）

（二）

（前　缺）

(1)如前,谨牒

(2)　天宝四载十月　日府史张惟谦牒

（后　缺）

[1]原编者只标出文书号码,无题,标题是作者拟加的。

[2]原编者只标出文书号码,无题,标题是作者拟加的。

大谷4903、4909号，移录自《西域文化研究》（三）载小笠原宣秀、西村元佑著《唐代役制关系文书考》。

5.10　唐天宝四载西州都督府史张惟谦牒为纳税钱等事[1]

（一）

（前　缺）

（1）▭ 玖伯壹拾肆文　休胤

（2）▭ [兵]曹十一月料

（3）　　▭ □

（后　缺）

（二）

（前　缺）

（1）▭ 兵曹赵晋阳负钱五千五百 ▭

（后　缺）

（三）

（前　缺）

（1）▭ 钱肆阡陆伯叁拾 ▭

（后　缺）

（四）

（前　缺）

（1）

（2）▭ 钱叁阡陆伯贰拾柒文

（3）▭ 讫　休胤

（4）▭ 四载十一月　日府张惟谦牒

---

〔1〕原编者只标出文书号码，无题，标题是作者拟加的。

（五）

（前　缺）

(1)　　　▭仙纳三载税钱叁阡柒伯文　休胤

(2)　　　　右件钱十一月三日　送到

(3)牒，件状如前，谨牒

(4)　　　天宝四载十一月　日府张惟谦牒

大谷 3014、3496、3497、3010、4904 号，移录自《西域文化研究》（三）载小笠原宣秀、西村元佑著《唐代役制关系文书考》。

5.11　唐休胤文书断片[1]

（一）

（前　缺）

(1)□

(2)牒，件▭

(3)　　▭　▭典麴训牒

(4)　　录状过太守。六日。　休胤[2]

（后　缺）

（二）

（前　缺）

(1)氾磨伽负张惟谦[3]钱壹阡文　休胤

(2)　▭□件上钱，其钱▭

(3)▭受重仗[4]廿。谨

（后　缺）

大谷 3009、3013 号，移录自《西域文化研究》（三）载小笠原宣秀、

---

〔1〕原编者只标出文书号码，无题，标题是作者拟加的。

〔2〕"休胤"一名屡见于唐西州都督府财务文书，此二断片可能是财务文书。

〔3〕"张惟谦"又见于《唐天宝四载西州都督府史张惟谦牒》，本件文书（一）第 4 行有"录状过太守"一语，不称刺史而称太守，恐亦是天宝四载财务文书。

〔4〕"仗"应作"杖"。

西村元佑著《唐代役制关系文书》。

5.12 唐西州都督府兵役(兵曹)关系文书一[1]

原书编者说明:此件可与唐天宝四载(745)十一月的大谷 1057 号文书缀合。[2]

……………………………………………………………………

(1)分[3]付和忠、[4]钱练。

---

〔1〕文书名称问题:根据文书内容可知其与兵役皆无关系,皆与军队的经费财政有关。文书残缺,难知其全部内容,但就已知者,恐应就经费使用或财务收支为其拟名也。编者原拟名“西州都督府兵役(兵曹)关系文书”和“官厅文书断片”(1312 号),今拟改为“西州都督府兵曹参军赵晋阳牒为领取禄直练事”。

〔2〕从原书图版 93 看,日本学者把大谷 1014 号文书和大谷 1057 号文书拼接为一件,是完全对的。我怀疑大谷 1312 号文书也有可能是复原后这一文书的断片。兹先移录该文书如下:

“官厅文书断片”(大谷 1312 号)文书如下:

(前　缺)

(1)前□

(2)右□

(3)文后令晋□□□

(4)□秋冬禄直练便折分□□

(5)　　　　□如当计练价□

(后　缺)

按 1014 号文书说到“钱练”、“禄直练”、“余钱”若干,1057 号文书说到同数余钱,1312 号文书说到禄直练。一、三两件文书似乎都有禄直练部分折钱问题。据此,1312 号文书的内容与前两件文书的内容相同。此外,1312 号文书第 3 行“文后令晋”之下一字缺,我认为可填“阳”字,文句语气是令某人。果如是,“晋阳”一名在前两件文书中三见,此文书一见。根据上述两点,我认 1312 号文书可能是前两件文书拼接而成的一文书的断片。此断片应在复原后文书之前,因 1057 号文书显然是一文书的结尾,1312 号文书不可能位于其前也。以上是我的推测,因未见原文书也未见原文书照相图版,不知纸质及字迹如何,不能确言也。

〔3〕“分”:细审图版 93,此字字形不是“分”,连下文全句如作“分”,文义亦难解,我怀疑是否为“今”字,形近,文义亦可解。

〔4〕“和忠”后不应有“、”,“和忠”及“钱练”应连读。

(2)　右禄直[1]练、从库出、晋阳押领　□

(3)　付和忠。[2]　领将余钱壹阡　□

………………………………………………………………

大谷1014号，图版93，移录自小田义久主编之《大谷文书集成》一。

5.13　唐西州都督府兵役(兵曹)关系文书二

原书编者说明：本件与前件略同。

(1)　(1014号文书)本典郭　□

(2)　　壹阡柒佰文、晋阳　□

(3)　　和忠被问依实牒　□

(4)　天宝四载十一月　日　兵曹参军赵晋阳　□

(后　缺)

大谷1057号，移录自《大谷文书集成》一。

5.14　唐西州都督府牒为便钱酬北庭军事

原编者说明：本件盖有朱印一方，文为"西州都督府之印"。

(1)(上　残)　牒别项为便钱酬罗阿□　□

(2)□钱陆阡文

(3)□头得兵曹参军程訔等牒称：　□

---

[1]禄直："禄直"一词，亦见于敦煌文书《天宝四载河西豆卢军为和籴事上河西节度支度使牒》(伯3348背)，其文云：

其匹段给百姓和籴斛斗并准《金部

格》给副使禄直，破用并尽。

禄应给米，此敦煌文书载副使之禄给匹段，我们现在研究的大谷文书载某人之禄给练，故均称禄直。

[2]"付和忠"后不应句断，应在"领"字后断句，即"付和忠领"。

(4)□北庭大贼下逐大海路[1]差索君才 ▭

(5)□遂取突骑施首领多亥乌

(后　缺)

72TAM188:85

5.15　唐译语人何德力代书突骑施首领多亥达干收领马价抄

(前　缺)

(1)□钱贰拾贯肆伯文

(2)　　右酬首领多亥达干马叁匹直。

(3)　　十二月十一日付突骑施首领多亥达

(4)　　干领。

(5)　　　　　　　译语人何　德力

72TAM188:87(a)

5.16　唐土右营下牒建忠赵伍那为催征队头田忠志等欠钱事

(1)□右营　　　　□□伍那

(2)　　▭ 所由队头田忠志欠贰阡柒伯只拾陆文。阴忠顺欠壹阡贰拾文。

(3)　　▭ 欠壹阡叁伯陆拾□文。　夏志方欠肆伯肆拾捌文

(4)　　　▭ 伯捌拾柒文。□孝感欠叁阡捌拾伍文

[1]大海路:按《鸣沙石室佚书》载《西州图经》云:

大海道

右道出柳中县界东南,向沙州一千三百六十里。常流沙,人行迷误。有泉井咸苦,无草。行旅负水担粮,履践沙石,往来困弊。

文书中之大海路即大海道。

(5)　　［　　］兵士行回衣食乏少，征［　　］

(6)　　［　　］兵士收〔麦〕〔向〕了，事须依前征

(7)　　［　　］欠数，具所由脚注如

(8)　　［　　］六〔日〕衙，并须齐了并

(9)　　［　　］得即续上，待送都

（中　缺）

(10)　　年六月十二日典万法牒

(11)　　判官孟能叐

(12)　　［　　］管王使

72TAM178:6

6　唐军队甲仗兵器装备文书

简要说明

本类文书共18件。文书有纪年的6件,即《唐贞观十四年静福府领袋帐历》、《唐贞观十八年镇兵董君生等牒为给抄及送纳等事》、《唐贞观十八年匠康始延等请给物牒》、《唐咸亨五年张君君领当队器仗、甲弩、弓、陌刀等抄》、《唐永淳二年田未欢领器仗抄》、《唐开元二十二年沙州都督府会计历》。

按唐代前期设置军器监制造甲仗军器,《唐六典》卷22“北都军器监”略云:

> 军器监掌缮造甲弩之属,辨其名物,审其制度,以时纳于武库,少监为之贰焉。
>
> 丞掌判监事,凡材革出纳之数,工徒众寡之役,皆督课焉。
>
> 甲坊令、弩坊令各掌其所修之物,督其缮造,辨其粗良,丞为之贰。凡财物之出纳,库藏之储备,必谨而守之。

《新唐书》卷48“卫尉寺”略云:

> 总武库,武器、守宫三署。兵器入者,皆籍其名数。
>
> 两京武库署　掌藏兵械。

同上书“少府监”略云:

> 平漫刀矟之工,[教以]二年……教作者传家技,四季以令丞试之,岁终以监试之,皆物勒工名。

上引史料可说明国家制造保藏军器的制度和情况。制造者皆是官府工匠。诸折冲府以及诸节镇军府所使用的军器主要来自国家武库。如本类文书中的《唐队正阴某等领甲仗器物抄》所记者,即是经各级官府将国家武器发给兵士的记录。

值得注意的是,《唐贞观十八年匠康始延等请给物牒》和《唐贞观十八年镇兵董君生等牒为给抄及送纳等事》两件文书。在注释中我推测,这两件文书是一件文书的前后两部分,可以拼接。就两件文书的内容合并考察:请求发给制造物品原料的是匠康始延、康畔提,而送纳物品的是匠头康始延。后一件文书第8、9行是某镇内部牒,“今将送纳”则指康延始将送纳,以内部牒申报上级。文书10行的“纳”,乃“大德”判。据唐代官府文案处理程序,此“大德”乃某镇判官,“纳”,意为收纳康始延等所送纳物品。康始延等向军镇请求发给原料,而制成品送纳军镇,则制成品似应为武器。据以上分析,康始延等似为某军镇专业制造军器的工匠,他们不属于官府作坊,而以个人身份为军镇制造武器。就文书中“匠”、“匠头”等称谓而论,康始延等所在应为个人作坊。

按《唐律疏议》卷29《杂律》云:

> 诸造器用之物及绢布之属,有行滥、短狭而卖者,各杖六十。不牢谓之行,不真谓之滥。即造横刀及箭镞用柔铁者,亦为滥。

同书卷16《擅兴律》云:

> 诸私有禁兵器者,徒一年半。谓非弓、箭、刀、盾、短矛等。
>
> [疏]议曰:“私有禁兵器”,谓甲、弩、矛、矟、具装等,依令私家不合有。

禁兵器私家不合有,据此可推知,禁兵器私人作坊亦不合制造。私人作坊能制造者应为禁兵器之外的兵器,如弓、箭、刀、盾、短矛以及横刀、箭镞等。文书中康始延、康畔提私人作坊为某军镇所造者应为禁兵器以外的兵器。我的推测如此。

以下6.1~6.3文书移录自《吐鲁番出土文书》第五册;6.4~6.10移录自《吐鲁番出土文书》第六册;6.11~6.13移录自《吐鲁番出土文书》第七册;6.14移录自《吐鲁番出土文书》第八册。

6.1 唐队正阴某等领甲仗器物抄

（一）

（前　缺）

(1)[甲][1]陆领并皮(五□一□)　□

(2)伏佐妃　肆　□

(3)甲柒领并皮二月廿日付牛　□

(4)甲肆领(二铁二皮)二月廿日付队正阴

(5)甲肆领并皮二月廿日付队正　□

(6)槊[2]叁张并潘[3]故破,二月十日　□

(7)领。

……………………………………………………………

(8)甲伍领□(袋　[4]袋)二月廿日付康世多

---

〔1〕甲:这一残文书记述“甲”有6处。按《唐六典》卷16“卫尉寺武库令”条云:

甲之制十有三:一曰明光甲,二曰光要甲,三曰细鳞甲,四曰山文甲,五曰乌锤甲,六曰白布甲,七曰皂绢甲,八曰布背甲,九曰步兵甲,十曰皮甲,十有一曰木甲,十有二曰锁子甲,十有三曰马甲。

今明光、光要、细鳞、山文、乌锤、锁子皆铁甲也。皮甲以犀兕为之。其余皆因所用物名焉。

十三种甲中,铁制者六,可见唐代的甲以铁制为主要者,其次应为皮甲。文书残破,只见铁、皮二种。

〔2〕槊:按《说文》,“槊、矛也。”又以《广雅疏证》卷8上“释器”云:

矟,矛也。矟即今槊字也。《释名》云:矛长丈八尺曰槊,马上所持,言其矟矟便杀也。

《旧唐书》卷68《尉迟敬德传》云:

敬德善解避矟,每单骑入贼阵,贼矟攒刺,终不能伤。(中略)太宗问曰:“夺矟避矟,何者难易?”对曰:“夺矟难。”乃命敬德夺元吉矟。元吉执矟跃马,志在刺之,敬德俄顷夺其三矟。

据此,实如《释名》所云,矟为马上所持之长矛也。

〔3〕潘:此字与“鐇”,字音字形都相近,我疑“潘”即“鐇”。按《广雅疏证》卷2“释诂”云:

鐇,椎也。

鐇者,《后汉书·杜笃传》,鐇钁株林。李贤注引《广雅》,鐇,椎也。

文书云:“槊叁张并潘故破”,则“鐇”乃矟首之一部分,为椎杀之用。

〔4〕袋:文书载“面袋二”、“领盐袋二”,其他二袋不知何用。按《通典》卷148《兵一》“今制”附云:

每队驴六头,幕五口,每火锅一,干粮面袋,以皮为之。药袋、火石袋、盐袋用夹帛。

据此,每火有四种袋。文书中两种无名袋,可能是药袋、火石袋。

(9)甲玖领［　　　］面袋二领盐袋二

(10)□月廿日［　　　］阴匡领

(11)□○ ㊀领㊀槊㊀五㊀张［　　］

(12)槊七张并潘及刃无鐏[1]二［月］［廿］［日］［付］ ［　　］

(13)两张官槊,潘并故破。张建领。

73TAM507:014/1

(二)

(前　缺)

(1)［　　］婆领

(2)［　　］欢［槊］柒张付

(3)［　　］正牛长卿领

(4)［　　］［付］张康

……………………………………………………………

(5)［　　］［日］付队副牛　兑

(6)［　　］潘二月廿日付

(7)［　　］张建

(8)［　　］十

(9)［　　］廿付目

(10)［　　］何匠

(后　缺)

73TAM507:012/12－2

6.2　唐某人领军器抄

(1)［　　］二张有刃无鐏,一张有刃并折

---

〔1〕鐏:按《说文解字注》第14篇上云:

鐏,柲下铜也。(《曲礼》曰:"进戈者前其鐏,后其刃"。注云:"后刃敬也。"锐底曰鐏,取其鐏地。按鐏地,可入地。)

又《广雅疏证》卷8上"释器"云:

镦鈃鐏也。(《说文》,鐏,柲下铜也。《释名》:矛下头曰鐏,鐏入地也。)

(2)[   ]二张有鐏无刃。二月廿日付

(3)[   ]领

73TAM507:014/2(b)

6.3 唐潘突厥等甲仗帐[1]

(前 缺)

(1)[   ]下皮甲十三[   ]

(2)[   ]潘厥突

(3)[   ]麴文仲下皮甲十三铁甲[   ]

(4)[   ]得朔(槊)五张。

(5)[   ]善欢下铁甲六,皮甲七领,[2][   ]

(6)[   ]隆下皮甲八领,铁甲一领

(7)[   ]朔一张,欠一张。

(后 缺)

73TAM507:012/12-1

---

〔1〕甲仗帐:按《新唐书》卷50《兵志》云:

> 人具弓一,矢三十,胡禄、横刀、砺石、大觿、毡帽、毡装、行縢皆一,麦饭九斗,米二斗,皆自备,并其介胄、戎具藏于库。有所征行,则视其人而出给之。其番上宿卫者,惟给弓矢、横刀而已。

据此可知,在府兵制下,卫士自备弓矢甲仗,均藏于府之武器库或军之武器库,使用时则领取之。上一件文书为每队队正从武器库中领取甲仗器物抄历,本件文书则为诸卫士存藏于武器库中的甲仗历也。文书第1~6行所记者皆为甲,唐代甲的品种已具上件文书注释,铁甲皮甲为主要两种。就本件文书所记,皮甲多于铁甲,这可能由于铁甲的价值高,而皮甲的价值较低,卫士无力多备铁甲也。

这种甲仗器物卫士自备制度,至开元初有很大的改变。据《唐六典》卷5"兵部郎中员外郎"条云:

> 凡军行器物皆于当州分给之,如不足则(兴按:《旧唐志》则下有令字)自备,贫富必以均焉。凡诸州诸府(据《唐志》当作军府)应行兵马(兴按:《旧唐志》无马字)之名簿,器物之多少,皆申兵部。军散之日,亦录其存亡多少以申而勘会之。

〔2〕领:甲以领计,一领有若干叶。《通典》卷149《兵二》"杂教令"附引《李卫公兵法》曰:

> 诸应请甲数叶数于甲襟上钞记。

可资佐证。

6.4　唐贞观十四年(640)静福府领袋帐历[1]

(1)贞观十四年九______静福____

(2)袋肆拾

(3)静福府____

(4)九月五日毛[2]袋拾叁____

(5)付随机前瓜州____

66TAM44:11/8.13

6.5　唐贞观十八年(644)镇兵董君生等牒为给抄及送纳等事

(前　缺)

(1)____给抄，谨牒。

(2)____八年五月廿二日镇兵董君生牒。

---

〔1〕静福府：按劳经原《唐折冲府考》云：

左卫静福

骆宾王《破诺波弄杨虔露布》有"前左卫静福府果毅都尉陈弘义"。

谷霁光《唐折冲府考校补》在未知隶何府州诸府中有静福府。

又按《骆宾王集》卷9"姚州道破逆贼诺波弄杨虔露布"云：

遣副总管兼安抚使守银州刺史李天志率前左卫静福果毅都尉陈弘义等率犀象之卒，乘地轴以右回。

此文中之"静福府"与本文书"静福府"3字完全相同。本文书中之静福府应在西州，则过去研究者不知在何府州之"静福府"实在西州也。可能有人怀疑在西南地区之姚州道作战，何以要调遥远的西州府兵军官？按骆宾王之文中有"前守右武卫龙西府果毅都尉康留买"，"龙西府"应是京兆府之龙栖府，据谷霁光《唐折冲府考校补》亦有与我相同意见，其文云：

龙栖府(右武卫　京兆府)

《元振墓志》授京兆府龙栖府别将(见北京图书馆藏拓)，《骆宾王文集》有右武卫龙西府应是一府(参看《邪斋丛书》卷444页)。

京兆龙栖府亦距姚州道遥远，调其别将参战，则西州静福府之果毅都尉当然可调往姚州道。史籍文献可证释文书，文书亦可证释史籍文献。

〔2〕毛袋：按上文"唐队正阴某等领甲仗器物抄"的注释引《通典》卷148《兵一》"今制"附载有一种袋以皮为之，三种袋用夹帛为之。此文书中之毛袋，当亦是行军所用，以毛为之。这使我们对唐代军中用袋增多了知识。

(3)　　　　[记]。大德白

(4)　　　　　　廿二日

(5)□　匠头康始延

(6)　　　　记。大德白

(7)　　　　　廿二日

(8)□　今将送纳，谨牒。

(9)　　　贞观十八年五月廿四日[镇]□达牒。

(10)　　　纳。大德□

(11)　　　　廿四□

(12)□　肆蚪

(13)□　今将送[输]，[谨][牒]。

(14)　　　贞观□

(15)　　　　依□

66TAM44:11/1

6.6　唐贞观十八年(644)匠唐始延[1]等请给物牒

(1)□　请给上件□

(2)　　　　[贞]□

(3)□　六月二日付匠康始延　一　□

(4)□　鉃治韦皮，请给。谨牒。

(5)　　　　　贞观十八年六月三日匠康畔提

(6)□　月□[康]畔提

(后　缺)

66TAM44:11/10(a)

〔1〕康始延：此人亦见于上件文书。上件文书为镇兵董君生牒，为军事文书，则此件亦应是军事文书。上件文书所记时间为贞观十八年五月十二日及廿四日，此件文书所记时间为六月二日及三日，在时间上紧相连接，记事的性质及形式亦大致相同，疑二者为一件文书。

6.7 唐叠布[1]袋帐历

(1)叠布袋[2]贰佰柒拾口 ☐

---

〔1〕叠布:按叠布即緤布,二者唐人通用。緤布为唐代西州物产之棉布。按《唐六典》卷3“户部郎中员外郎”条云:

西州白氎。

《通典》卷6《食货·赋税下》“大唐天下诸郡每年常贡”云:

交河郡贡氎布十端　今西州。

《元和郡县图志》卷40“陇右道下”云:

开元贡,氎毛。

《新唐书》卷40《地理志》“陇右道”云:

西州交河郡

土贡:氎布、氎。

《册府元龟》卷961《外臣部·土风二》“高昌国”条云:

多草木,草实如茧,茧中丝如细纑,名为白毡(按应作氎)子,国人多取织以为布,甚软白,交市用马。

池田温著《中国古代籍帐研究》载唐天宝二年(743)交河郡市估案据大谷文书3057号及3080号录文:

细緤　　壹尺

次緤　　壹尺

粗　　壹尺

緤鞋壹量

緤花壹斤

《龙龛手镜》卷1云:

氎(正,徒叶反,西国毛布也。)

同书卷4又云:

(徒叶反,西国布緤也。)

根据上引,文书中“叠布”的“叠”,乃“氎”的简写。《元和郡县图志》的“氎毛”即《新志》的“氎”,“氎”即棉,棉丝如毛,故称氎毛。史籍文献中均作“氎布”、“氎毛”、“氎”。唯吐鲁番文书作緤、“緤布”、“緤花”。“緤”乃“氎”字西州当地的别体。

〔2〕叠布袋:军中所用以氎布制成的袋,乃布袋之一种,此可补上文引《唐六典》及《通典》中有关军中用袋的记述。

(2)八月卅日付怀旧府[1] □

(3)九月二日,叠布袋叁 □

(4)队正姚世通领

66TAM44:11/6

6.8 唐毛袋帐历[2]

(1)九月六日,毛袋贰拾 □

(2)七日,毛袋贰拾伍付[3]次 □

(3)八日,毛袋叁口 □

(4)毛袋九,姜将军□面 □

(5)□ 拾伍付并破。司铠[4] □

(6)□ 司铠。旅帅杨 □

---

〔1〕怀旧府:按劳经原《唐折冲府考》补遗云:

怀旧

《新书·宰相世系表四下》 唐世进怀旧府别将龙支县男

罗振玉《唐折冲府考补》云:

怀旧(今补)

伪周处士张信墓志,祖德随仕雍州怀旧府折冲。劳氏据《新书·宰相世系表四下》唐世进怀旧府别将龙支县男,补此府而未知何属。今知属雍州,且承隋之旧。

按雍州的怀旧府而在西州领取军用物资,因戍边镇防也。在吐鲁番文书中所载的折冲府,有些并不属于西州或其附近诸州,读吐鲁番文书者应注意此点。

〔2〕此件文书在本册中原置于前件文书之前,我把它移在前件文书之后。我的理由是这两件文书可能是一件文书紧相连接的两段,文书的性质可能是抄目或事目之类。原书前件文书所记的时间为“八月卅日”和“九月二日”,原书此件文书所记的时间为“九月六日七日八日”,按时间前后,此件文书应在后。

〔3〕本册原文在“付”后有逗号,连上读为“毛袋贰拾伍付”,按毛袋以口计,如此件文书载“毛袋叁口”等。而“付”也不是计量单位,逗号应在“次”后,则全句为“毛袋贰拾伍付次”,文义可通。此处“毛袋贰拾伍”下之“口”字简略,此件第4行“毛袋九”之下的“口”字亦简略,可为证明。

〔4〕司铠:按“司铠”即“司胄”。铠,铠甲也;胄,甲胄也,其意相同。司胄乃行军镇防战争时军队中管理甲仗的机构及其军官。如《通典》卷148《兵一》“今制”附云:

每军大将一人,(中略)司兵、司仓、司骑、司胄、城局各一人。

同上书卷157《兵十》“下营斥候并防捍及分布阵附”引《卫公李靖兵法》曰:

诸兵马每下营讫,营主即须句当四司,及左右分头巡队。(中略)司胄佐下营讫,即巡队检校兵甲等色,如有破坏损污,须即修精磨砺。如其弃失,申上,所由便为按记,准法科结。

据上引史料,可见司铠之职掌,军用毛袋当亦在其职掌范围内。

66TAM44:11/9

6.9 唐张嘿子等欠箭[1]文书

（前　缺）

(1) ____ 傁护欠箭[2]肆只

(2) ____ 张嘿子欠八只

(3) ____ 张延轨欠七□

69TAM137:1/8

6.10 唐军府领物牒

（一）

（前　缺）

(1) ____ 凿斧[3] ____

(2) ____ 同付校尉箭 ____

____

____

---

〔1〕欠箭：从文书内容看，此必匠人为军事官府造箭而交纳不足者。匠人私人造箭《唐律》中亦有记述，如《唐律疏议》卷26《杂律》云：

诸造器用之物及绢布之属，有行滥，短狭而卖者，各杖六十。（不牢谓之行，不真谓之滥。即造横刀及造箭镞用柔铁者，亦为滥。）

我推测张嘿子等3人是为某一军事官府专业造箭者，当然，不只是他们3人。此件文书可能是欠箭账历的断片。

〔2〕箭：唐代箭有4种，《唐六典》卷16“卫尉寺武库令”条云：

箭之制有四：一曰竹箭，二曰木箭，三曰兵箭，四曰弩箭。

竹箭以竹为笴，（兴按：应作笴），诸箭亦通用，木箭以木为笴，唯利射猎。兵箭刚镞而长，用之射甲。弩箭皮羽而短，用之陷坚也。

上引《唐律》所说“造箭镞用柔铁”乃造兵箭及弩箭也。

〔3〕凿斧：按《新唐书》卷50《兵志》云：

凡火具（中略）凿、碓、筐、斧、锯皆一。

据此，凿、斧皆军中器物。《通典》卷148《兵一》“今制附”记载，每火具备之器物中亦有凿。

(5)▯ 荷各给铜锅[1]壹口，韦▯

(6)▯ 肆枚，长鞫靴各▯

(7)及毡[2]百▯

(8)▯ 傔人[3]何知▯

(9)▯ 九人长行▯

(10)▯ 取并▯

(后　缺)

73TAM214:166

(二)

(前　缺)

(1)▯ 此给付▯

(2)▯ 给付▯

(3)▯ 物等▯

(4)▯ 领得有实，今以牒▯

(后　缺)

73TAM:167

---

〔1〕铜锅：上引《通典》云：

　　每火锅一。

文书中的铜锅与《通典》符合。

〔2〕毡：按唐代军中用毡甚多，上引《通典》云：

　　每火披毡被马毡二。

文书"毡"字下有"百"字，可见用毡之多。

〔3〕傔人：按《唐六典》卷5"兵部郎中员外郎"条云：

　　凡诸军镇大使副使已上（兴按：据《旧唐志》，上当做下）皆有傔人别奏以为之使。（中略）所补傔奏，皆令自召以充。

傔人为各级军官个人服役之人。封常清曾为高仙芝之傔人，正是"自召以充"，读者可参看《旧唐书·封常清传》。

6.11 唐军府甲仗簿

(1) 枪[1]四张 甲五领一铁,四皮,一皮抽付疏勒军

……………………………………………………………

(2) □□贤 ______

(后 缺)

73TAM222:51

〔1〕枪:按《唐六典》卷16“卫尉寺武库令”条云:

枪之制有四:一曰漆枪,二曰木枪,三曰白幹枪,四曰朴头枪。

《释名》曰:矛,冒也,及下冒矜也。长(兴按:本书长下有文字)八尺曰稍(兴按:据本书,当作矟),马上所执(兴按:本书作持)。盖今之(今之下,疑当有枪也二字)。漆短枪,骑兵用之。木枪长,步兵用之。白幹枪,羽林所执。朴头枪,金吾所执也。

据上引,本文书中之枪四张,当为一、二两种。

6.12 唐咸亨五年(674)
张君君领当队器仗、甲弩、弓、陌刀等抄

(1)前付官器丈、[1]甲弩、[2]弓、[3]陌刀[4]□等抄张君君遗

---

〔1〕丈:此字应作“仗”,器仗也。

〔2〕弩:按《唐六典》卷16“卫尉寺武库令”条云:

弩之制有七:一曰擘张弩,二曰角弓弩,三曰木单弩,四曰大木单弩,五曰竹竿弩,六曰大竹竿弩,七曰伏远弩。

《周礼》司弓掌六弓四弩。今擘张弩小弩,步兵所用。角弓弩,骑兵所用。木单、竹竿、伏远等弩,其力益大,所及渐远。

此件文书中记载的弩,不知属于何种?可能是擘张弩或角弩也。

〔3〕弓:按《唐六典》卷16“卫尉寺武库令”条云:

弓之制有四:一曰长弓,二曰角弓,三曰稍弓,四曰格弓。

今长弓以桑柘,步兵用之。角弓以筋角,骑兵用之。稍弓、短弓也,利于近射。格弓,彩饰之弓,羽仪所执。

本件文书中记载的弓,应为前3种。

〔4〕陌刀:按《唐六典》卷16“卫尉寺武库令”条云:“刀之制有四”,第四种为陌刀。注文云:“陌刀:长刀也,步兵所持,盖古之断马剑。”(《通鉴》注引《六典》“断”作“斩”。)

按《陈寅恪读书札记·新唐书之部》云:《新唐书》卷92《阚稜传》云:“阚稜,[杜]伏威邑人也。貌魁雄,善用两刃刀,其长丈,名曰陌刀(兴按:中华书局标点本作“拍刀”,“拍”、“陌”相通)。一挥杀数人,前无坚敌”。陈寅恪先生的札记云:“后玄宗时李嗣业等始以陌刀著,然则陌刀殆始于此邪?俟考。”

陌刀是中古史上的一种新兵器。《通典·兵典》载《李卫公兵法》记载了陌刀之用。《通典》卷152《兵典》“守附法附”云:“又于城上以次木为棚,容兵一队,作长柄铁钩、陌刀、锥斧,随要便以为之备。若敌攀女墙,踊身待其中出十钩,齐搭掣人城中,斧、刀助之。”同书卷157“下营斥候并防捍及分布阵附”略云:

诸队布立,其兵分作五行,队副一人,于兵后立,执陌刀,观兵士不入者便斩。

诸军弩手随多少布列,五十人为一队,人持弩一具,箭五十只,人各络膊将陌刀、棒一具。各于本军战队前雁行分立,调弩上牙,去贼一百五十步内战,齐发弩箭。贼若来逼,相去二十步即停弩,持刀、棒等从战锋等队过前奋击。

从上可见,陌刀有3种用途:(1)用以守城;(2)队副用以监斩;(3)弩手、弓手等步兵持,与战锋队一起陷阵。《六典》所云“步兵所持,盖古之断马剑”者,即指陌刀的第三种用途,这也是陌刀的主要用途。古代战场上,步骑对峙中,骑兵的作用相当于今日的飞机、坦克,步兵要取得战场上的主动权,必须先破坏对方骑兵的优势,而陌刀正好可以完成这种任务。由于阚稜是南方人,又因为南北对峙中南方骑兵总处于劣势,因此,陌刀可能最早出现于南朝。唐初步兵大量使用陌刀,与唐的马政及与游牧民族频繁作战的军事形势有关。李靖的战阵法为步骑兼用,守攻有职,步兵为先锋,骑兵为侧辅,步兵配以弓箭、陌刀,骑兵负责步兵战后的突击与追击,步骑相辅,惯用奇兵,这些都是适合唐前期马少骑兵弱的形势而采取的战略。陌刀的出现与马政及政治、军事形势关系密切,其使用及推广也是如此。至于两《唐书·李嗣业传》载的天宝初,诸军“初用陌刀”,更是开天时的拓边形势及兵制兵种变化的结果。李锦绣在《唐开元二二年秋季沙州会计历考释》一文(载《敦煌吐鲁番学论文集》)中对陌刀的起源使用及推广有详细考证,读者可参看。

(2)失，其物见在。竹武秀队佐史玄政等本队

(3)将行，后若得真抄，宜令对面毁破。

(4)为人无信，抄画为验。咸亨五[1]　三月十八日张君君记

(5)　当队六驼驮马□□□□□䭾驼

（后　缺）

64TAM35:30

6.13　唐永淳二年(683)田未欢领器仗抄

(1)尊彪彪付田未欢胡禄、弓、箭壹具，横刀[2]一口。其钱

(2)并付了。[3]　永淳二年三月四日付田未欢领

(3)　　　　　　见荇[4]人史海子

64TAM35:41－2(b)

6.14　唐某府卫士王怀智等军器簿[5]

(1)王怀智

(2)　弓一并袋　　刀一口　胡禄箭卅只

---

[1]"五"下脱"年"字。——原编者注

[2]横刀：按《唐六典》卷16"卫尉寺武库令"条载"刀之制用四"，"三曰横刀"。注云：

横刀、佩刀也，兵士所佩，名亦起于隋。

据此亦可见购胡禄、弓、箭一具及横刀一口之田未欢，乃兵士也。

《新唐书》卷50《兵志》略云：

[府兵卫士]人具弓一，矢三十，胡禄、横刀皆一。

《唐律疏议》卷8《卫禁律》"诸宿卫者，兵仗不得远身"疏议曰：

兵仗者，谓横刀常带。其甲矟、弓、箭之类，有时应执者并不得远身。

府兵卫士须自备横刀，而且宿卫者常带横刀，可见唐的横刀确实是兵士普遍所佩之刀。据此更可证明购买器仗的田未欢乃兵士也。

[3]其钱并付了：付物付钱，此乃买卖，并非领取。不知文书标题何以作"领器仗抄"？

[4]荇："荇"即"付"，"见荇人"即亲见田未欢付钱给尊彪彪，尊彪彪付器仗给田未欢之人。据此亦可知尊彪彪乃造器仗之工匠。

[5]本书编者说明，此件文书出自阿斯塔那232号墓，墓中所有文书均无纪年，从文书内容看，当为开元以前文书。

(3) [　　]

(4) [　　][袋]　刀一口　胡禄箭卅只

(5) [　　]

(6) [　　]刀一口 [　　]

（后　缺）

73TAM232:8

6.15　性质不明文书断片

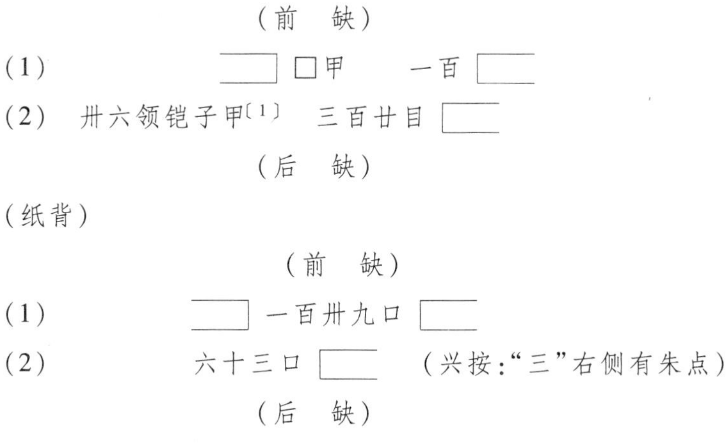

（前　缺）

(1)　[　　]□甲　一百 [　　]

(2)　卅六领铠子甲[1]　三百廿目 [　　]

（后　缺）

（纸背）

（前　缺）

(1)　[　　]一百卅九口 [　　]

(2)　六十三口 [　　]　（兴按："三"右侧有朱点）

（后　缺）

大谷1520号，移录自小田义久主编《大谷文书集成》一。

6.16　唐开元二十二年(735)沙州都督府会计历

兴按：敦煌伯3841背文书有12行记述甲仗兵器。兹移录如下：

(67)壹伯肆拾伍领甲身。玖拾贰两铁、肆拾捌两皮、伍领布。

(68)陆拾伍事头牟。肆拾肆事铁、贰拾壹事皮。

(69)壹伯壹拾陆事覆膊。柒拾陆事铁、肆拾事皮。

---

[1]铠子甲：按《唐六典》卷16"卫尉寺武库令"条载有锁子甲，无铠子甲，此件文书无图版，不知原卷如何？铠甲，乃铁甲也。

(70)陆拾玖事掩腋,并铁。数内壹拾陆事明光。

(71)贰拾玖事囮项,并铁。

(72)壹伯玖拾伍张枪。

(73)伍拾陆面弩弦。

(74)玖张戎袒弩弓。

(75)叁拾捌口陌刀

(76)壹阡壹伯玖拾伍只弩箭。

(77)五具钺斧。

(78)壹伯柒拾肆面板排。

永兴按:这是一件残文书,原文书没有标题。一般研究者都拟题为“沙州会计历”,我怀疑,一般州官府为什么藏有这样多的甲仗兵器呢?它简直是一个武器库。据《元和郡县图志》卷40“陇右道”下,沙州为中都督府,沙州为军州,会计历上所记载的是沙州都督府武器库中的甲仗兵器。因此,我改拟题为“开元二十二年沙州都督府会计历”,文书上没有印记,我只能说,我的推测如此。

李锦绣在《唐开元二十二年秋季沙州会计历考释》一文(载敦煌吐鲁番学会主编的《敦煌吐鲁番学研究论文集》)中,对上列12行记载的甲仗兵器有详确的解释,兹抄录如下:

> (1)铠甲:该文书中出现的造甲材料有铁、皮、布。我国首先出现的甲是皮甲。铁甲的最早使用,我估计是在战国时期。《韩非子·五蠹》篇云:“铁銛矩者及乎敌,铠甲不坚者伤乎体。”韩非子文中既然有铠字,可见战国时期已有铁甲。这正与铁器大量使用时间相符。
>
> 该文书中甲分为四部分:头牟、囮项、掩腋、覆膊。头牟即头甲,囮项为项甲,又曰錏鍜(《说文》、《俗务要名林》中的“錏鍜”、“杌项”便指此)。掩腋为腋下之甲,覆膊为臂铠,亦谓之釬(《说文》),即《俗务要名林》中的“臂褠”。这些都属于上身之甲。按唐前关于甲的分类,《周礼》函人云:“全其上旅与下旅而若一。(郑注云:上旅谓要(腰)以上,下旅谓要(腰)以下。)”《周礼》中

将甲按腰的上下，分为上旅与下旅两部分。《汉书》卷23《刑法志》云："魏氏武卒衣三属之甲。"如淳注曰："上身一、髀裈一、踁缴一。"但今所见唐文书中未有腿甲、踁甲，而甲身中分得更细了。其中"掩腋"，唐之前未见史料，我推测可能是唐时新分出来的。

文书于"掩腋"下注云："并铁，数内壹拾陆事明光。"明光为甲的一种，《唐六典》卷16"武库令职掌"条记载了13种甲，即明光、光要、细鳞、文山、乌鎚、锁子为铁甲。皮甲以犀兕为之。其余皆因所用物为名。

《初学记》卷22《魏曹植上先帝赐铠表》云：

先帝赐臣铠，黑光，明光各一。

可见，明光甲为铁甲中的好甲，从字义上，可以推测明光甲为质地细、色泽明亮者。"光要"，可能源于"光耀"。(见《初学记》卷22)指甲光耀夺目。"乌鎚"，可能即曹植文中的黑光甲。

(2)枪：《唐六典》卷16记载枪分漆、木、白杆、朴头4种，文书第72行只记有195张枪，未知何种？

(3)弩弦、弩弓：按《唐六典》卷16，唐弩之制有七：擘张、角弓、木单、竹竿、大竹竿、伏远弩。其中，擘张弩为小弩，步兵所用，角弓弩骑兵所用，木单、竹竿、伏远等弩，其力益大，所及渐远。文书第73行所云："伍拾陆面张弦"，第74行所云："玖张戎袒弩弓。"弦为弩的一个组成部分，弩弓即弩。戎者，大也，袒、露也，这里可能是指未上弩弦。从文书看，弦与弩是分离的，因此，我认为，戎袒弩弓是指大的未上弦的弩。至于这大弩属于《唐六典》记载的"其力益大"的木单、竹竿、伏远中的哪一种，不得而知。

(4)弩箭：据《唐六典》卷16，唐箭有四种：竹、木、兵、弩。其中，竹箭以竹为笴，用以射猎，兵箭刚镞而长，用以射甲，弩箭皮羽而短，用以陷坚。文书中的1195支弩箭，便是用以陷坚者。

(5)钺斧：《唐六典》卷16记载器用之制，其三为钺斧，其注略云:“武王军中有大柯斧,名为天钺,即今之大钺也。魏晋以来,上公亲征,犹假其器。”

钺斧不是兵器,而是用之象征用兵、征讨之物。沙州都督府现存帐历中有5具钺斧,表明了沙州在军事征讨上的重要地位。

(6)板排:据《唐六典》卷16,唐彭排之制有六:膝、团、漆、木、联木皮。排即盾。板,《玉篇》云:“片木也。”可知板排即《唐六典》卷16“武库令职掌”条中的木排,也就是木制之盾。

以上所引是李锦绣文章中的一段。关于“陌刀”,本书上文中已有简要解释,李锦绣文论述尤详,请读者参阅。

以上六类甲仗兵器以及陌刀和未加解释的“索”、“毛袋”等,或为战争中所用者,或与战争有直接关系。兹移录金山钱熙祚校刻本李筌《太白阴经》卷4“器械篇”以为佐证。其文略云:

甲六分,七千五百领。

战袍四分,五千领。

枪十分,一万二千五百条,恐扬兵缚枨。

牛皮牌二分(二字原在二千五百面之下,依《御览》移至此),二千五百面,马军以团牌代,四分支。

弩二分,弦三分(下文当作六分,然《御览》已如此),副箭一百分。二千五百张弩(旧抄本作弓,文澜阁本作弦,今依《御览》改正,与上文合),七千五百条弦,二十五万只箭。

弓十分,弦三(依下文当作三十分,然《御览》已如此),副箭一百五十分(原本误作三十六只,依《御览》改),弓(《御览》此字在句末,下二句同与上条一例),一万二千五百张,弦三万七千五百条,箭三十七万五千只。

射甲箭五万只。

生钅乇箭(原本钅乇误作缺,依《御览》改)二万五千只。

长垛箭、弓袋、胡鹿、长弓袋(原本误作张弓袋,依《御览》改)并十分,一万二千五百副。

佩刀八分,一万口。

陌刀八分,二千五百口。

棓二分,二千五百张。

马军及陌刀并以啄鎚斧钺代,各四分支。

搭索二分二千五百条,马军用。

7　唐军府官马驮马文书

简要说明

本类文书共36件,大多数是驮马文书。官马驮马的来源,折冲府如何得到并畜养、使用这些马,是研究本类文书的主要问题。

《新唐书》卷50《兵志》云:

当给马者(兴按:谓给折冲府马),官予其直市之,每匹予钱二万五千。刺史、折冲、果毅岁阅不任战事者鬻之,以其钱更市,不足则一府共足之。

上引书又云:

[开元十三年]又诏:"诸州府马缺,官私共补之。今兵贫难致,乃给以监牧马。"

按下列文书,即《武周长安四年牒为请处分抽配十驮马事》有"县司买得十驮马"、"合于诸县抽配"、"未蒙抽配"等语。这是官市马以给折冲府,而不是"官予其直市之"。

下列文书,即《武周军府牒为请处分买十驮马欠钱事》第5、6行:

已上十人买十驮马一匹送,八百行 ⌈

□父师一分,付刘校尉团赵 ⌈

下列文书,即《武周军府牒为行兵十驮马事》,多处说到"分",如"五分"、"二分"、"三分"等。我试图对"分"加以解释,未必确。但有一点是可以肯定的,即折冲府的十驮马的买马价钱出自个人,而不是出自官府,这和《新唐志》的记载不同。个人把马价的"一分"或"几分"付与军府。军府买马或把一匹马价付给差行的卫士。就下列几件文书而论,军府官马驮马不出自陇右监牧。这些文书大致都是唐高宗武则天统治期间的。《新唐志》记载,开元十三年诏,诸州府马缺,给以监牧马,不知是否包括折冲府的官马驮马?开元十三年时,府兵制已败坏,折冲府官马驮马制恐已难以维持。《吐鲁番出土文书》第九、十册,应载有开元期间的府兵制文书和驮马文书,希望这些文书提供研究军府官马驮的新资料。

据文书,即《唐西州某府主帅阴海牒为六驮马死事》中"进洛前件马"、"进洛六驮"等语,似乎是驮马要分配给某一卫士,此马即由某一卫士看管负责,此马即成为某一卫士所有。文书一即《唐诸府卫士配官马驮残文书》(三)之"□□府吴弘轨马输"、"□政府赵善行马□"等也表示了所有者的关系。

从《吐鲁番出土文书》第八册移录的19件文书中,如《唐神龙二年主帅浑小弟上西州都督府状为处分马踖料事》有"新备得上件马,今月一日到营"一语,军官的马似乎由个人自备。又据《唐征马送州付营检领状》及以下两件文书,军府的马乃自个人征得者。应当注意的是,征得的马"送州付营",而不是送给折冲府。

这19件文书中,有市马文书多件,马的来源多为边境少数民族的首领。

《唐健儿郜玄嶷、吴护隆等辞为乘马死失另备马呈印事》及其下一件文书既说明了健儿要自备马,也说明了军府兵士的马要加印。

军马自备者可能不是折冲中的卫士,是否是募兵?值得注意。

以下7.1~7.6文书移录自《吐鲁番出土文书》第六册;7.7~7.16文书移录自《吐鲁番出土文书》第七册;7.17~7.25,7.27~7.36文书移录自《吐鲁番出土文书》第八册;7.26文书移录自《吐鲁番出土文书》第五册。

7.1 唐贞观十九年(645)牒为镇人马匹事

（前　缺）

(1)□　匹赤父　□

(2)□　上件马　□

(3)□　肃州镇人[陈]文智　□

(4)□　实,谨牒

(5)　　　　贞观十九年　月　□

（后　缺）

66TAM44:11/5

7.2 唐诸府卫士配官马驮残文书一

（前　缺）

(1)　□　　疋　官　马

(2)□　蒙达马骝　游智方马赤騟　□

(3)□　[郭]伏奴马骝　强胡仁騋　许智兴　□

(4)□　达马瓜　冯法马忩　大池府窦仲[方]　□

(5)　□　[张]万福马者(赭)白　□　[文]表马赤　三

時　□

(6)　□法义马赤骠　□　马赤　归政府[1]　□

(7)□　騟駮　□　蕹善愿马骝

(8)□　驮　　马　□

（后　缺）

72TAM150:29

〔1〕归政府:罗振玉《唐折冲府考补》附未知隶何道州府云:

归政 今补

唐邢思贤墓志:初任赵王府执仗,迁左卫长上,除归政府左果毅长上。

7.3 唐诸府卫士配官马驮残文书二

（前 缺）

(1)□ 归政府赵□

(2)大池府窦仲[方]□赤 秦城府[1]钳□

(3) 张万福马白 三畤府王□

(4) 鲁法义[马][赤]骠 育善府王□

(5)大候府[2]冯法静[马]忩[3] 李保[达]□

(6) 郭伏奴马□ 许智兴□

(7) 强胡仁[马]□□ 正平府[4]□

(8)□道府郭□ 大顺□[5]

（后 缺）

---

〔1〕秦城府：按《新唐书》卷40《地理志》“关内道”云：

同州冯翊郡

有府二十六：秦城。

据此，秦城府在同州。

〔2〕大候府：按劳经原《唐折冲府考》，据石刻《大唐故朝散大夫京兆总监上柱国茹府君守福墓志铭》：授陇州大候府果毅。

又按谷霁光著《唐折冲府考校补》“斥候府”条云：

《旧唐书》卷128《段秀实传》：授斥候府果毅，《新唐书》卷153作：陇州大堆府果毅。以事实考之，斥候府疑亦陇州军府之一。《古志石华》茹守福墓志：陇州有大候府。或即斥候府之讹。姑志之，以待考证。

兴按：此件文书中有大候府，据劳经原引茹守福墓志，大候府在陇州无疑。谷霁光氏认为大候府“或即斥候府之讹”，恐非是。我认为《新唐书》卷37《地理志》“关内道”陇州有大堆府，可能是大候府之讹。是否？待考。

〔3〕马忩：“忩”同“骢”，“骢”，《说文》：马青白杂毛。

〔4〕正平府：按《新唐书》卷39《地理志》“河东道”云：

绛州绛郡

有府三十三，正平。

据此，文书中之正平府在绛州。

〔5〕大顺府：按《太平御览》卷831《资产部十一·猎上》引《唐书》云：

高宗狩于陆浑县（中略），九日，又于山南布围，大顺府果毅王万兴以辄先促围，集众欲斩之。

据此，大顺府在河南府陆浑县。

72TAM150:30、31

7.4　唐诸府卫士配官马驮残文书三

（前　缺）

(1)[　　]马及十驮替

(2)[　　]携蒙达马骝　　游智方马赤騟

(3)□□府吴弘轨马騟　　□政府赵善行马□

(4)□□□窦仲方马赤　　□城府钳耳文表□□

(5)[　　]忩　　□保达马[　　]

(6)[　　]　　　　　智兴[　　]

(7)　　　　　[　　]马赤骠

（后　缺）

72TAM150:32

7.5　唐西州某府主帅阴海牒为六驮马死事

（前　缺）

(1)　　六驮马一匹

(2)营司：进洛前件马比来在群牧放，被木刺破，近人

(3)□，后脚觔断，将就此医疗，不损，去五月廿八日□

(4)致死。既[　　]

(5)　　　　　当府主帅阴[　　]

(6)　　进洛六驮先在群牧放[　　]

(7)　　脚将就医疗，缘疮不损，□

(8)　　便致死，本府主阴海亲署知死

(9)　　[　　]既回还到府任

(10)　　[　　]　祯示

(11)　　　　　　　一日

60TAM325:14/4－1、14/4－2

7.6 唐某府官马账

(1)□府 官 马 总 十 匹

(2)翟达住马一匹骍敦十岁 杨欢德马一[匹]□

(3)□岁 杨孝君马一匹□

(4)□[马]一匹骝敦十岁 李才行马一匹駮敦八岁

(5)□[岁] 李[圈]德□一匹赤□

(后 缺)

65TAM40:24、25

7.7 唐永徽三年(652)贤德失马陪征牒

(前 缺)

(1)边州□月

(2)廿九日,在群夜放,遂马匹阑失,□[被]府符

(3)征马。今买得前件马,付主领讫。谨以牒[陈]□

(4) 永徽三年五月廿九日□

(5) 贤德失马,符令陪备。

(6) 今状虽称付主领讫,官人

(7) 见领时,此定言注来了。

(8) 即依禄(录)牒岸头府,谨问

(9) 文达领得以不,具报。

73TAM221:62(b)

7.8　唐军府文书为卖死马得价直事

（前　缺）

（1）　　　　　　　　　　□□ [得]银钱陆文

（2）　　　　　　　　　　□□ [银]钱肆文 □□

（3）　　　　　　　　　　□□ 得银钱壹拾[文]

（4）□□ 被曹[司]帖称□□□[匹]出买，市司□ □□

（5）□□ [当]马主帅相监卖，[1]□□□[觔]尾还付主帅。

（6）□□ 心等自 □□

（中　缺）

（7）□□ 七日行判无[稽] □□

（8）□□ 无稽失

（9）□□ 死，付市相监出卖，□□□得价直判 □□

（后缺）

73TAM209:72、73、74、75、76

7.9　武周六驮及官畜残牒

原编者说明：本件纪年残缺，内有武周新字。

（前　缺）

（1）　　　腊月廿二日（兴按："日"为武周新字）

（2）□□ [营]六驮及官畜各牒

（3）□□ 总

（后　缺）

73TAM501:109/12 - 1

---

〔1〕文书第 5 行和第 9 行都记有"相监卖"，但文书第 4 行又记"匹出卖，市司"。这种军事官府与市的关系，值得注意。

7.10 武周天册万岁二年(696)第一第二团牒为借马驴食料事

(1)第一团

(2) 翟到进马两匹 王永本一匹 赵员君一匹 曹浮呧盆一匹

(3) 张定绪一匹 翟丰富一匹 康充臣一匹 阴武达一匹

(4) 杨鼻子一匹 魏服武一匹

(5) 张回洛驴一头 贾合憙 曹居陁 侯义通 董孝君

(6) 王四汉 杨海达 白愿住 令狐鹿尾 秦叱子 白举失

(7) 樊充相 范处艺 张守悦 张善君 成和达

(8) 麹君义 张萨陀一头

(9)牒:件通当团今夜食借数如前,谨牒。

(10) 天册万岁二年正月廿三日[1]康和牒

……………………………………………………………

(11)第二团

(12) 张行敏马 刘进贞马 康延利马 张祐隆马

(13) 朱文行马 张文固马 员慈训马 成嘉礼马

(后 缺)

73TAM508:09

---

[1]文书第1行"臣"字,第10行"天"、"年"、"正"、"月"、"日"均为武周新字,因排印困难,均改为通用字。

7.11　武周长安四年(704)牒为请处分抽配十驮马事

（前　缺）

(1)＿＿人，[1]县司买得十驮马[2]＿＿

---

〔1〕文书第1行“人”字，第5行“年”字均为武周新字，因排印困难，改为通用字。

〔2〕十驮马：按《新唐书》卷50《兵志》云：

凡火具乌布幕、铁马盂、布槽、锸、钁、凿、碓、筐、斧、钳、锯皆一，甲床二、镰二。队具火钻一、胸马绳一、首羁、足绊皆三。人具弓一、矢三十、胡禄、横刀、砺石、大觿、毡帽、毡装、行縢皆一。麦九斗，米二斗，皆自备，并其介胄、戎具藏于库。

《通典》卷29《职官十一》“折冲府”条云：

米粮介胄戎器锅幕贮之府库，以备武事。

《通典》卷148《兵一》“今制附”云：

每队驴六头、幕五口。每火锅一，干粮面袋，以皮为之，不然，马盂、刀子、错(锉)子、钳子、钻子，药袋、火石袋、盐袋、用夹帛。解结锥、袴奴、抹额，六带冒(兴按：应作帽)子、毡冒(兴按：应作帽)子、摊子、鞑鞢(鞑，莫忽反，鞢、奇孔反)、锯、凿各二分，镰四分，切草刀二分，行布槽一分，大小瓢二分。马军鞍(兴按：应作鞍)辔、革带，披毡、被马毡皆二，绊(兴按：据《太白阴经》，“绊”下应有“马”字)、插楗。每马一匹韦皮条各皆三。揵，音健。(兴按：上引《通典》，杜佑可能据《太白阴经》而有所简略，其间难解者，待考)。

据上引，行军各种用物如此之多，必有运输工具，每火十驮马，乃主要运输工具。行军大批用物，主要由马或驴(见下文)驮运。关于这一驮马制度的史料，简要移录如下，并加以简略考释分析。

《唐会要》卷72“府兵”条云：

凡卫士以三百人为团，有校尉，五十人为队，三(兴按：“三”为衍文)十人为火，有长备六驮马驴(初置八驮，后改为六)。

兴按：此高祖太宗时之制，高宗武后初亦如此。《唐六典》卷5“兵部郎中员外郎”条云：

火十人有六驮马。

若无马乡，任备驴骡及牛。

此开元时之制。

《通典》卷29《职官十一》“折冲府”条云：

火备六驮马驴。(初置八驮，后改为六驮)

《通典》记唐制多为开元二十五者。但此条所记，恐仍是武德贞观时的制度。

据上引史料，我们可看到如此情况：高祖太宗时为八驮，后改为六驮，推测高宗及武后初年，仍是六驮。玄宗开元时是六驮，推测天宝时仍是六驮。

本件文书以及以下诸件载，武后时是十驮，历时甚久。

总之，唐代前期的军府驮马制为：八驮→六驮→十驮→六驮。

这样的现象使我们提出两个问题：军府驮马制的马，是由国家配给的吗？是全部配给，还是部分配给？军府驮马制的马全部都不是由国家配给的吗？是用其他方法置备的吗？下文我试图回答这两个问题。

(未完，转下页)

(2)□□□ 乘上件马等，合于诸县抽配[1]得 □□□

（接上页注〔2〕）

军府的驮马，如全部由国家配给，则驮马的多少应与国家养马的多少一致。两者的变化也应是一致的。我们先看看唐代前期国家养马的情况。

《全唐文》卷226张说《大唐开元十三年陇右监牧颂德碑》略云：

大唐接周隋乱离之后，承天下征战之弊，鸠括残尽，仅得牝牡三千，从赤岸泽徙之陇右。始命太仆张万岁葺其政焉。而奕代载德，纂修其绪，肇自贞观，成于麟德，四十年间，马至七十万六千匹，置八使以董之。（中略）张氏中废，马官乱职，或夷狄外攻，或师圉内寇。垂拱之后二十余年，潜耗太半，所存盖寡。开元神武皇帝登大宝，（中略）二年春，帝乃简心腑善畜之将，卜福佑宜生之长，俾领内外闲厩使焉。即开府霍国公其人也。公名毛仲，姓王氏。（中略）元年牧马二十四万，十三年，迺四十三万匹。

《新唐书》卷50《兵志》略云：

唐之初起，得突厥马二千匹，又得隋马三千于赤岸泽，徙之陇右，监牧之制始于此。

初，用太仆少卿张万岁领群牧，自贞观至麟德四十年间，马七十万六千。自万岁失职，马政颇废，永隆中，夏州牧马之死者十八万四千九百九十。景云二年，诏群牧岁出高品、御史按察之。开元初，国马益耗，命王毛仲领内外闲厩。毛仲既领闲厩，马稍稍复，始二十四万，至十三年，乃四十三万。

按《通鉴》卷212唐玄宗开元十三年十一月记述唐前期马政略同于上引张说文及《新唐志》，当取材于张说文，不再征引。根据上引史料，唐代前期国家养马的情况如下：

武德期间只有数千匹马，贞观期间，养马虽逐渐发展，马增加了，为数可能很多，永徽年间也大致如此，到麟德时，马增加到七十余万。可以推测，唐太宗统治的后期和唐高宗统治的前期，是唐代前期养马业最盛马数最多的时期。高宗统治后期，国家养马逐渐衰落。武则天统治期间，养马一直处于衰落状态。到开元初年，养马业又逐渐恢复，开元十三年，国家有马数达43万。以后如何，史籍无载，也可能维持这个数目或稍多。

从唐代前期养马的盛衰和上述驮马制的变化，可以看到一点：在养马衰落、马数大为减少的武则天统治期间，实行十驮马制，即每火有十匹驮马。而在养马业兴盛马数很多的高宗统治期和玄宗统治的中期及后期，反而实行六驮马制，即每火只有六匹驮马。由此可见，每火驮马的多少与国家养马业的盛衰，国家马数的多少是不一致的。据此，我推测折冲府中的驮马不是由国家配给或主要不是由国家配给。

折冲府中的驮马的来源如何呢？这是一个值得研究但又很难解决的问题。本件文书和以下几件文书为我们研究这一问题提出了启示和线索。

〔1〕“合于诸县抽配”：要正确理解这句话，首先要明确这一残牒是哪一个官府发出来的？是发给哪一个官府的？我认为本件文书是西州官府主典据某县来文而提出的内部牒文。这种内部牒文在敦煌吐鲁番文书中常见，如《武周长安三年三月敦煌县录事董文彻牒》（大谷2838）就是一个显著的例子。

本件文书第6行“付张参”，其残缺“军”字，应作付“张参军”。唐制，州官中有参军事，可简称“参军”。据此，付“张参军”即付西州的张参军。按唐官府中文案处理程序，县牒文到州，州长官即给予有关的判官处理，参军事也是判官一级，可以行判兵曹事务。

文书的大意是：某一县司买得十驮马。据制度，西州所辖诸折冲府的十驮马，应于州管诸县抽配，不应由某一县全部提供。故州主典据某县来文，请州司处理。据此，州辖诸折冲府的十驮马是由州管诸县抽配得来的，实际上是诸县买来的。

上述十驮马的来源是一时的办法，还是长期制度？在以下有关驮马文书的考释中将进一步分析。

(3)□ 未蒙抽配,请处分。

(4)□□状如前,谨牒。

(5) 长安四年[1]六 □

(6) 付张参 □

69TAM125:6

7.12 武周长安四年(704)牒为请处分锅马事[2]

(前 缺)

(1)□ 驭马[3]四分[4] □

(2) 右当县差兵廿 □

(3) 三匹,锅三口来,今 □

(4) 于诸县抽得,至今 □

(5) 人[5],请处分。

(6)□ 件 状 如 前,

(7) 长安四年[6] □

---

[1]"年"字为武周新字,因排印困难,改为通用字。

[2]此件也是西州主典据某县来文提出的内部牒文,意为某县差兵二十余人,有3匹驮马将驮3口锅来。但据制,应于诸县抽配,但至今尚未全部抽得,差兵亦缺若干人,请处分。

文书第11行的"偡示","偡"应是西州长官,他指示,付张某某处分。此张某某可能就是上件文书的张参军。

关于这件文书,还有一个问题值得思考:某县抽配的3匹驮马、3口锅,是由差兵二十几个人提交或购买的,还是由未被差兵的人们提供的?

[3]驭马:此"驭"字疑是"驮"的误书,应作驮马。

[4]四分:"四分"一词很难解释,姑作出假定如下:本件文书后7.13节标题为"武周军府牒为请处分买十驮马欠钱事"文书第5行云:

已上十人买十驮马一匹。

则一人出十驮马一匹买价的十分之一,也可称为一分,如一匹马价的十分之四,当称为四分。

[5]"人"是武周新字,因排印困难,改为通用字。

[6]"年"是武周新字,因排印困难,改为通用字。

(8)　　　锅马[1]既 □

(9)　　　共合宜 □

(10)　　　将行付张 □

(11)　　　处分。偖示。 □

69TAM125:7

7.13　武周军府牒为请处分买十驮马欠钱事

（前　缺）

(1)　　□件人[2] □

(2)　　匹送讫

(3)□买奴　氾定海　张小 □

(4)[张]胡智　张守多　范永 □

(5)　已上十人[3]买十驮马一匹，送八百行[4] □

(6)□父师一分[5]付刘校尉团赵□

(7)　右同前上件人□发有限，奉处

(8)　分，令十驮六□[有]换者。孝通

(9)　临时□发日[6]为欠

---

〔1〕锅马："锅马"应是驮锅之马，实际上也就是驮马。行军或作战时，锅和其他炊事用具要由马驮运。文书第3行"三匹，锅三口来"，我推测，"三匹"前的缺残字中应有"马"字或"驮马"二字，即"马三匹"或"驮马三匹"，意为这3匹马要驮3口锅来。

〔2〕"人"为武周新字，因排印困难，改为通用字。

〔3〕"人"为武周新字，因排印困难，改为通用字。

〔4〕送八百行：《吐鲁番出土文书》第七册载《唐高宗某年西州高昌县左君定等征镇及诸色人等名籍》文书第6行"三人八百人数行"，是否与本件文书"送八百行"有关，值得注意。两件文书的年代相距不远。"送八百行"可能是"送八百人行"的省写。两个"八百人"是偶然的巧合吗？

〔5〕□父师一分：此"一分"应指上文十驮马一匹价钱的十分之一。"□父师"应是上文10人中的一人。这十分之一的马价钱付与刘校尉团赵某，赵某既已编入刘校尉团，可见赵某是差行者，而"□父师"不是。据此推测，不差行者10人付出一匹马的价钱，每人付出十分之一，即一分，付给差行者。据文书第9、10行"发日为欠马钱"可知，要在差行者出发之前，将马钱付出。

〔6〕"日"为武周新字，因排印困难，改为通用字。

（10） 马钱，遂□□马，领得银钱

（11） 伍拾文讫，今孝通差行征得者，即请分[1]

（12） □不得者，请于后征付保达，数有欠少

（13） □即注

（14） □处分发

（后　缺）

69TAM125:2

7.14 武周军府牒为请处分买十驮马事[2]

（前　缺）

---

〔1〕文书第11行，原标点有可商讨处。我认为"今孝通差行"后应有逗号，不应与下文连读。文义可能是这样：孝通在军团临发前，从不差行者换为差行者，从军团领得一匹马价银钱五十文。因孝通换为差行者征得的马价钱，请分给差行而未得马钱者。标点这样改，文义这样理解是否得当，供读者参考。

〔2〕买十驮马事：按本文书第2行"夏君达等十驮马"，文书第6行"遂夏囬☑"，文书第8行"谢过洛憧夏阿□"，共有3个"夏"字。按《释名》："夏，假也。"又按《后汉书》卷4《和帝纪》"永元五年秋九月"云：

壬午，令群县劝民蓄蔬食以助五谷。其官陂池，令得采取，勿收假税二岁。

注：假犹租赁。

我认为本文书中3个"夏"字，都可作租赁解。关于这一意见，吐鲁番文书中的夏田契都是证明。如《吐鲁番出土文书》第六册中的《唐某人于□□子边夏田契》、《唐西州高昌县张驴仁夏田契》等多件文书，都是租田契约。

据上述分析，文书标题中"买十驮马"似应改为"租赁十驮马"。

如上述论证不误，我们对折冲府中驮马的来源增多了认识，即租赁马匹是驮马来源之一。

值得注意的是文书第3行"陪人"一词，"陪人"之下有范绪隆、张才仁等约10人或十一二个人名。这些人为什么称为"陪人"？就文书第5~6行所说，这些陪人"并无马可将"，就租赁了君达等十驮马。据本书下一件文书可知，折冲府中被差行兵士的十驮马，是由未被差行者买来的。本件文书中的范绪隆、张才仁等约10人或十一二个人看来也是折冲府中的差行者，他们的十驮马却要由自己租赁，可能因为他们是陪人。"陪人"如何解释呢？按《唐六典》卷5"兵部郎中员外郎"条说："三卫违番者，征资一千五百文，仍勒陪番。"我推测，"陪人"可能与陪番同类性质，具有惩罚、强迫性质，"陪人"即"陪番人"的省写，他们的十驮马要自己准备，自己无马则要租赁马。

又按《吐鲁番出土文书》第七册载有《唐垂拱四年（688）队佐张玄泰牒为当队队陪事》文书，"倍人"与"队陪"是否有关？我认为恐无关系。

总之，"陪人"如何解释？为什么陪人差行要自租赁十驮马？我做了如上推测，证据不足，供读者参考。

(1)□□[给]公验，并下团知，恐后漫征兵士。

(2)□依问赵通得其夏君达等十驮马，当奉

(3)[折]冲处[分]，[　　]陪人范绪

(4)隆张才[仁][赵][追](?)[　　]谢过汉□

(5)杨调达范[亥][　　]再达等并无

(6)马可将，遂夏[君][　　]其价合

(7)是绪隆等家人知，请[　　]

(8)马主。谢过洛憧夏阿[　　]

(9)其马见在，仍其月[1][　　]

(10)其见在马，请问[　　]

(11)受重罪者。准[　　]

（后　缺）

69TAM125:3

7.15　武周军府牒为行兵十驮马事

（前　缺）

(1)牒检案连如前，谨牒。

(2)　　　检[　　]

(3)合当府行兵总七十六人[2]

(4)　　刘住下廿五人，当马二匹五分 三分给[　　]　二分给[　　]

(5)　　氾尼下行兵一十八人，当马一匹八分 四分给孟[　　]　二分给[　　]

(6)余二分给成团　玄德

(7)　　[　　]七人行 当马二匹七分。计送[曰][　　]三分合于团抽付

---

〔1〕7.14 件文书中第3、7行的“人”字，第9行的“月”字，均为武周新字，因排印困难，皆改为通用字。

〔2〕文书第3行“行兵总七十六人”，第4行记兵“廿五人”，第5行记兵“一十八人”，第7行“七人”上应填“廿”，即“二十七人”，因此行注文有“当马二匹七分”之语，一人当马一分，马“二匹七分”，反映有二十七人。第8行应为“六人”，第4、5、7、8行所记共行兵“七十六人”。

(8)　　□　六人行当国□送四分[1]□团给府

(9)　　□　人[2]出十驮马追付

（后　缺）

69TAM125:5(a)

7.16　武周军府牒为行兵所须驴马事

（前　缺）

(1)　　□　出,又问田　□

(2)　　□　内买马,实欠二　□

(3)　□　限缴纳者。

(4)□　谨牒

(5)□　月　　日人[3]史令狐才　□

(6)　　□　发兵日赵通　□

(7)　　□　所须驴马,　□

(8)　　化□□行人[4]回换,　□

---

[1]"当马二匹五分"、"当马一匹八分"、"当马二匹七分"等的解释:根据上件文书"十人买十驮马一匹",则一人应付出买一匹马价的十分之一,即十分中的一分。这些马价钱不是付给差行兵士个人,而是付给差行兵士所在团队的。"当马二匹五分",即马价钱二十五分;"当马一匹八分",即马价钱一十八分;"当马二匹七分",即马价钱二十七分;文书8行应有"当马六分"之语,即马价钱六分。这4项记载共为马价钱七十六分,只是军团汇总抽征马价钱的一部分。我推测抽征的办法是按照差行兵士一人一分马价钱从不差行兵士或一般百姓抽征而得的。军团汇总全部马价钱后,再买马按十驮马分配给各队。我推测这件文书很长,残存者只是一小部分,而第4~8行的下部残缺太多,因此,这4行的注文很难解释。

[2]"7.15"文书中第3、4、5、7、8、9行的"人"字,均为武周新字,因排印困难,皆改为通用字。

[3]"7.16"文书中第5行的"月"、"日",第6行的"日"及第8行的"人"字,均为武周新字,因排印困难,皆改为通用字。

[4]行人:唐李筌著《太白阴经》卷2《行人篇》论述行人甚详,兹移录一段如下:"夫行人之用事有二:一曰因敌国之人来观衅于我。我其高爵,重其禄,察其辞,覆其事,实则任之,虚则诛之,任之以乡导。二曰吾使行人观敌国之君臣左右执事,孰贤孰愚,中外近人,孰贪孰廉,舍人谒者,孰君子孰小人。吾得其情,因而随之,可就吾事。夫三军之重者,莫重于行人;三军之密者,莫密于行人。行人之谋未发,有漏者与告者,皆死。谋发之日,削其藁,焚其草,金其口,木其舌,无使内谋之泄。"从李筌这段论述中,可见行人之性质与作用。

(9)　　付营司押官[1]括□

(10)　　乘,中间兵士交□

(11)　　住,恐右(有)侵欺□

(后　缺)

69TAM125:4

7.17　唐征马送州付营检领状

原编者说明:本件纪年已缺,内容为征马送州,与上件浑小弟兄马被征送州事相符;内有"敬"字签署,亦见于本墓3《唐神龙二年主帅浑小弟上西州都督府状》背面骑缝。今列于神龙二年后。又本件亦似案卷,骑缝前4行可能为别一事。

(前　缺)

(1)有事至,谨牒

(2)　　十二月　日□

[1]押官:按《唐六典》卷5"兵部郎中员外郎"条略云:

其兵五千人置总管一人,以折冲充。一千人置子将一人,以果毅充。五百人置押官一人(人下恐脱以字),别将及镇戍官充。

同上引书又云:

凡诸军镇每五百人置押官一人,一千人置子总管一人,五千人置总管一人。

凡诸军镇使副使已上,皆四年一替,总管已上(《旧唐志》上作下),六年(《旧唐志》六作二)一替,押官随兵交替。

上述制度在行军作战时可以变更。按《通典》卷148《兵一》"立军"门引《大唐卫公李靖兵法》曰:

凡以五十人为队。(中略)每三人自相得意者结为一小队,又合三小队得意者结为一中队,又合五中队为一队。余又五人:押官一人,队头执旗一人,副队头一人,左右傔旗二人,即充五十。

同上引书"今制附"云:

每队五十人押官一人。

兴按:押官的职能主要表现在行军和作战中,如《通典》卷148《兵一》"立军"门引《大唐卫公李靖兵法》曰:

至于行立前却,当队并须自相依附。如三人队失一人者,九人队失小队二人者,监阵日,仰押官队头便斩。

《通典》卷157《兵十》"下营斥候并防捍及分布阵附"引《卫公李靖兵法》曰:"诸队头共贼相杀,左右傔旗急需前进相救。若左右傔如被贼缠绕,以次后行人参前急需进救。其前行人被贼杀,后行不救者,仰押官及队副便斩。"都可作为例证。

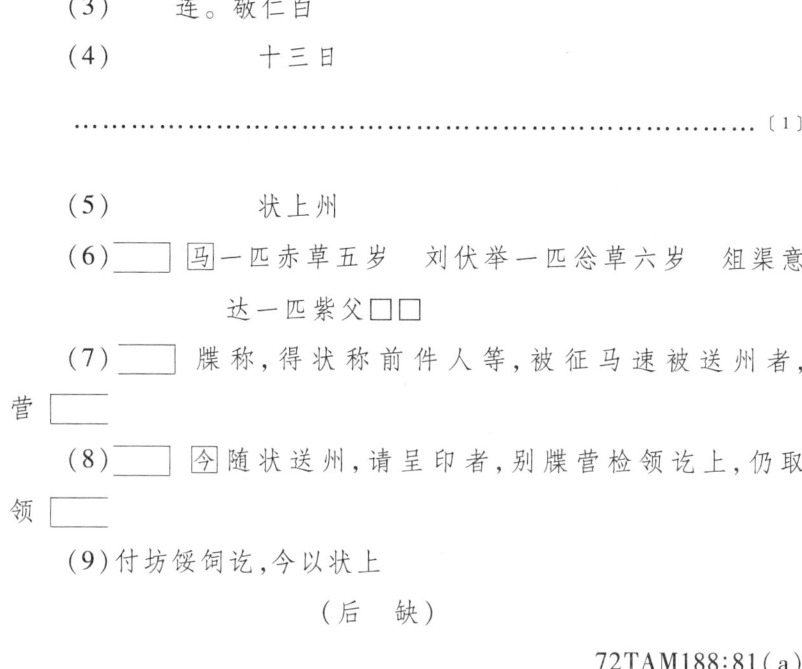

(3)　　连。敬仁白

(4)　　　　十三日

……………………………………………………………〔1〕

(5)　　　　状上州

(6)▭ [马]一匹赤草五岁　刘伏举一匹念草六岁　沮渠意达一匹紫父□□

(7)▭ 牒称，得状称前件人等，被征马速被送州者，营▭

(8)▭ [今]随状送州，请呈印者，别牒营检领讫上，仍取领▭

(9)付坊馁饲讫，今以状上

（后　缺）

72TAM188:81(a)

7.18　唐上西州都督府牒为征马付营检领事一

原编者说明：本件有朱印一方，文为“西州都督府之印”。骑缝背面押“敬”字。纪年已缺，内签署人名“史安进”等并见于本墓3《唐神龙二年主帅浑小弟上西州都督府状》。所云“别牒营检领”者，据上件，知亦是所征马匹。下件同。

（前　缺）

(1)　　付司。定母示

(2)　　　　廿五日

(3)　　十一月廿五日录事

(4)　　户曹检录事参军立义

〔1〕此骑缝背面有签署“敬”字。——原编者注

……………………………………………………………

(5)　　　别牒营检领[讫]

(6)　　　仍取领讨。咨。方

(7)　　　　　　　廿六日

(8)　　　依判。咨。泰□

(9)　　　　　　　廿六日

(10)　　　依判。定母示

(11)　　　　　　　廿六日

……………………………………………………………

(12)□有事至,谨牒

(13)　　　十二月　日史安进□

(14)　　　连。敬仁白

(15)　　　　　　　一日

72TAM188:73(a)

7.19　唐上西州都督府牒为征马付营检领事二

原编者说明:本件时代及内容说明同前件。背面骑缝有“唐”押署。

(前　缺)

(1)别牒营检[领]讫

(2)仍取领付。咨。敬仁□

(3)　　　　一日

(4)　依判。咨。泰示

(5)　　　一日

(6)　依判。定母示

(7)　　　　一日

72TAM188:75(a)

7.20 唐西州都督府牒为请留送东官马填充团结欠马事

原编者说明：本件缺纪年，有朱印多方，印文为"西州都督府之印"，骑缝背面有签押。

（前　缺）

(1)□　得为从□

(2)□　恐不达，前健儿官□

(3)　□健儿马，一则省费蹋料，二乃马□

(4)□举者，所市得马欲送向东，中间稍瘦，□

(5)堪总去。且留此住，须蹋饲供，既破官仓，恐成

(6)费损。若非枥饲，更虑瘦多。今此商量，事

(7)望兼济。在州团结，欠马未填，[1]便取添供。价

(8)于州出，彼此俱是官马，酬直不用别支。堪

(9)送者，请准牒行。七十匹留州市，[2]前已上使，

……………………………………………………

(10)今须重咨。别牒上使听裁。更须筒廿匹

---

〔1〕在州团结，欠马未填：按《通鉴》卷213"唐玄宗开元十五年"云：

十二月戊寅，制以吐蕃为边患，令陇右道及诸军团兵五万六千人，河西道及诸军团兵四万人。（胡注：府兵废，行一切之法团结民兵，谓之"团兵"。）又征关中兵万人集临洮，朔方兵万人集会州防秋，至冬初，无寇而罢；伺虏入寇，互出兵腹背击之。

文中的"胡注"："团结民兵，谓之团兵。"如胡说确，则"团兵"亦可称为"团结兵"。但胡说未必确，"诸军团兵"之"团"字，可能沿袭府兵制"士以三百人为团"之"团"，上连"军"字读，成一名词。本件文书"在州团结"一语，究竟如何解释？按《唐大诏令集》卷130开元二年《命姚崇等北伐制》云：

其后军兵六万人，马二万匹，先来点定，宜令卫尉卿李延昌、左羽林将军杨敬述等，至冬检阅，且当处团结，待后进止。

本件文书"在州团结"，似乎与上引开元二年制书中"且当处团结"文义相同。

总之，文书"在州团结"一语很难解释，姑举出以上两种说法，供参考讨论。

〔2〕市马：参阅本书军府财务文书类《唐开元十六年末庭州轮台县钱帛计会稿》注释。

(11)瘦马帖群。[1] 分付来使,具毛色齿岁上,仍牒别

(12)须请 [   ] 讫。牒至,准

(后 缺)

72TAM188:86(a)

7.21 唐神龙二年(706)主帅浑小弟上西州都督府状为处分马踏料事

原编者说明:本件为一残案卷,第1~4行所记可能为别一事。骑缝背面署有"敬"字,第12~15行间有朱印一方,印文为"西州都督府之印"。

…………………………………………………………………

(前 缺)

(1)□有事至,谨牒

(2) 二月 日史安进□

(3) 连。 敬仁白[2]

(4) 四日

…………………………………………………………………

(5) 状上州

(6)[   ] 马一匹骢敦

(7)[   ] 新备得上件马,今月一日到营,其踏料未 [   ]

(8)[   ] 谨以状上,听裁。

(9)[   ] 如前,谨牒。

(10) 神龙二年二月 日主帅浑小弟

(11) 押官折冲马神禄

[1]帖群:"帖"有"附"意,盖已有马群放牧或饲养,今有"简廿匹瘦马"附在此马群中放牧或饲养。

[2]据唐代官府文案结构,此字为"连"。在此之前为内部牒残存二行,"敬仁"乃判官,他要求与内部牒有关的资料连在一处,以备行判。

(12)　　　　付司。定母示[1]

(13)　　　　　　　　四日

(14)　　　　二月四日录事使

(15)　　　　录事摄录事参军

……………………………………………………………

(16)　　　　牒别案准式。咨。敬□

(17)　　　　白

(18)　　　　　　四[日]

(19)　　　依　判。　咨。　泰　[示]

(20)　　　　　　四□

72TAM188:82(a)

7.22　唐西州蒲昌县牒为申送健儿浑小弟马赴州事

原编者说明:本件盖有朱印3方,文为"蒲昌县之印"。纪年已缺,所叙事由及浑小弟名均与前件相符。本件所记浑小弟"马一匹,骟敦",亦即上件浑小弟请踖料之"马一匹,骟敦"。此件时间应在上件前,纪年残缺,姑附上件后。

(1)蒲昌县　　　　为申送浑小弟一匹赴州具上事

(2)　　健儿浑小弟征马一匹,[骟]敦六岁。

(3)　　　　　　右得上件人兄虔庆牒称:被征马一匹,今备得,其毛色

(后　缺)

72TAM188:30

7.23　唐被问领马牒

原编者说明:本件纪年已缺,所云"新市马壹匹,骟敦六岁"与上件

[1]此字为"示",判案中长官或通判官常用的字。此字之前的"定母"乃长官也。

《唐西州蒲昌县牒为申送健儿浑小弟马赴州牒》所述被征之马毛色年岁均同，第3行“小”字下当缺“弟”字。疑本件为浑小弟将马赴营时被问文件，今列于上件后。

(1)[　　]〔元〕新市马壹匹，騧敦六岁

(2)[　　]□今附上件马将去，分付[　　]

(3)[　　]仰答领得一不者。但小[　　]

(4)[　　]上〔件〕马有实，欲将□[　　]

(5)[　　]营，〔被〕问依实，〔谨〕牒。

（后　缺）

72TAM188:74(a)

7.24　唐神龙三年(707)和汤牒为被问买马事

（一）

(1)□〔一〕拾叁匹

(2)问今付上件练充马壹匹〔直〕[　　]

(3)得以不者，但前件练依𠮷[　　]

(4)被问依实，谨牒。

(5)　神龙三年二月　日和〔汤〕[　　]

(6)　　附。敬仁白

(7)　　　　　　一日

72TAM188:71

（二）

(1)马一匹骝敦，七岁，大练壹拾叁[　　]

(2)□蕃中将前件马至此[　　]

(3)　马请〔准〕例处分，谨牒。

(4)　　神龙三年二月　日领客使别奏和𠮷[　　]

(5)　　依　注　付　司。　定□□

(6)　　　　　　　　　一日⃞

(7) ▭ 月一日录事使

(8)　　录事摄录事参军

(9) 检　案。　敬仁白

(10)　　　　　　　一日

72TAM188:79

7.25　唐处分庆州营征送驴牒

（前　缺）

(1)者，庆州营[1]□□被⃞征⃞驴叁头送到。数

(2)内壹头堪使⃞，长⃞□□□印讫，牒送坊检

(3)□□□准⃞式⃞除⃞两头不堪⃞□前⃞□所⃞由⃞速⃞

（后　缺）

72TAM230:51

7.26　唐残辞为买马柳中报蒲昌府马匹事

（前　缺）

(1) ▭　兵石长 ▭

(2) ▭ 买马柳中 ▭ 日 ▭

(3) ▭ 报⃞蒲昌府 ▭ 前件马 ▭

(4) ▭ 其镇人 ▭ 本□谨 ▭

(5) ▭ 陈请□ ▭　作辞草 ▭

69TAM117:57/4

---

〔1〕庆州营：按营以“庆州”为名，乃庆州兵之戍边者。庆州在关内道，距西州约两千里。

7.27　唐开元三年(715)西州营典李道上陇西县牒为通当营请马料姓名事

原编者说明:本件前部残缺,据后两件知是西州营牒。骑缝背面均有押字。

（前　缺）

(1)□ [马]总弍伯肆拾弍头匹。

(2)□ □[李]升

(3)　□ □[张]成

(4)　□ □ □

(5)　□ □ □

(6)　□ □ □

(7)□ □范荣

(8)　□ □ □

(9)　□ □ □

(10)　□ □王太

(11)　□ □ □

(12)□ □[迁]

……………………………………………………………………

(13)　□ □ □

(14)　□ □□奴

(15)　□ □ □

(16)　□ □ □

(17)□ □贾钦

(18)　□ □ □

(19)　　火长刘玄陵火内人高伏性[1]

(20)　　火长仇小隐火内人何顶

(21)　　火长郭守一火内人谢意

(22)第五队火长王元贞火内人李瓒

(23)　　火长王元惠火内人郭胡胡

(24)　　火长张修已火内人氾果

(25)　　火长张万年火内人王同

(26)　　火长李玄明火内人李道

……………………………………………………

(27)第六队火长周神力火内人王荣

(28)　　火长马嘉宾火内人时毛郎

(29)　　火长张神果火内人房仪

(30)　　火长师神意火内人段结

(31)　　火长马大郎火内人符宪

(32)第七队火长刘怀智火内人上官俨

(33)　　火长毛崇业火内人张言

(34)　　火长孔处忠火内人杨琛

(35)　　火长李思暕火内人王瑜

(36)　　火长斉汉子

(37)第八队火长鲁令嵩火内人达奚识

---

[1]从第19行起，文书完整，可以看出：一队5火，每火10人，则一队50人。第42行载"火别六头"，即火别驮马6匹，亦即六驮马。据文书第46行，本件乃开元三年文书，则开元期间实行六驮马制。文书记8队火长及火别驮马6匹，此当为一营之数，即一营八队，共400人，240匹驮马。这一马数加第43行"押官乘骑官马两匹"，共为马242匹，与第1行"马总弍伯肆拾弍头匹"一致。

按《新唐书》卷50《兵志》云：

士以三百人为团，团有校尉；五十人为队，队有正；十人为火，火有长。

与本件文书所载的400人为营，50人为队，10人为火的编制不同。

又《通典》卷148《兵一》"立军"条引《大唐卫公李靖兵法》：行军时的编制为营、队，同书"今制附"条又载"每队五十人"，"火长五人"，则是每队5火。总之，行军时的编制为营、队、火，虽营的人数与本件文书所记者不同，但编制单位相同。据此，可推知本件文书所记乃行军时的编制，营的人数可能因战争的需要不同而有差异也。

(38)　　火长赵思言火内人史玉

(39)　　火长张庭玉火内人孙奴

……………………………………………………

(40)　　火长邹忠节火内人□结

(41)　　火长李慎忠火内人□惁

(42)　　右火别六头,别付床壹胜半。给一日料。

(43)　　押官乘骑官马两匹。傔人杨客。

(44)　　右匹别付床伍胜。给一日料。

(45)牒:件通陇西县请料姓名。谨牒

(46)　　开元三年四月廿日典李　道牒

(47)　　　　　　给讫记

(48)　　　　　　　　廿五日

68TAM108:19(a)

7.28　唐开元三年(715)西州营牒为通当营请马料姓名事一

(1)　　　　　　开元三年四[月]　　(下残)

(2)　　　　　　　　[给][讫]□

(3)　　　　　　　　　廿七日

……………………………………………………〔1〕

4 西州营

5 合当营六驮及押官乘马总贰佰肆拾贰头匹。

6 第一[队]火长骨万岁火内人[李]景

7　　火长杨孝忠火内人尹九朗

8　　火长丁俨子火内　米祐勿

9　　火长张惠藏付身

〔1〕粘接缝处背部押一"彦"字。——原编者注

10 火长王庆子火内人权自女

11 第二队火长赵崇道火内人张忠

12 火长李九思火内人杨验

13 火长阚行忠火内人赵行忠

14 火长贾思恭火内人元　弉

15 火长马思暕火内人霍奴付身

…………………………………………………………〔1〕

16 第三队火长仇阿七火内人武千

17 火长张明珪火内人田敬

18 火长张修道火内人霍阿奴

19 火长王大敏火内人杜君意

20 火长张奉珪火内人王竘

21 第四队火长武小亮火内人尹楚贞

22 火长赵神爽付身

23 火长刘玄陵付身

24 火长仇小隐火内人刘洪顶

25 火长郭守一火内人张宾

26 第五队火长王元贞付身

27 火长王元惠火内人卢怀遗

28 火长张修己火内人张行果

…………………………………………………………〔2〕

29 火长张万年火内人蒙妙索

30 火长李玄明火内人李道

31 第六队火长周神力火内人吕忱复

32 火长马嘉宾火内人时毛郎

33 火长张神果火内人付身

〔1〕粘接缝处背部押一“彦”字。——原编者注

〔2〕粘接缝处背部押一“彦”字。——原编者注

34　火长师神意火内人□□

（后　缺）

68TAM108:20(a)

7.29　唐开元三年(715)西州营牒为通当营请马料姓名事二

原编者说明:本件纪年缺,然据前后两件,知亦在开元三年。

(1)西州营

(2)合当营□驮及押官乘马总□佰肆拾弍头匹。

(3)第一队□长骨万岁火内人陈成

(4)　□□杨孝忠□□□氾达

(5)　□□丁俨子火□□□什

(6)　火长张惠藏火□□侯瑶

(7)　火长王庆子火内人武善

(8)第二队火长赵崇道火内人范荣

(9)　火长李九思火内人秦爱

(10)　□□阚行忠火内人□倡

(11)　□□□伏度火内□□悴

(12)　□□□思暕火内□□□

(13)第三□火长仇阿七火内□□运

……………………………………………………………

(14)　火长张明珪火内人范悊

(15)　火长张修道同府人巩福

(16)　火长王大敏火内人巩福

(17)　火长张奉珪火内人霍洪

(18)第四队火长武小亮火内人姜俨

(19)　火长赵神爽火内人阚长

(20)　火长刘玄陵火内人裴□

(21)　　火长仇小隐火内人仇思

(22)　　火长郭守一火内人□　　　□□□

(23)第五队火长王元贞□　　　□□□

(24)　　火长王元惠火内人□　　　□□□

(25)　　火长张修己火内人翟□　　　□□□

(26)　　火长张万年火内人牛□　　　□□□

(27)　　火长李玄明火内人李□　　　□□□

………………………………………………………………

(28)第六队火长周神力火内人□　　　□□□

(29)　　火长马嘉宾火内人□　　　□□□

(30)　　火长张神果火内人杨□　　　□□□

(31)　　火长师□□□内人□　　　□□□

(32)　　火长马□□□□人□　　　□□□

(33)□七队火长□□□火内□□　　　□□□

(34)　　火长毛崇业火内人□　　　□□□

(35)　　火长孔处忠火内人高□　　　□□□

(36)　　火长李思睐火内人□　　　□□□

(37)　　火长夯汉子火内人王□　　　□□□

(38)第八队火长鲁令嵩火内□　　　□□□

(39)　　火长赵思言火内人□　　　□□□

(40)　　火长张庭玉火内人秦□　　　□□□

(41)　　火长邹忠节火内人席□　　　□□□

(42)　　火长李慎忠火内人李奴　　　□□□

(43)　　右火别六头　别付床□

(44)　　押官乘骑官马两匹，傔□

(45)　　右匹别付床壹㪷□

(46)牒：件　通　当　营　请□

（后　缺）

68TAM108:18(a)

7.30　唐上李大使牒为三姓首领纳马酬价事

（前　缺）

(1)[　　]九日

(2)三姓首领[1]胡禄达干马九匹，一匹[四]州拾[　　]□匹各柒[　　]

(3)三姓首领都担萨屈马六匹，匹别[各][　　]

(4)　右检案内去十一月十[六]□得上[件]

(5)　牒请纳马，依状检到前官[　　]

(6)　□□[牒]上李大使，请[牒][　　]

（后　缺）

72TAM188:89(a)

7.31　唐便钱酬马价文书

（前　缺）

(1)[　　]前后便钱总玖[拾][　　]

(2)　[卅]六贯文便将还李[　　]

(3)　[廿]一贯便将酬马价[　　]

(4)　卅七贯六百五十文便将还窦

---

〔1〕三姓首领：按《唐六典》卷4《礼部》“主客郎中员外郎”条略云：

> 凡四蕃之国，经朝贡已后，自相诛绝及有罪见灭者，盖三百余国。今所在（《旧唐志》作在存）者有七十余蕃。

关于三姓葛逻禄，《唐会要》卷100“葛逻禄国”条云：

> 葛逻禄，本突厥之族也，在北庭之北，金山之西，与车鼻部相接。薛延陀破灭之后，车鼻人众渐盛，葛逻禄率其下以归之。及高侃之经略车鼻也，葛逻禄相继来降，仍发兵助讨。后车鼻破灭，葛逻禄、谋刺婆、蔔踏实力三部落并诣阙朝见。显庆二年，置阴山、大漠、元池三都督府，以其首领为都督。三族当东西两突厥之间，常视其兴衰，附叛不常，后稍南徙，自号三姓。

据此，三姓当指葛逻禄、谋刺婆、蔔踏实力。

（后　缺）

72TAM188:84

7.32　唐市马残牒

原编者说明：本件均为碎片，每片不赘言前缺、后缺。

（一）

（1）□　一匹[赤]　□

72TAM188:88/1

（二）

（1）[敦]八岁　□

72TAM188:88/2

（三）

（1）赤敦七岁　[直]壹[拾][伍]匹　□

（2）□　大练捌匹　□

72TAM188:88/3

（四）

（1）[达]干[马]一[匹]　□

（2）[禄]俟斤马一匹　□

（3）□　马一匹　□

72TAM188:88/4

（五）

（1）苏驼[三]

72TAM188:88/5

（六）

（1）　□　[马][一][匹][赤]　□

（2）□　首[领]延莫[达]　□

72TAM188:88/6

（七）

（1）□ [壹][拾][伍][匹]

（2）□ 大练 □

72TAM188:88/7

（八）

（1）□ [负][腊] □

72TAM188:88/8

（九）

（1）□ 别 □

（2）□ 使 □

72TAM188:88/9

（十）

（1）□ 姓名 □

（2）　　□ 牒 □

72TAM188:88/10

7.33　唐健儿鄯玄嶷、吴护险等辞为乘马死失另备马呈印事[1]

（1）□ 十一月　　日健儿鄯玄嶷、吴护险等辞：

（2）□ [嶷]马一匹，骝草六岁　印　石

（3）□ [险]马一匹，七岁　印　石

（4）□ 嶷等先差趁贼，乘马死失 □

（5）□ [备]前件马得请[呈]印。谨辞。

（后　缺）

72TAM188:78(a)

---

〔1〕军马加印是一个重要研究课题。《唐会要》卷72“诸监马印”条云：

诸军及充传送驿者，以出字印，并印右颊。

这件文书第2、3行有马印字二，不知是“出”字否？

7.34 唐与仓曹关为新印马踖料事

（前　缺）

（1）　　　　　　　录[事][摄][录][事][参][军]　□

（2）关仓曹：为日（白？）城等营新印马踖料，准式并[牒]

（3）营检领事。

（后　缺）

72TAM188:66

7.35 唐西州高昌县牒为盐州和信镇副孙承恩人马到此给草踖事

原编者说明：本件纪年已缺，据背面《唐馆驿文书事目》（本墓30），知与《唐开元九年里正记雷思彦租取康全致等田亩帐》相连成卷，其年代亦应与之相当，今列于该件之后。本件有朱印3方，文为"高昌县之印"。

（前　缺）

（1）□　[右][军][子][将]、盐州和信镇副、上柱国、赏绯鱼袋孙承恩

（2）柳中县被州牒：得交河县牒称：得司兵关，得天山已西牒，递

（3）□□件使人马者。依检到此，已准状，牒至，给草踖者。依检到此。

（4）□准式讫，牒上者，牒县准式者，县已准式讫。牒至，准式。谨牒。

（后　缺）

72TAM230:95(a)

7.36 唐西州高昌县牒为子将孙承恩马匹草䜿事

原编者说明:本件纪年已缺,背面亦为《唐馆驿文书事目》。“子将孙承恩”见前件,今列于前件后。

(前 缺)

(1)［　　］焉耆戹

(2)［　　］吕牒称:从去年五月九日

(3)［　　］至今年二月为患不损,遂

(4)［　　］逓请乞处分䜿递、纳递

(5)［　　］亻□乘私马给草䜿递者,

(6)［　　］马两匹者,子将孙承恩

(7)［　　］官供草䜿,仍牒天山县准

(后 缺)

72TAM230:53(a)

8 唐军仓军粮文书

简要说明

本类文书共5件,其中3件有天宝纪年,其他无纪年者两件,我推测也是天宝年间文书。唐开元期间,解决军粮的办法有四:即地租、营田、和籴、交籴。"交籴"一向为研究者误认为和籴,史籍文献记载交籴者甚少,幸赖有敦煌交籴文书,使我们能辨别和籴与交籴的区别。

唐天宝年间,军粮所需甚多。《通典》卷6《食货六 · 赋税下》"天宝计帐"略云:

> 其度支岁计粟,则二千五百余万石。(中略)一千万(石)诸道节度军粮及贮备当州仓。布绢绵则二千七百余万端屯匹。(中略)千三百万诸兵赐及和籴并远小州使充官料邮驿等费。钱则二百余万贯。(中略)六十余万贯添充诸军州和籴军粮。自开元中及于天宝,开拓边境,多立功勋,每岁军用日增。其费籴米粟则三百六十万匹段。朔方、河西各八十万,陇右百万,伊西、北庭八万,安西十二万,河东节度及群牧使各四十万。馈军食则百九十万石。河东五十万,幽州、剑南各七十万。

"籴米粟则三百六十万匹段",据《唐天宝四载河西豆卢军为和籴事上河西节度支度使牒》,其第12行"柒阡壹拾柒屯匹壹拾铢",其第28、29行:"计籴得斛㪷壹万壹伯壹拾伍硕陆㪷玖胜壹合",即大约7017屯匹可籴得10115硕。据此,天宝计帐中的籴米粟的360万匹段大约可籴得519万石粮,加上馈军食的190万石,共为军粮709万石。天宝中地税田租岁得粟2500余万石,军粮约为国家岁得粟的30%,军粮的数目可谓大矣。当然,这并不是说国家以岁得粟的30%用为军粮,因和籴粟并不在国家岁得粟之内,我只是以此比例说明军粮所需之多。

军仓是否分为正仓与和籴仓？本类文书以及有关史籍文献都未提供资料。就本类文书而论，军府交籴所得粟以及和籴所得粟都笼统地说收入军仓。这一问题有待于进一步考证。

8.1　唐天宝三载四载(744—745)河西豆卢军交籴文书[1]

（前　缺）

(1)　　壹万肆伯伍拾伍硕肆㪷壹胜捌合粟

(2)　　　　头估廿七文，计贰阡捌伯贰拾贰贯玖伯陆拾贰文捌分。

(3)壹万肆拾肆硕陆胜柒合斛㪷，准和籴估

(4)　　　折填充交籴匹段本。其斛㪷收附军仓，三

……………………………………………………（缝背署印）

(5)　　　载夏季载支粮帐讫。

(6)　　　肆伯伍拾陆硕捌㪷伍胜柒合小麦。

(7)　　　壹伯肆拾柒硕肆㪷青麦。

(8)　　　壹伯硕肆㪷豌豆。

(9)　　　玖阡叁伯叁拾玖硕肆㪷壹胜粟

(10)　　壹阡壹伯壹拾陆硕捌合粟，填本外

(11)　　　利润。其粟收附同前季利润帐

(12)　　　讫。

(13)　　伍阡柒伯玖拾壹硕贰㪷肆胜肆合斛㪷，

(14)　　　　三载冬季交籴纳，准估计当

(15)　　　　钱壹阡伍伯柒拾伍贯玖伯伍文。

〔1〕一般唐史研究者对唐代的交籴与和籴不加区分，其实交籴与和籴是唐政府收进粮食的两种截然不同的制度。收入敦煌吐鲁番学会主办和编辑的《敦煌吐鲁番学研究论文集》中拙著《伯三三四八背文书研究》，详尽论述了交籴的特点，交籴与和籴的区别以及在和籴中斛㪷与匹段的双重估价问题。请读者参阅，此不赘述。

(16)　　伍阡肆伯伍硕捌斟叁胜柒合粟，斗估廿七文，

……………………………………………………

(17)　　　计壹阡肆伯伍拾玖贯伍伯柒拾陆文。

(18)　　壹拾柒硕壹斟床，斗估廿七文，计肆贯

(19)　　　陆伯壹拾柒文。

(20)　　贰伯陆拾贰硕伍斟青麦，斗估卅文，

(21)　　　计柒拾捌贯柒伯伍拾文。

(22)　　柒拾陆硕柒合小麦，斗估卅二文，计贰拾

(23)　　　肆贯叁伯贰拾叁文伍分。

(24)　　贰拾玖硕捌斟豌豆，斗估廿九文，计捌贯

(25)　　　陆伯肆拾贰文。

(26)　　肆阡捌伯捌拾硕叁斟伍胜伍合麦

(27)　　　　粟床豆等，准和籴估，折填充

(28)　　　　交籴匹段本。其解斟，收附军

(29)　　　　仓，同前载冬季载支粮帐讫。

…………………………………（缝背署印"氵"，以下同）

(30)　　壹拾柒硕壹斟床

(31)　　　　贰伯陆拾贰硕伍斟青麦。

(32)　　　　柒拾陆硕柒合小麦。

(33)　　　　贰拾玖硕捌斟豌豆。

(34)　　　　肆阡伍伯硕玖斟肆胜捌合粟。

(35)　　玖伯肆硕捌斟捌胜玖合粟，填本外

(36)　　　　利润。其粟收附同前季利润帐讫。

(37)　　柒阡伍伯陆拾陆硕肆斟柒胜肆合

(38)　　　　解斟，肆载春季交籴纳。准估

(39)　　　　计当钱贰阡陆拾贰贯叁伯

(40)　　　　壹拾柒文贰分。

…………………………………………………（缝背署印）

(41)　　陆阡柒伯玖拾玖硕玖斟贰胜捌合粟，斗

(42) 估廿七文,计壹阡捌伯叁拾伍贯玖伯捌拾文伍分。

(43) 贰伯叁拾硕陆豇青麦,斗估卅文,计

(44) 陆拾玖贯壹伯捌拾文。

(45) 贰伯肆拾壹硕捌豇贰胜陆合小麦,

(46) 斗估卅二文,计柒拾柒贯叁伯捌拾肆文叁分。

(47) 贰伯柒拾陆硕壹豇贰胜床,斗估廿七文,

(48) 计柒拾肆贯伍伯伍拾贰文肆分。

(49) 壹拾捌硕豌豆,斗估廿九文,计伍贯

(50)……………… 贰伯贰拾文。………………

(51) 陆阡叁伯捌拾肆硕贰豇壹胜叁合

(52) 斛豇,准和籴估,折填充交籴[匹段本。其斛豇收附军仓]

……………………………………………………………

(后　缺)

(伯 3348 背一,钤有"豆卢军之印")

8.2　唐天宝四载(745) 豆卢军为和籴事上河西节度支度使牒

(前　缺)

(1) "□□　廿日"

(2) 合当军天宝四载和籴,准　旨支贰万段,出武

(3) 威郡。准估折请得絁绢练绵等,总壹万

(4) 肆阡陆伯柒拾上捌屯匹叁丈伍尺肆寸壹拾铢。

(5) 伍阡陆伯匹大生绢。

(6) 伍伯伍拾匹河南府絁。

(7) 贰伯柒拾匹缦绯。

(8) 贰伯柒拾匹缦绿。

(9)　　壹阡玖伯贰拾柒屯壹拾铢大绵。
(10)　　壹阡柒伯匹陕郡絁。
(11)　　肆阡叁伯陆拾壹匹叁丈伍尺肆寸大练。

……………………………………（缝背署印）

(12)　柒阡壹拾柒屯匹壹拾铢，行纲敦煌郡
(13)　　参军武少鸾天宝三载十
(14)　　月十二日充　　旨支四载和
(15)　　籴壹万段数。其物并给百
(16)　　姓等和籴直，破用并尽。
(17)　　伍阡陆伯匹大生绢，匹估四百六十五文，计
(18)　　贰阡陆伯肆贯文。
(19)　　伍伯伍拾匹河南府絁，匹估六百廿文，
(20)　　计叁伯肆拾壹贯文。
(21)　　贰伯壹拾匹缦绯，匹估五百五十文，
(22)　　计壹伯肆拾捌贯伍伯文
(23)　　贰伯柒拾匹缦绿，匹估四百六十文，

……………………………………（缝背署印）

(24)　　计壹伯贰拾肆贯贰伯文。
(25)　　叁伯贰拾柒屯壹拾铢大绵，屯估一百五十文，
(26)　　计肆拾玖贯伍拾文。
(27)　以前匹段，准估都计当钱叁阡贰伯陆
(28)　拾陆贯柒伯伍拾玖文，计籴得斛㪷
(29)　壹万壹伯壹拾伍硕陆㪷玖胜壹合。
(30)　其斛㪷，收附去载冬季军仓，载支粮
(31)　粮帐，经支度勾，并牒上金部、比部、
(32)　度支讫。
(33)　　玖阡贰伯肆拾柒硕柒胜肆合粟，斗估卅二文，
(34)　　计贰阡玖伯伍拾玖贯陆拾肆文肆分。
(35)　　肆伯壹拾柒硕叁㪷伍胜叁合小麦，

(36)　　　　斗估卅七文,计壹伯伍拾肆贯肆伯

(37)　　　　贰拾文陆分。

(38)　　　壹伯叁拾玖硕贰㪷陆胜肆合床,斗估卅二文,

(39)　　　　计钱肆拾肆贯伍伯陆拾伍文贰分。

(40)　　　肆拾玖硕伍㪷豌豆,斗估卅四文,计钱壹

(41)　　　　拾陆贯捌伯叁拾文。

(42)　　　贰伯陆拾贰硕伍㪷青麦,斗估卅五文,

(43)　　　　计钱玖拾壹贯捌伯柒拾伍文。

(44)　柒阡陆伯陆拾壹屯匹叁丈伍尺肆寸匹段,

(45)　　　　行纲别将张处廉,三月十八日于武威

(46)　　　　郡领到充,　旨支四载和

(47)　　　　籴壹万段数。春季新附。其

(48)　　　　匹(段)给百姓和籴斛㪷,并准《金部

(49)　　　　格》,给副使禄直[1],破用并尽。

(50)　　　壹　阡　柒　伯　匹　陕郡絁。

(51)　　　壹　阡　陆　伯　屯　大绵。

(52)　　　肆阡叁伯陆拾壹匹叁丈伍尺肆寸大练。

(53)　捌拾叁匹壹丈玖尺壹寸大练,唯格

(54)　　　　给副使李景玉天宝四载春

(55)　　　　夏两季禄直。粟壹伯贰拾硕,

(56)　　　　斗估卅二文,计叁拾捌贯肆伯

(57)　　　　文。折给上件练,匹估四百六十文,不籴斛㪷。

……………………………………………………(缝背署印)

(58)　柒阡伍伯柒拾捌屯匹壹丈陆尺叁寸匹

(59)　　　　段,给百姓等和籴斛㪷直。

(60)　　　肆阡贰伯柒拾捌匹壹丈陆尺叁寸大练,

[1]禄直:关于禄直问题,在本书第伍财务文书的注释中已有说明,于此不再解释,读者可参阅。

(61)　　　　四估四百六十文，计壹阡玖伯陆拾捌贯陆拾捌文[柒分]。

(62)　　　　壹阡柒伯匹陕郡熟絁，四估六百文，计壹

(63)　　　　　阡贰拾贯文。

(64)　　　　壹阡陆伯屯大绵，屯估一百五十文，计

(65)　　　　　贰伯肆拾贯文。

(66)　　　以前和籴匹段，准估计当钱叁阡

(67)　　　贰伯贰拾捌贯陆拾捌文柒分，计

(68)　　　籴得斛㪷，惣壹万贰拾柒硕壹

(69)　　　㪷捌胜叁合。其斛㪷，并附军仓，

(70)　　　春季载支粮帐讫。

…………………………………………………………（缝背署印）

(71)　　　　玖阡贰伯陆拾硕陆㪷叁胜柒合粟，斗估卅二文。

(72)　　　　　计贰阡玖伯陆拾叁贯肆伯肆文玖分。

(73)　　　　贰伯叁拾硕陆㪷青麦，斗估卅五文，计

(74)　　　　　捌拾贯柒伯壹拾文。

(75)　　　　贰伯柒拾陆硕壹㪷贰胜床，斗估卅二文，

(76)　　　　　计捌拾捌贯叁伯伍拾捌文肆分。

(77)　　　　贰伯肆拾壹硕捌㪷贰胜陆合小麦，斗估卅七文，

(78)　　　　　计捌拾玖贯肆伯柒拾伍文肆分。

(79)　　　　壹拾捌硕豌豆，斗估卅四文，计陆贯壹

(80)　　　　　伯贰拾文。

(81)　　右　检　当　军　天　宝　四　载　和　籴　□□

(82)　　匹　段　等，　具　估　价　□ ▭

(83)　　件　[检]　[如]　前，　▭

（后　缺）

（伯3348背，钤有“豆卢军之印”）

8.3 唐天宝六载(747)十一月、十二月河西豆卢军仓收纳交粜粟[1]麦案[2]

（一）

（前　缺）

(1)……………………廿九日……………………

(2)军仓

〔1〕在《中国古代籍帐研究》中,池田温先生对伯3348背有关交粜的9个卷子,分为两件文书,分别拟名为:213A“唐天宝六载(747)十一月河西豆卢军军仓收纳粜粟牒”和213B“唐天宝六载(747)十二月河西豆卢军军仓收纳粜粟麦牒”。前一件只记载任悊子纳交粜粟一个卷子(为行文简便姑作此称,详见下文),后一件包括其他8个卷子(池田温氏定为10个)。我仔细审读伯3348背显微胶卷,虽然有些模糊,但仍可看出任悊子卷子与其他8个卷子的笔迹稍有不同,而且是倒着写的。这一卷子的前8行与后11行之间空隙相当大,但从内容看,是一个卷子。就形式来讲,池田氏把这9个卷子分为两件文书是可以的。但从内容来讲都记载豆卢军纳交粜粮,而且时间前后衔接。任悊子卷子的时间是天宝六载十一月二十九日,其他8个卷子的时间有7个是同年十二月十七日,有一个是十二月十四日。9个卷子同写于伯3348号纸背上,我认为这9个卷子构成一件文书可能更合适一些,我为之拟名为“天宝六载十一月十二月河西豆卢军军仓纳交粜粟麦案”卷。

〔2〕池田温氏定名为“收纳粜粟牒”和“收纳粜粟麦牒”,这样定名有两个问题:

第一,称之为牒,不确。以任悊子卷子为例,首部(在此之前应有任悊子牒,已缺)为典李惠明、张玄福签署的内部牒,共8行。其他11行还包括3部分,都是对此前的李惠明、张玄福牒以及已缺的任悊子牒的处理意见(文书内容具在,不赘述)。上述4部分(最后判词以及勾检部分已缺)构成文书全文,唐制称之为案或文案。又如常重进卷子、曹庭训卷子以及与此有关的军府处理意见(池田温氏分为6、7、8三件者,实际上就其内容而论,应为一件,请读者参阅),牒只是全文书的构成部分。整个文书,按唐制或唐人习惯应称之为案或文案。伯3348背书写了有关纳交粜粮的9件文案,可总称为案。

第二,称之为粜粟,虽不误,但不确。唐代官府卖粮称为粜者,有数种制度,名称亦异,如交粜、和粜等等。我们现在讨论的是交粜文书,应称之为交粜粟麦。

(3)　　行客任悊子[1]纳交籴粟壹伯捌硕陆㪷。空。

(4)　　　　右奉判，令检纳前件人交籴粟，纳讫具

(5)　　　　上者。谨依检纳讫。具状如前。谨录状上。

(6)牒：　件　状　如　前，　谨　牒。

(7)　　　　　　天宝六载十一月　日典李惠明牒

(8)　　　　　　　　　　　　　典张玄福

……………………………………………………………………

(9)　　　　　　　　判官司法参军于重晖

(10)　　付　　判。　　　元　　感　　示。

(11)　　　　　　　　监官别将　曹阿宾

(12)　　　　　　　　　　廿　九　日。

(13)　　　　　　　　十一月廿九日，典邓儁受。

(14)　　　　　　　　孔目判官"(押)"付。

(15)　　　　　　计　料。　晖　白。

(16)　　　　　　　　　　廿九日

---

[1]第一件文案分析：此件较完全，前所缺者可能是任悊子请纳交籴牒以及如下几件文案"付仓检纳。元感示"，紧接着就是现存的第2～8行的内容。后所缺者可能是判司的判以及通判官依判和长官依判的记载，最后应是文案的尾部，包括勾官勾检及文案抄目。

现存的第2～19行内容要解释的有：

(甲)第10行的"付判。元感示"。如我在上文所说文案前缺部分可能有"付仓检纳。元感示"，已经有长官的判了。何以第19行又有"付判"，此"付判"的内容如何？据文案的性质而论，此处的"付判"是要判对任悊子纳交籴粟的估价和付给任悊子粮钱若干以及折给绢若干和绢估提出意见。(乙)第15、16行的"计料。晖白。廿九日"是判司指示小吏按市上实际粟估和绢估进行核计后应付给任悊子纳交籴粟的价值。第17～19行正是小吏以内部牒的形式报告"计料"的结果，这是判司行判的准备。(丙)第9行的"判官司法参军于重晖"和第11行的"监官别将曹阿宾"，这两个人在检纳任悊子交籴粟时应在场，而且应有他们的签署，"监官"一词正说明唐代的制度，按《唐六典》卷13《御史台》"监察御史之职"条云："若在京都，则分察尚书六司，纠其过失及知太府司农出纳。"《新唐书》卷48"御史台"云："侍御史六人(中略)，以殿中侍御史第一人同知东推，莅太仓出纳。""殿中侍御史九人(中略)，一人同知东推，监太仓出纳。"太仓出纳，有侍御史、殿中侍郎史、监察御史监察；军仓纳交籴粟，有别将为之监官，正同中央御史台之制，是唐监察制度的组成部分。(丁)第17行的粟"㪷估廿一文"是理解交籴性质的关键。粟"㪷估廿一文"是实估，也就是市场上粟的实际价格。上文移录有关交籴文书中有"准和籴作"一语，任悊子纳交籴亦应准和籴估。又上引伯3348背有关和籴文书载粟"斗估卅二文"是虚估。豆卢军军仓以实估(或称时估)收纳任悊子的交籴粟，在虚估与实估之间的差价，亦即斗估32文与斗估21文的11文差价，就是豆卢军军仓从任悊子处所取得的利润。这一点很重要，读者应注意。

……………………………………………………（缝背署晖）

（17）　　行客任悊子粟壹伯捌硕陆㪷，㪷估廿一文，计钱贰拾贰贯捌伯

（18）　　　陆文，折给小生绢陆拾匹，匹估叁伯捌拾文。

（19）牒：件　解　㪷　如　前，谨　牒。

（后　缺）

（二）

（前　缺）

（1）□　　行客马思简粟陆拾硕。

（2）　百姓董景晖粟壹伯硕。百姓宋思亮粟壹伯硕。

（3）牒：敬微等今有上件粟，请交籴。请处

（4）分，谨牒。

（5）　　　　天宝六载十二月日行客赵敬微牒

（6）　付　　判。　元　　感　　示。

（7）　　　　　　十七日

（8）　　　　十二月十七日，典邓儁　受

（9）　　　　孔　目　判　官“（押）”付

（10）　　　连。　晖　白。

（11）　　　　十八日。

……………………………………………………（缝背署晖）

（三）

（1）　粟　壹　伯　硕

（2）牒：无瑕今有上件粟，请纳充交籴，谨牒。

（3）　　　天宝六载十二月　日行客宋无瑕牒

（4）　付　　判。　元　　感　　示。

（5）　　　　　十七日

（6）　　　　十二月十七日，典邓儁　受

（7）　　　　孔　目　判　官“（押）”　付

(8)　　　　　　　连。　晖　白

(9)　　　　　　　　十八日

……………………………………………………（缝背署晖）

（四）

(1)　　粟　贰　伯　硕

(2)　　右玉芝，今有前件粟充交籴，请处分。

(3)［牒］：件　状　如　前，谨　牒。

(4)　　　　天宝六载十二月日行客王玉芝牒

(5)　　付　判。　元　感　示。

(6)　　　　　　　　十七日

(7)　　　　　　十二月十七日，典邓儁　［受］

(8)　　　　　　孔　目　官"（押）"　付

(9)　　　　　　连。　晖　白。

(10)　　　　　　　十八日。

……………………………………………………（缝背署晖）

（五）

(1)　　粟　贰　伯　硕

(2)牒：庭金今有上件粟，请纳充交籴，谨牒。

(3)　　天宝六载十二月　日行客李庭金牒。

(4)　　付　判。　元　感　示。

(5)　　　　　　　　十七日

(6)　　　　　　十二月十七日典邓儁　受

(7)　　　　　　孔　目　官"（押）"　付。

……………………………………………………（缝背署晖）

（六）

(1)　　粟伍拾硕

(2)牒:钦明有上件粟,今交籴次,请处分。

(3)谨牒。

(4)　　天宝六载十二月　日百姓张钦明牒

(5)　付　判。　元　感　示。

(6)　　　　十七日

(7)　　　十二月十七日典邓儁　受

(8)　　　孔　目　判　官"(押)"　付

(9)　　　连。　晖　白。

(10)　　　　十八日。

……………………………………………(缝背署晖)

(七)

(1)　粟[1]柒拾硕。　小麦叁拾硕。

(2)牒:重进今有前件斛㪷,请充交籴,谨牒。

(3)　　天宝六载十二月　日行客常重进牒

(4)　付　仓　检　纳。　元　感

(5)　示。　　十四日

……元 ………………………………………………

(八)

(1)　粟壹伯硕

(2)牒:庭训今有前件斛㪷,请纳充交籴,谨牒。

(3)　　天宝六载十二月　日兵客[2]曹庭训牒。

[1]文案第7、8、9:这三件文案也可看成是一件,是由长官不按常规处理的文案。骑缝不由判官押署而由长官押署,常重进、曹庭训的请预付匹段牒,都表示这一文案的特殊性。文案都无前缺与后缺,但从交籴自开始至结束的全过程来讲,文案并不完整,前缺后亦缺。凡此种种,我都不能解释,留待进一步研究。

[2]行客与兵客:国家文物局古文献研究室编《出土文献研究续集》载姜伯勤《敦煌新疆文书所记的唐代行客》文中,对"行客"一词解释详备精辟,请读者参看。姜伯勤教授引伯希和在库车(龟兹)区 Dou ldour-âqour 获文书第115号"行客营"一词,客籍兵士可解释本文书中的行客曹庭训,又称兵客曹庭训。读伯勤先生文,颇受教益,附此致敬。

(4)　付　仓　检　纳。　元　感

(5)　示。　　　　　　十四日

……元 ……………………………………………………

（九）

(1)　右重进等,各请上件交籴斛㪷,望请预付匹段。

(2)　其斛㪷,限日填纳。谨连判状如前,请处分。

(3)牒:　件　状　如　前,　谨　牒。

(4)　　　天宝六载十二月　日行客常重进等牒

(5)　　　　　　　　　　　行客曹庭训

(6)　付　判　准　状。　元　感

(7)　示　　　　　　　十七日

(8)　　　　　十二月十七日典邓儁受

(9)　　　　　孔　目　判　官[1]"(押)"付

(10)　　　　连。　晖　白。

(11)　　　　　　十八日

…………………………………………………（缝背署晖）

（十）

(1)　粟壹伯硕

(2)牒:建忠今有前件粟,请纳交籴。请处分。谨牒。

(3)　　天宝六载十二月十日百姓氾建忠牒。

(4)　付　判。　元　感　示

(5)　　　　十八日

(6)　　　　　十二月十七日典邓儁受

(7)　　　　　孔　目　判　官"(押)"付

(8)　　　　连。　晖　白。

(9)　　　　　　十九日

---

[1]孔目官:按《通鉴》卷216"唐玄宗天宝十载"云:

孔目官严庄。孔目官,前吏职也,唐世始有此名;言凡使司之事,一孔一目,皆须经由其手也。

胡三省对"孔目官"的解释如此。

……………………………………………………… 缝背署晖

(十一)

(1)　　粟伍拾硕

(2)牒:仁希今有前件粟,纳充交籴。请处分。谨牒。

(3)　　　天宝六载十二月十日行客"押"康仁希牒。

(4)　　付　判。　元　感　示。

(5)　　　　　　十八日

(6)　　　　　　　十二月十八日典邓儁受

(7)　　　　　　　孔　目　判　官"(押)"付

(8)　　　　　　检　料。晖　白。

(9)　　　　　　　　　　十九日。

(后　缺)

(伯3348背,钤有"豆卢军之印")

8.4 唐天宝年间北庭天山军兵士用粮所支仓帐[1]

（前 缺）

（一）

“会[ ]罗护[2]加破卅五人覆加八人，覆同。及。”

(1)廿 □ 人 蒲 昌 县 界

(2)一 十 九 人 罗 护 镇 界

“会柳中仓加破六人，覆会同，及。”

(3)七 人 柳 中 县 界

“又郡仓支拾日，泰。贰拾肆人，银山[3]全支，及。”

(4)卅 四 人 天 山 县 界。

“支银山仓，及。”

---

〔1〕标题：池田温先生原标题为“唐天宝时代（750）河西天山军兵员给粮文书”。按《元和郡县图志》卷40“陇右道下”云：

庭州北庭。下都护府。

开元二十一年改置北庭节度使。（中略）管（中略）天山军。（西州城内，开元二年置。管五千人，马五百匹。在理南五百里。）（兴按：《旧唐书》卷38《地理志》卷首“北庭节度使”条、《通鉴》卷215唐玄宗天宝元年“置十节度、经略使以备边”条略同）

《唐会要》卷78“节度使（每使管内军附）”云：

至开元十五年三月，又分伊西北庭为两节度。

天山军，置在西州。

据上引史料，天山军属北庭节度使，不属河西节度使。池田氏之“河西天山军”误应作“北庭天山军”。

又按文书内容乃西州境内各地所驻天山军兵士用粮在何仓支给，池田氏所用“给粮”一词虽不误，但不确切。

根据上述考证分析，拟改题为“唐天宝年间北庭天山军兵士用粮所支仓帐”。

〔2〕罗护镇：《新唐书》卷40《地理志》“陇右道伊州伊吾郡”云：

纳职 自县西经独泉（中略），三百九十里有罗护守捉。

罗护守捉当因罗护镇而得名。罗护镇在伊州纳职县城西390里处。

〔3〕银山仓：银山仓当在银山镇。按《新唐书》卷40《地理志》“陇右道西州交河郡”云：“自州西南（中略）百二十里至天山西南入谷，经礌石碛，二百二十里至银山碛。”银山镇当因银山碛而得名，银山镇当在西州城西南约340里处。

(5)一　十　二　人　鸜鸲　镇[1]　界

“郡仓支十五日。”

(6)一　十　人　烧　炭　支　安　昌　仓[2]

“会交河仓,加破及□□人及同。及。二十二人,七人料仓支十日,泰。”

(7)五　十　四　人　交　河　县　界

(8)六　人　白　水　镇[3]　界

又数内天山全支。

“壹阡贰伯陆人,郡仓□支壹拾伍人,及。移拾壹人[　　]参□　　”

(9)□　□　四　百　五　人　郡　城　界

“　□　及。叁拾叁人,天山全支,及。壹拾捌　□　□　人交河仓,及。肆拾叁人支蒲昌　□　一人支天山仓,及。”

(10)　□　奏傔[4]　兵健等破除见在总九百九　□

(11)　□　七人　衙　□

(12)　□　七人　行官奏　□

(13)　□　破　除

(14)　□　人应在见　在

(后　缺)

[1]鸜鸲镇:此镇所在不能确考,但据文书鸜鸲镇驻兵食银山仓粮,则此镇当在银山镇附近处。

[2]安昌仓:按《新唐书》卷40《地理志》“陇右道西州交河郡”云:

自州西南有南平、安昌两城。

据此,安昌仓所在的安昌城在西州州城西南,距州城当不甚远。

[3]白水镇:此镇所在不能确考。但据文书白水镇兵食交河仓粮,则此镇当在交河县境离县城不甚远处。

[4]奏傔:按《唐六典》卷5“兵部郎中员外郎”条云:

凡诸军镇大使副使已上(据《旧唐志》上当作下)皆有傔人别奏以为之使。

大军镇者,使已下傔奏,并四分减一,所补傔奏皆令自召以充。

据此,文书之“奏傔”即《唐六典》之“傔奏”,即傔人别奏之省称。傔人别奏皆为军镇武官个人服役之兵士也。

……………………………………………………………………………

……………………………………………………………………………

（前　缺）

（二）

“□蒲昌仓”

(1) □　人　蒲　昌　县　界

“□陆人柳中给讫，及。”

(2) □　人　柳　中　县　界

“交河仓支，及。”

(3) 四　人　交　河　县　界

“交河仓支，及。”

(4) 一　人　白　水　镇　界

“银山支，及。”

(5) 四　人　天　山　县　界

“天山仓支，及”

(6) □　人　安　昌　仓　支

(7) □　郡　城　界

(8) □　健　儿

(9) □　县　界

(10) □　界

(11) □　界

(12) □　界

（后　缺）

……………………………………………………………………………

(前　缺)

……………………………………………………………………

(三)

“□及。”

(1)　□　界

(2)　□　界

(3)　□　界

(后　缺)

大谷 3354 号,移录自池田温《中国古代籍帐研究》。

8.5　唐安西都护府运粮残文书

原编者说明:本件盖有“安西都护府之印”数方。

此件文书移录自《吐鲁番出土文书》第六册。

(1)□　称得家令寺[1]　□

(2)□　往凉州以西诸州　□

(3)□　运粮致死者　□

(4)□　至件录　□

(中　缺)

(5)□　仓曹被省　□

(6)□　成状□奉　□

(7)□　所有　□

(8)□　勘当　□

(后　缺)

73TAM210:136/2－1、136/2－2

[1]家令寺:唐制,太子东宫官府,见《唐六典》、《旧唐书·职官志》、《新唐书·百官志》等。

9　唐军府营田文书

简要说明

本类文书共23件，其中有明确纪年者两件：即《开元十年伊吾军上支度营田使留后司牒为烽铺营田不济事》、《唐开元十一年状上北庭都护所属诸守捉斸田顷亩牒》。但《新唐书》卷53《食货志》云：

> 唐开军府以扞要冲，因隙地置营田，天下屯总九百九十二。

同文书云：

> 贞观开元后西举高昌、龟兹、焉耆、小勃律，北抵薛延陀故地，缘边数十州戍重兵，营田及地租不足以供军，于是初有和籴。

《新唐志》虽言贞观开元，边土开拓。但"缘边数十州戍重兵"，乃开元以后之事。戍重兵乃有军府"因隙地置营田"。据此，本类文书23件中虽只两件有开元纪年，但可推知多数也是开元年间文书。

《唐西州都督府上支度营田使牒为具报当州诸镇戍营田顷田数事》一文书第4行："柳谷镇兵肆拾人□□□肆顷。"就全文书内容推测，"肆顷"之前不可能有"拾"字，即不可能作十四顷，只能是四顷，因文书第2行记"当州诸镇戍营田总壹拾□顷陆拾 ▭ "，即总营田亩，则一人营田四十亩。这与《新唐书》卷53《食货志》所说的"镇戍地可耕者，人给十亩以供粮"完全一致。唯文书第5行云："白水镇兵叁拾 ▭ 营田陆顷"，则一人营田超过十亩。可能由田地土质不同，耕作有难有易，难易平均，一人可耕种经营十亩。唐代前期，北方及西北方，大约一亩产粮一石，一人耕种十亩，一年收获十石。据《唐六典》卷6"都官郎中员外郎"条，食粮户一人年给米七石二斗，这是最少限度的食粮量。军队营田,一个兵士营种所得,几乎不能自足。开元年间,西北边地战争频繁,能从事营田的兵士不多,营田所得粮以供军者亦有限,不可能解决军粮问题。又《唐开元十年伊吾军上支度营田使留后司牒为烽铺营田不济事》,其第7~10行云。

(7)▭ 无田水。纵有者,去烽卅廿

(8)□□上,每烽烽子只有三人,两人又属警固,近烽不敢

(9)不营,里数既遥,营种不济,状上者。曹判:近烽者,即

(10)勒营种,去地远者,不可施功。当牒上支度使讫。

可见烽铺营田之艰难。烽多在高峰之上,附近不可能有肥沃土地,贫瘠之地亦不多,营种所得未必能满足一烽三人的食用,更谈不上以其所余供应军需了。《新唐书》卷53《食货志》(参《通鉴》卷214"唐开元二十五年"条)所说的"营田及地租不足以供军",吐鲁番唐军队营田文书证实了这一论点。

先师陈寅恪先生在《隋唐制度渊源略论稿》财政章对唐开元年间之和籴论述特详,先生指出"和籴政策为足食足兵之法",大量吐鲁番营田文书证明,地租之外的军队营田亦不能使边军足食。欲足食足兵,舍和籴外,别无良策,此先生之所以论述独详也。

近年读敦煌吐鲁番文书,往往发现新出的史料证明寅恪先生在数十年前关于唐史论述的正确。先生之学经历时间检验而愈显示其光辉照耀人寰。先生为举世景仰的一代儒宗,应如是也。非独先生一人如此,凡以一身系民族学术盛衰之通儒大师,亦莫不如此。今日吾侪读先生之书治先生之学,实为振兴中华民族学术之大事,不宜等闲视之。

以下9.1、9.4~9.23文书移录自《吐鲁番出土文书》第八册;9.2文书移录自池田温著《中国古代籍帐研究》;9.3文书移录自黄文弼著《吐鲁番考古记》。

9.1 唐西州都督府上支度营田使牒为具报当州诸镇戍营田顷亩数事

(1)西州都督府　　　　　牒上　敕[　　]

(2)合当州诸镇戍营田,总壹拾□顷陆拾[　　]

(3)　赤亭镇[1]兵肆拾贰人[营]□□顷;　维磨戍[　　]

(4)　柳谷镇[2]兵肆拾[人]□□□肆顷;　酸枣戍[　　]

(5)　白水镇[3]兵叁拾[　　　]营田陆顷;　曷畔戍兵[　　]

(6)　银山戍[4]兵[　　　]营田柒拾伍[　　]

(7)　　右被□度营田使牒,当州[镇][戍]□亩顷,亩[　　]

(8)　　[戍][兵][　　　][及]营田顷亩[　　]

---

〔1〕赤亭镇:按《新唐书》卷40"地理志陇右道伊州伊吾郡"云:

纳职

自县西经独泉(中略),三百九十里有罗护守捉。又西南经达匪草堆,百九十里至赤亭守捉,与伊西路合。

赤亭守捉当因赤亭镇得名,则赤亭镇在伊州纳职县西南约600里处。又据《吐鲁番出土文书》第四册载"唐西州蒲昌县下赤亭烽帖",则赤亭镇属于蒲昌县。

在岑参的诗中,多处说到赤亭,如《全唐诗》卷198《武威送刘单判官赴安西行营便呈高开府》之"赤亭多飘风,鼓怒不可当"。又如《全唐诗》卷199《天山雪歌送萧治归京》之"北风夜卷赤亭口,一夜天山雪更厚"以及《火山云歌送别》之"火山突兀赤亭口,火山五月火云厚"。又如《送李副使赴碛西官军》之"火山六月应更热,赤亭道口行人绝"。

〔2〕柳谷镇:按《新唐书》卷40《地理志》"陇右道西州交河郡"云:

交河

自县北八十里有龙泉馆,又北入谷百三十里,经柳谷(中略)至北庭都护府城。

据此,柳谷镇在西州交河县北约210里处。

〔3〕白水镇:按池田温著《中国古代籍帐研究》载大谷334号文书。文书中之一行云:

"交河仓支,及。"

一人白水镇界

驻白水镇兵士的食粮由交河县仓支给,可见白水镇在西州交河县境内。

〔4〕银山戍:按《新唐书》卷40《地理志》"陇右道西州交河郡"云:

自州西南(中略)百二十里至天山西南入谷,经礌石碛二百二十里至银山碛。

银山戍应因银山碛而得名,则银山戍在西州州城约340里处。

(9) 方亭戍[1] □ 谷戍 狼井 □

(10) 右 □

(11) 牒:被牒称: □

(12) 格令斷 □

(13) 者 □

(14) 存 □

(后 缺)

72TAM226:51

9.2 唐开元年间西州屯营田收谷计会

(前 缺)

(1) □八十顷,收率得干净麦粟床总

(2) □千三百八十一石五斗八升五合。

(3) □千三百一十五石六斗青 稞。

(4) 千二百廿 一 石小麦。

(5) □ 千七百廿三石六斗六升四合粟。

(6) □ 一百廿一石三斗二升一合床。

(7) 七十二石六斗,天山屯营田五十顷收。

(8) 三百一十五石六斗青稞。

[1]方亭戍:按日本《东方学报》33册载日比野丈夫著《唐代蒲昌府文书研究》引录蒲昌府文书:

四六 宁第九页

赤亭镇 牒蒲昌府

方亭戍刘吃木 狼泉毛宝本

赤亭康思礼(已上倚团) 小岭张车相(身死)

得牒送今月应上兵,依检前件人牒注倚

团及身死。又检前牒,此色并合差替者。蒲

昌府牒注刘吃木等倚团及身死,承前既合

差替,今牒不送,牒速差替送镇。

据此,方亭戍兵刘吃木乃蒲昌府卫士,则方亭戍距蒲昌府应不甚远,推测应在蒲昌县境内。

(9) □廿一石小麦。

(10) □卅六石粟。

(11) 八石九斗八升五合,柳中屯[1]营田卅顷收。

(12) 一百廿一石三斗二升一合床。

(13) 八十七石六斗六升四合粟。

……………………………………………………

(后　缺)

(背面)

(1)问监来之时,并□

(2)今屯收率[2]有欠,即合均征□

(3)纳了。

(大谷 3768－2)

9.3　唐开元年间伊州吾军屯田文书

(一)

(前　缺)

(1) □远军界

(2) □五十亩种豆、一十二亩□检校健儿焦思顺

---

〔1〕天山屯、柳中屯:按《唐六典》(南宋本)卷7《工部》"屯田郎中员外郎"条记载天下诸军州管屯总九百九十有二,其中有天山一屯,但无柳中屯,此件文书载有柳中屯,可补史籍之缺。

同上书又云:

[诸屯]大者五十顷,小者二十顷。

《通典》卷2《食货二》"屯田"云:

大唐开元二十五年令:诸屯(中略)隶州镇诸屯者,每五十顷为一屯。

此件文书记载天山屯五十顷,为一大屯,柳中屯三十顷,比小屯多十顷,可能由于当屯田土稍宽,但又不足五十顷,故比小者多十顷,仍是小屯也。

〔2〕收率:按《新唐书》卷53《食货志》记述"屯田"云:"诸屯以地良薄与岁之丰凶为三等,具民田岁获多少,取中熟为率。"我认为文书中的"收率"收指此,以民田中熟收获量为准,较此收获量高者为第一等,与此收获量相同者为第二等,较此收获量少者为第三等。"收率"与屯官之考课有关,即《通典》卷2所云"[其屯官]据所收获等级为功优"是也。

(3)　　　　□　三亩种豆、廿亩种麦,检校健儿成公洪福。

(4)　　　　□　用□水浇溉。

(5)　　　　□　　　　军　　　　界

(6)　　　　□　亩。苜蓿烽[1]地伍亩,近屯。

(7)　　　　□　都罗两烽,共五亩。

(8)　　　　□　烽铺近屯,即侵屯。

(后　缺)

(二)

(前　缺)

(1)朝请大夫使持节伊州诸军事守伊州刺史兼伊吾军　□

(2)　□　月　廿　四　□

(后　缺)

钤有"伊吾军之印",移录自黄文弼《吐鲁番考古记》。

9.4　唐开元十年(722)伊吾军上支度营田使留后司牒为烽铺营田不济事

原编者说明:本件盖有朱印两处,印文为"伊吾军之印"。另背面有残痕。

(前　缺)

(1)□　状称讠□亻□　□

[1]苜蓿烽:疑"苜"为"苜"字之误书,苜蓿连读为词,唐人诗文中常见。如岑参《题苜蓿峰寄家人》一诗(见《全唐诗》卷201)之首句:"苜蓿峰边逢立春",此苜蓿峰可能即在伊州附近。据《全唐诗》199岑参《优钵罗花歌》序云:

天宝庚申岁,参忝大理评事,摄监察御史,领伊西北庭度支(兴按:应作支度)副史。

《全唐诗》卷198岑参《青龙招提归一上人远游吴楚别诗》有句:

往年仗一剑,由是佐二庭。

应是岑参自述其仕途也。

据上引史料,可知岑参曾在伊州居住,其诗句中之苜蓿峰应在伊州附近。文书中的苜蓿烽当因苜蓿峰而得名。

(2)□□□ 属警固,复奉使牒,烽铺子[1]不许

(3)□□□ 功,各渐斸种前件亩数如前者。然烽铺

(4)□□□ 少差失,罪即及身,上下怕惧,专忧

(5)□□□ 数少,又近烽地水不多,不

(6)□□□ 隐没垅亩,求受重

(中　略)

(7)□□□ 无田水。纵有者,去烽卅廿

(8)□□上,每烽烽子只有三人,两人又属警固,近烽不敢

(9)不营,里数既遥,营种不济,状上者。曹判:近烽者,即

(10)勒营种,去地远者,不可施功。当牒上支度使讫。至

(11)开十闰五月廿四日,被支度营田使留后司五月十八□

(12)牒称:伊吾军[2]牒报□□□□烽多无田水,纵□□□

---

〔1〕烽铺子:按《吐鲁番出土文书》第八册载《唐伊吾军牒为申报诸烽铺斸田所得斛斗数事》一文书记有柽䭾烽,又记有乌谷铺,可见烽铺为两种不同的基础军事组织。此件文书中的"烽铺子"应是烽子铺子的省称。

何谓烽?何谓烽子?按唐李筌《太白阴经》卷5《烽燧篇》云:

> 经曰:明烽燧于高山四望险绝处置。无山,亦于平地高迥处置,下筑羊马城,高下任便。常以三五为准。台高五丈,下阔三丈,上阔一丈,形圆,上盖圆屋覆之。屋径阔一丈六尺,一面跳出三尺,以板为之。上覆下栈,屋上置突灶三所,台下亦置三所。并以石灰饰其表里。复置柴笼三所,流火绳三条,在台侧上下,用软梯上收下垂。四壁开孔望贼,及安置火筒。置旗一面、鼓一面、弩两张、炮石、垒木、停水瓮、干粮、生粮、麻缊、火钻、火箭、蒿艾、狼粪、牛粪。每夜平安举一火,闻警举二火,见烟尘举三火,见贼烧柴笼。如早夜平安火不举,即烽子为贼所捉(兴按:此二字据《通典》卷152,原书作"提",非是)。一烽六人,五人烽子,递知更刻,观望动静。一人烽率(兴按:此字据《通典》卷152,原书作"卒",非是。率同帅),知文书符牒传递。

烽及烽子的解释如上。同上引书《马铺土河篇》云:

> 经曰:每铺相去四十里,如驿近远,于要路山谷间牧马两匹,与游弈计会,有事警急,烟尘入境,则奔驰相报。

铺的解释如此,但未言铺子。

〔2〕伊吾军:按《元和郡县图志》卷40"陇右道下伊州"云:

> 伊吾军,在州西北三百里折罗漫山北甘露川置,刺史为使,景龙四年置。(《新唐书》卷40《地理志》同)

同上引书"北庭节度使"云:

> 伊吾军　伊州西北三百里甘露川,景龙四年置,管兵三千人,马三百匹,在理所东南五百里。

(13)有[者],＿＿薄恶不任□称人力不＿＿

(14)＿＿[言]不可固,即非＿＿

(后　缺)

72TAM226:5354

9.5　唐伊吾军典张琼牒为申报斸田斛斗数事

原编者说明:本件原是拆自一纸靴的4片。据内容、书法及骑缝背面押字,拟为一件。(三)段盖有残印,尚存"伊吾"二字可辨。本件纪年已缺,据(一)段第1行背面骑缝押"三百一十九悊",下件《唐开元某年伊吾军典王元琮牒》第17～18行间骑缝背面押"三百卌□匚[悊]"押字为同一人,数列在前,今列于下件之前。

……………………………………………………………………〔1〕

(一)

(1)＿＿[得]子贰拾玖硕玖㪷伍胜肆合

(2)＿＿[陆]　合　豌＿＿

(后　缺)

72TAM226:66(a)

(二)

(前　缺)

(1)叁硕玖㪷贰胜伍合[豌]＿＿

(2)陆硕玖㪷[陆]＿＿

(3)[柒]＿＿

(后　缺)

72TAM226:67

〔1〕背面骑缝处押"三百一十九[悊]"6字,并盖有"伊吾□□□"印。——原编者注

（三）

（前　缺）

（1）▭　捌拾陆硕壹㪷肆胜肆合

（2）　　　　壹拾　▭

（后　缺）

72TAM226:68

（四）

（前　缺）

（1）　　　　▭　九日

（2）　　　　▭　日典张琮牒

（3）　　　　▭

（4）　　　　　九日

72TAM226:71(a)

………………………………………………………………………………[1]

9.6　唐开元某年伊吾军典王元琮牒为申报当军诸烽铺斸田亩数事

………………………………………………………………………………[2]

（1）□□□　状上

（2）合当军诸烽铺，今年斸田总壹顷　▭

（3）　　　　陆　拾　▭

（4）　玖拾伍亩　▭

（5）　　陆拾亩　▭

（6）　　速独、高头等两　▭

（7）　　阿查勒种粟壹　▭

〔1〕背面骑缝处押"三□廿"。——原编者注

〔2〕背面骑缝处押"三百 ▭"。——原编者注

(8)　　[泥]熟烽种豆壹□

(9)　叁拾伍□

(10)　　速独烽种豆陆亩共下[子]□

(11)　　故亭烽种床陆亩亩别下□

(12)　　青山烽种豆伍亩亩别下子□

(13)　贰拾肆亩见□

(14)　　柽堆烽捌亩　花泉烽陆[亩]□

(15)　　　右被责当军诸□

(16)　　　上听裁

(17)牒：件　状　如　前，谨　□

……………………………………………………〔1〕

(18)　　　　　开□日典王元琮牒

72TAM226:64(a),69(a)

9.7　唐检勘伊吾军斸田顷亩数文书

原编者说明:本件内典张琼亦见于本墓5《唐伊吾军典张琼牒》,纪年亦应相近。

(前　缺)

(1)　　　　使通□军使上柱国贾□

(2)　　　　　　　　□[日]典张琼□

(3)　　　检注

(4)　　　依检与前报数[同],[典]张琼检。

(5)　　　　　　　伊吾军斸田数勘与□

(6)　　通同,记。咨休如白。

(7)　　　　　　六日

〔1〕背面骑缝处押"三百卅□□惁"。——原编者注

（后　缺）

72TAM226:57

9.8　唐北庭都护支度营田使文书

原编者说明：本件纪年已缺，北庭都护杨楚客，检吴廷燮《唐方镇年表》未见，疑本墓3《唐开元十年残状》中之“杨大(夫)”，但无确据。

（前　缺）

(1)　[副]使游击[　]

(2)　朝请[大]夫检校北庭副都护[兼][　]

(3)　中散文夫[　　]上柱国周[　]

(4)[　]副大使银青光禄大夫检校北庭都护□□营田等使上柱国　杨楚客

(5)[　]如

(6)□[吾]军未报。典康元。又检神状主帅王□冚通。典康元。

(7)　神□冶其所重田军报不

(8)　涉欺[隐][　]

（后　缺）

72TAM226:58

9.9　唐伊吾军牒为申报诸烽铺斸田所得斛斗数事

原编者说明：本件盖有“伊吾军之印”。

（一）

（前　缺）

(1)柽塠[烽][粟][　]

……………………………………………………………

(2)乙耳烽床肆亩,耒[1]得子叁硕斗叁 □

(后　缺)

(二)

(前　缺)

(1)□ 亩　耒得子 □

(2)□　耒得子叁硕 □

(后　缺)

(三)

(前　缺)

(1)乌谷铺豌豆 □

(2)骨咄禄铺豌豆伍 □

(四)

(前　缺)

(1)右件案内上件斸田,各得所由状,并耒讫,具斛耒数如前。又

(后　缺)

72TAM226:84、86/1、86/2、86/3

(五)

(前　缺)

(1)□ 彳□ □

(2)□ 同检耒得前件烽斸田斛㪷 □

(后　缺)

72TAM226:86/4

---

〔1〕耒:本件文书中出现过5次。关于“耒”字的涵义,请读者参阅本书10.9载《唐永泰元年至大历元年河西巡抚使判集》一文书的注释,于此不赘述。在这件文书第一段第2行“耒得”即收获,文书第二段第1、2两行的“耒得”文义相同。文书第四段第1行“并耒讫”,意为收获完毕。文书第5段第2行“耒得”即收获。

9.10 唐伊吾军上西庭支度使牒为申报应纳北庭粮米事

原编者说明：本件盖有“伊吾军之印”两方。

(1)敕伊吾军　　　牒上西庭支度使

(2)合军州应纳北庭粮米肆阡硕。(叁阡捌伯伍拾叁硕捌斗叁胜伍合，军州前后检纳得。肆拾叁硕壹斗陆胜伍合，前后欠不纳。)[1]

(3)　　壹伯玖拾柒硕纳伊州仓讫。叁阡陆伯肆拾陆硕捌斗叁胜伍合纳军仓讫。

(后　缺)

72TAM226:5(a)

9.11 唐伊吾军诸烽铺收贮粮食斛斗数文书一

原编者说明：本件盖有“伊吾军之印”。

(前　缺)

(1)[ ]壹合，贮在诸烽，见在。

(2)[ ][合]豆，伊地具烽。捌硕壹斗玖胜[肆][合][ ]

(3)[ ][铺]。玖硕柒斗玖胜[壹][ ]

(中　缺)

(4)叁硕玖斗贰胜伍合豆，波色多烽。壹硕贰斗陆胜肆合床，故亭烽。

(中　缺)

[1]此处的数字不合，应纳北庭粮4000硕，但已纳及欠纳二者相加只3897硕，相差103硕。已纳者中，纳伊州仓和纳军仓二者相加只3843硕8斗3升5合，比已纳数少10硕，不知何故？是否其中有粮米折合问题，或为书写者失误？

(5)□[陆]胜床,明[烽]。

(后　缺)

72TAM226:85/1、85/2、85/3

9.12　唐伊吾军诸烽铺收贮粮食斛斗数文书二

原编者说明:本件原是拆自一纸靴的3片,因书法与纸色相同,拟为一件。

(一)

(1)伊□

(后缺)

72TAM226:56/1

(二)

(前　缺)

(1)□[玖]合豆贮□

(2)□贮在故亭烽

(3)□收附

(后　缺)

72TAM226:56/2

(三)

(前　缺)

(1)□[讫],各牒所[由]□

(2)□[假]谁敢

(3)□牒

72TAM226:56/3

9.13　唐纳职守捉使[1]屯种文书

(1)▭纳职守□使牒称:□铺▭

(2)▭一十一▭[屯][种]▭

(3)▭一▭

（后　缺）

72TAM226:87/1、87/2

9.14　唐伊吾军诸烽铺营种豆床文书

原编者说明:本件盖有“□□军之印”。

（前　缺）

(1)▭孚附

(2)▭伊地具烽。

(3)▭合豆,柳头烽。

(4)▭贰胜床,明烽。

（后　缺）

72TAM226:55

---

〔1〕纳职守[捉]使:按《元和郡县图志》卷40“陇右道下伊州”云:

纳职县,下。东北至州一百二十里。贞观四年置。其城鄯善人所立,胡谓鄯善为纳职,因名县焉。

《新唐书》卷50《兵志》云:

其军、城、镇、守捉皆有使。

《唐会要》卷78“节度使(每使管内军附)”云:

大斗军,本是守捉使,开元十六年,改为大斗军焉。

据上引史料,纳职守捉即置于纳职县,而守捉有使,故称为纳职守捉使。

《新唐书》卷40《地理志》“陇右道伊州”条记载纳职县境内守捉甚多,但无纳职守捉。史籍有脱漏,文书可补史。

9.15　唐西州都督府所属镇戍营田顷亩文书

原编者说明：本件与上件《唐西州都督府上支度营田使牒》的字迹、内容均同，但柳谷镇、银山戍并与上件重出，似非一件。

（前　缺）

(1)▭　柳谷镇[肆]　▭

(2)□□亩。　　银山[戍]捌拾　▭

(3)▭　[具]顷[亩]如　▭

(4)□□戍　礌石戍[1]　[苦]水　▭

(5)▭　可营。

（后　缺）

72TAM226:52

9.16　唐送纳兵粮牒

（前　缺）

1　▭　[送][纳]天[山]　▭

2　▭　镇，便充兵粮　▭

（后　缺）

72TAM216:012/9

9.17　唐北庭诸烽斸田亩数文书

（前　缺）

(1)　野　▭

〔1〕礌石戍：按《新唐书》卷40《地理志》"陇右道"云："西州交河郡，自州西南（中略）百二十里至天山西南入谷，经礌石碛。"礌石戍当因礌石碛而得名，在州西南一百数十里处。

(2)耶勒守捉[1]界耶勒[烽]□

(3)　乾坑烽床，伍亩□

(4)　　　白粟叁亩　共刈得[贰]□

(5)　桎林烽床，伍亩，[共]□

(6)　　　白粟贰[亩]□

（后　缺）

72TAM226:65

9.18　唐支度营田使下管内军州牒

(1)支度营田使

(2)　管内军州

(3)牒：准　　旨，诸军州所须□

(4)支度使处分，□

（后　缺）

72TAM226:60

9.19　唐上支度营田使残牒

（前　缺）

(1)□守

（中　缺）

(2)□频牒不到□

(3)□状牒上支□

（后　缺）

72TAM226:77/1、77/2

---

〔1〕耶勒守捉、耶勒烽：按《新唐书》卷40《地理志》"陇右道"云：

北庭大都护府，本庭州。

自庭州西延城西六十里有沙钵城守捉，又有冯洛守捉，又八十里有耶勒城守捉。耶勒守捉即耶勒城守捉的省称，在庭州西140里处，耶勒烽当亦在此处。

9.20　唐支度营田使残文书

（前　缺）

（1）□　支度营田使

（后　缺）

72TAM226:89

9.21　唐斸田残文书

（前　缺）

（1）□　报曲康[1]　□

（2）□　斸田　□

（3）□　州去　□

（4）□　孚　□

（后　缺）

72TAM226:90

9.22　唐残营田名籍

原编者说明:本件(一)段第1行有“种豆”字,本墓所出多镇戍兵营田事,故拟为营田名籍。

（一）

（前　缺）

（1）　□　种豆　□

（2）　□　杨石生

（后　缺）

〔1〕“康”字残存上半,也可能是“唐”字,本墓8《唐北庭都护支度营田使文书》见“典康元”,今姑作“康”。——原编者注

72TAM226:78/1

（二）

（前　缺）

（1）□　张智成

（2）□　[李]义恽

（3）□　儿杨石生

（4）□　检校健[儿]　□

（后　缺）

72TAM226:78/2

9.23　唐开元十一年(723)状上北庭都护所属诸守捉斸顷亩牒[1]

原编者说明：本件纪年残存"一年七月□牒"，"一"上缺字非"十"即"廿"，唐代前期纪年达11年或21年者，唯贞观、开元及天宝，贞观时尚无北庭都护，天宝称载不称年，知此为开元之十一年或廿一年无疑。据本墓2《唐开元十年伊吾军牒》，亦叙烽铺斸田事，今拟为开元十一年。另本件有残印痕，印文不可辨识。

（前　缺）

（1）□　白粟　叁拾伍　□

（2）□　[俱]六守捉并床　□

（3）□　[神]山守捉并麦　□

〔1〕文书标题：标题文义不够明确。"状上"云云，何人或何官府状上？上于何人或何官府？从标题上都看不出来。再三研读这一残文书，我认为：今所存者"北庭都护"云云为状尾，上状者显然是北庭都护府。按《通典》卷2《食货二·田制下》"大唐开元二十五年令"云：

诸屯（中略）应置者，皆尚书省处分。

据此，屯田的最高领导者为尚书省，即尚书省工部屯田曹。则此文书乃北庭都护府为营田事上尚书省工部之状也。

（4）□ 凭洛守捉[1]并[床] □

（5）□ 前件斸田 □ 状

（6）□ 顷亩到日 □ 上

（7）□ 一年七 月 □ 牒

（8）□ [郎]行仓曹参[军] □

（9）□ 州和政府[2]折冲[都] □

（10）□ 只府崇信府[3]折 □

（11）□ [北][庭][副][都][4]兼□使赐紫金 □

（12）□ 光禄大夫检校[北]庭都护兼经[略] □

八月

72TAM226:83/1、83/2、83/3

---

〔1〕俱六守捉、神山守捉、凭洛守捉：按《新唐书》卷40《地理志》“陇右道”云：

北庭大都护府，（中略）南有神山镇。自庭州西延城西六十里有沙钵城守捉，又有冯洛守捉，又八十里有耶勒城守捉，又八十里有俱六城守捉。

《元和郡县图志》卷40“陇右道下”云：

庭州，（中略）长安二年改置北庭都护府，按三十六蕃，开元二十一年改置北庭节度使。

俱六镇（在州西二百四十里，当碎叶路）。

凭落镇（在府西三百七十里。）。

神仙镇（在府南五十里，当西州路）。

按《元和郡县图志》之“凭落”镇即《新唐志》之“冯洛”，亦即文书之“凭洛”。《元和郡县图志》之“神山”即《新唐志》和本件文书的“神仙”。3个守捉皆因3个镇而得名，俱在庭州境内。

〔2〕和政府：按《新唐书》卷40《地理志》“陇右道”云：岷州和政郡。有府三：曰祐川、临洮、和政。”据此，和政折冲府在岷州，应在和政县境内。

〔3〕崇信府：罗振玉著《唐折冲府考补》附未知隶何道州府云：

崇信　唐刘庭训墓志，迁崇信、怀音二府长上折冲都尉。

〔4〕“北庭副都”下脱“护”字。——原编者注

9.24 唐[1]河西支度营田[2]使营田户[3]给谷簿

（前　缺）

---

〔1〕文书的年代:《敦煌吐鲁番文献研究论集》第2辑载姜伯勤教授著《上海藏本敦煌所出河西支度营田使文书研究》,对这一文书的研究颇为周详,并有创新见解,请读者参阅。对这一文书的年代,姜伯勤教授定为约在760(唐肃宗上元元年)—789年(唐德宗贞元五年)之间。

在上述姜伯勤教授的论文中,他对这件文书的性质有以下论述:"总之,改定为766—789年的前件上海藏卷,反映了河西营田由镇戍兵屯田转变为用僦募方式招农民强户营田的这一历史转折,不管僦募方式作为募兵制带来的征候只是昙花一现,但招农民强户营田的趋势却有加无已。这个趋势不仅开启了吐蕃在沙州继续置'营田官'而推行营田的局面,也开启了归义军节度使兼营田使并设置'都营田'等职的局面。"

〔2〕营田者,给粮为年给,这也是姜伯勤教授在上述文章提出的意见。这一意见是符合文书记载的实际的,是正确的。

〔3〕营田户:这是宋白提出的名称(见《通鉴》卷248"唐宣宗大中三年诏"后胡三省注引宋白语)。这一文书所载正是营田户给粮。这些营田户是按户给粮的,而这一点反映了营田户的身份。据《唐六典》卷3《户部》"仓部郎中员外郎"条云:

> 凡在京诸司官人及诸色人,应给仓食者,皆给贮米。本司据现在供养。九品以上给白米。流外长上者,外别给两口粮。诸牧监给五口粮,牧长四口粮。
>
> 两口准丁,余准中男给。
>
> 诸牧监兽医上番日给,卫士防人以上征行若在镇及番还,并在外诸监关津上番日给。土人任者若尉史并给身粮。
>
> 诸官奴婢皆给公粮。其官户上番充役者亦如之。

《唐六典》卷6《刑部》"都官郎中员外郎"条云:

> 凡配官曹,长输其作,番户杂户,则分为番。男子入于蔬圃,女子入厨膳,迺甄为三等之差,以给其衣粮也。
>
> (上略)其粮,丁口日给二升,中口一升五合,小口六合。诸户留长上者,丁口日给三升五合,中男给三升(一本作二升)。

据上引唐给粮制,一般身份及较高身份者,都是给予个人,而不是给全户。牧尉给五口粮,牧长给四口粮,也只是对他们个人的酬劳,因牧长"以六品已下子、白丁、杂色人等为之",牧尉"以散官八品已下子为之"(以上均见《唐六典》卷17《太仆寺》"诸牧监"条)。总之,他们之中多数人身份稍高,从事畜群的管理放牧,颇多艰辛,又无俸禄,故给予4口粮及5口粮以酬劳之。流外长上者,也有类似情况。这和全家由官府给粮以糊口是不同的。全家由官府给粮以糊口的番户,应该肯定还有官奴婢,总之,都是身份低的或较低的。

根据上述分析,我认为这一文书中记载的由官府给粮以糊口的营田户,也是身份较低的,他们是因罪流徙到边疆来的。上文引《通鉴》卷248胡注引宋白语又有史臣曰:

> 其后中原兵兴,民户减耗,野多闲田,而治财赋者如沿边例开置,名曰营田。行岁久,不以兵,乃招致农民强户,谓之营田户。复有主务败缺犯法之家,没纳田宅,亦系于此。自此诸

(未完,转下页)

"捌"　　　　"伍"

(1)户唐定兴卌三　妻张十九　计壹拾叁硕(小麦肆硕　青麦叁硕　豆叁硕　粟壹硕　床壹硕捌㪷　麻子贰㪷)

"捌"　　　　"伍"　　　"伍"

(2)户安庭晖卌一　妻问卌一　男元敬十四

"伍"　　　"肆"　　　"叁"　　　"贰"

(3)男元振十一　男元兴六　男元德五　女德娘二　计叁拾贰硕(小麦捌硕　青麦柒硕　豆柒硕　粟叁硕　床陆硕叁㪷　麻子柒㪷)

"捌"　　　　"伍"　　　"伍"　　　"叁"

(4)户索文端年卌六　妻康卌一　女大娘廿一　女乞德六

(5)计贰拾壹硕(小麦陆硕　青麦叁硕　豆伍硕　粟贰硕　床肆硕陆㪷)

(接上页注〔3〕)

道皆有营田务。

在《通鉴》同卷唐宣宗的诏令中,也说"自今京城罪人应配流者皆配十处"。可见因罪流放到西北的刑徒,有参加营田而成为营田户的。我认为这件文书记载的官府给粮的营田户,应是这些身份较低的罪犯刑徒。

犯法刑徒流放在边远地区,而且是全家流放的,唐律亦有明文规定。《唐律疏议》卷3《名例律犯流应配》条云:

诸犯流应配者,三流俱役一年,妻妾从之。父祖之孙欲随者,听之。

《唐律疏议》卷1《名例律》云:

流刑三:二千里,二千五百里,三千里。

《唐六典》卷6《刑部》"都官郎中员外郎"条略云:

凡反逆相坐,没其家为奴婢。

反逆家男女奴婢没官,皆谓之官奴婢。

据上引,犯流罪者流放到边远地区,其中当然也应包括当家的奴婢。没为官奴婢之家,当家的奴婢同时没官。流人之妻妾从,奴婢也当然要从之。这件文书中所记营田户全家,其来源应即是上述流人之家,其中也包括"主务败缺犯法之家"。

根据上述分析,这件文书所记4户有奴婢之家,他们的主人的身份与他们的低贱身份相近,所以,同样由官府给粮以糊口。当然,由犯法刑徒构成的营田户只是营田户的一部分。营田户中包括各种不同身份的人。

“捌”　　“伍”　　“柒”　　“伍”

(6)户李光俊卅九　妻刘卅一　男进通十六　男日进十二

“肆”

男进贤十

“肆”　　“叁”　　“肆”　　“贰”　　“伍”

(7)男进玉七　男太平佐　女娥娘十一　女宠娘二　婢具足卌一

“伍”　　“叁”　　“肆”

(8)婢香女五十八　奴胡子四　奴来吉八

(9)计伍拾玖硕(小麦拾陆硕　青麦壹拾壹硕　豆壹拾贰硕　粟陆硕　麻子壹硕叁㪷　床壹拾贰硕柒㪷)

“捌”　　“伍”

(10)户骆元俊卌一　妻张卌六　计壹拾叁硕(小麦肆硕　青麦叁硕　豆叁硕　粟壹硕　床壹拾壹硕捌㪷　麻子贰㪷)

“捌”　　“伍”　　“叁”　　“叁”

(11)户陈崇之五十六　妻张卌一　女九娘九　女什娘六

“贰”

女什一娘二

(12)计贰拾壹硕(小麦陆硕　青麦肆硕　豆伍硕　粟壹硕　床肆硕伍㪷)

“伍”　　“伍”　　“伍”　　“叁”

(13)户马九娘卅八　男惟贤十四　男惟振十二　女耽耽六

“贰”

女华华三

(14)计贰拾硕(小麦肆硕　青麦叁硕　豆肆硕　床伍硕伍㪷　麻子伍㪷)

(15)户曹进玉卅六　妻贺卅一　弟进成卅一　妻孟卅一

“新”

女娘子四　女足娘一　女妃娘一

“柒”　　“伍”　　“伍”　　“叁”　　“贰”

（17）户王子进十五　妻画十五　母徐卅　妹娇娘九　妹美娘五

“伍”　　“叁”　　“叁”“新”

（18）婢细柳卅四　奴昆仑二　弟子玉一

（19）计叁拾叁硕（小麦玖硕　青麦叁硕　豆肆硕　粟伍硕　床玖硕贰㪷）

“陆”　　“伍”　　“捌”　　“伍”

（20）户张元兴七十八　妻吴卅六　男钦余卌九　妻吴卅六

“捌”

孙男庭言十九

“伍”　　“伍”　　“叁”

（21）男妻徐五十六　孙男庭俊十四　男买买二

（22）计四十捌硕（小麦壹拾肆硕　青麦玖硕　豆壹拾壹硕　粟伍硕　床捌硕壹㪷　麻子玖㪷）

“捌”　　“伍”　　“伍”　　“肆”

（23）户康敬仙卅六　妻石卅二　姊大娘五十六　女什二娘

“叁”

十一　女毛毛九

“伍”　　“肆”　　“贰”　　“叁”“新”

（24）女妃娘十五　男进兴六　女娘子四　男进光一

（25）计叁拾玖硕（小麦壹拾硕　青麦陆硕　豆玖㪷　粟叁硕　床壹拾硕壹㪷　床子玖㪷）

“捌”　　“伍”　　“肆”　　“肆”

（26）户冯毛奴卌三　妻赵卅六　女底底十一　男卿卿八

“叁”

男太平五

“叁”　　“叁”“新”

（27）男谈谤二　男汉信一

(28)计叁拾硕(小麦玖硕　青麦伍硕　豆捌硕　粟壹硕　床陆硕叁㪷　麻子柒㪷)

“陆”　　　　“伍”

(29)户曹典昌六十二　妻毛卌一　计壹拾壹硕(小麦叁硕　青麦贰硕　豆贰硕　粟贰硕　床壹硕捌㪷　麻子贰㪷)

“捌”　　　“伍”　　　“伍”　　　“贰”“新”

(30)户姜忠勗卅一　妻荆廿一　母李六十一　女性娘一

(31)计贰拾硕(小麦伍硕　青麦肆硕　豆肆硕　粟贰硕　床肆硕陆㪷　麻子肆㪷)

“捌”　　　“伍”　　　“捌”　　　“伍”

(32)户徐游岩卌六　妻王卅六　弟游晟卅三　妻李廿一

“叁”

男伏奴二

(33)计贰拾玖硕(小麦玖硕　青麦陆硕　豆柒硕　粟贰硕　床肆硕伍㪷　麻子伍㪷)

“捌”　　　“伍”　　　“叁”　　　“贰”“新”

(34)户高加福卌六　妻贺卅六　男英岳四　女满娘一

(35)计壹拾捌硕(小麦伍硕　青麦肆硕　豆肆硕　粟壹硕　床叁硕陆㪷　麻子肆㪷)

“捌”　　　“伍”　　　“叁”　　　“叁”

(36)户张钦□卌五　妻翟卅四　女丑丑九　男进业五　女

“贰”“新”

相相一

(37)计贰拾壹硕(小麦陆硕　青麦肆硕　豆伍硕　粟壹硕　床肆硕伍㪷　麻子伍㪷)

“捌”　　　“伍”

(38)户梁升云卅六　妻齐廿一　计壹拾叁硕(小麦肆硕　青麦叁硕　豆叁硕　粟壹硕　床壹硕捌㪷　麻子贰㪷)

“捌”　　　“伍”　　　“柒”　　　“伍”

(39)户宋光莘卌四　妻程卅四　男海逸十五　妻曹十八

“伍”

男海保十一

“肆”　　“叁”　　“伍”　　“伍”

(40)男海通七　男平平五　女贤娘十八　婢妙相卅五　奴

“肆”

紧子六

“贰”　　“叁”“新”

(41)婢花子四　奴鹘子一

(42)计伍拾陆硕(小麦壹拾伍硕　青麦玖硕　豆壹拾壹硕

粟柒硕　床壹拾贰硕捌𣁾　麻子壹硕贰𣁾)

“捌”　　　“伍”　　　“捌”　　　“伍”

(43)户吴庭光卌九　妻冯卅六　男琼滔六　妻李廿一　弟

“捌”

庭俊卅六

“伍”　　“伍”　　“伍”　　“叁”

(44)妻李廿六　母索七十六　男不深十一　女性娘八　女

“叁”

性性十

“叁”　　“肆”　　“贰”　　“贰”　　“叁”

(45)男琼岳五　男琼英八　女盐娘四　女胜娘三　姪男琼

秀二

“叁”　　“伍”　　“肆”

(46)孙男明鸾二　婢善女卅一　奴超超六

(47)计捌拾壹硕(小麦贰拾贰硕　青麦壹拾肆硕　豆壹拾玖

硕　粟陆硕　床壹拾捌硕贰𣁾　麻子壹硕捌𣁾)

“捌”　　“伍”

(48)户曹奉进卅一　妻氾卅六　计壹拾叁硕(小麦肆硕　青

麦三头　豆叁硕　粟壹硕　床壹硕捌㪷　麻子贰㪷)

"捌"　　"伍"　　"叁"　　"叁"

(49)户张奉章卌一　妻唐卅九　女洛洛九　男荣国四

(50)计壹拾玖硕(小麦陆硕　青麦叁硕　豆伍硕　粟壹硕　床叁硕陆㪷)

"捌"　　"伍"　　"捌"　　"伍"

(51)户石秀林卌一　妻曹卅四　弟秀玉卅一　妻曹十六

"肆"

女什五年十一

"叁"

(52)女壮严九　计叁拾叁硕(小麦壹拾硕　青麦柒硕　豆捌硕　粟贰硕　床伍硕肆㪷)

"伍"　　"伍"　　"叁"　　"叁"

(53)户张汉妻孔卅一　母索六十一　男进兴四　男进玉二

(54)计壹拾陆硕(小麦肆硕　豆肆硕　粟贰硕　床伍硕陆斗　麻子肆㪷)

"捌"　　"伍"　　"肆"　　"贰"

(55)户郭怀德卅四　妻安卅五　男承俊六　女美娘四　男

"叁""新"

君君一

(56)计贰拾贰硕(小麦陆硕　青麦伍硕　豆伍硕　粟壹硕　床肆硕伍㪷)

"捌"　　"伍"　　"肆"　　"叁""新"

(57)户安庭玉卅六　妻韩卅一　女㕞㕞十一　男善奴一

(58)计贰拾硕(小麦陆硕　青麦肆硕　豆伍硕　粟壹硕　床叁硕陆㪷　麻子肆㪷)

"捌"　　"伍"　　"叁"　　"叁"

(59)户张令皎卌三　妻王卅三　女皈娘九　男嗣加四

(60)计壹拾玖硕(小麦陆硕　青麦叁硕　豆伍硕粟壹硕　床

·欧·亚·历·史·文·化·文·库·

叁硕陆㪷　麻子肆㪷）

“捌”　　　　“伍”　　　　“贰”

（61）户石秀金卅一　妻史卅一　女美美三

（62）计壹拾伍硕（小麦肆硕　青麦肆硕　豆叁硕　粟壹硕　床贰硕柒㪷　麻子叁㪷）

“捌”　　　　“伍”　　　　　　　　“捌”

（63）户令狐思忠卌二　妻郭卌一　父智伯八一二　弟思温卅一　阿李□

（后　缺）

钤河西支度营田使印，藏上海文物管理委员会。

10　唐军府一般行政文书

简要说明

本类文书共 9 件，有纪年者 3 件，即《神龙三年主帅康某牒》、《神龙三年残牒》、《唐永泰元年至大历元年河西巡抚使判集》。前两件文书似乎是一件文书的两部分，同是神龙三年，一件为“正月廿九日”，另一件为“二月　日”，月日紧相连接，两件文书所载判官同是一人，按照唐代官府文案结构，这两件文书可以拼接。

《武周军府残文书》一和二，也似乎是一件文书的两部分。按照唐代官府判案程序，文书一第 1 行的“付司。德”与文书二第 3 行的“依判。德示”，“德”是某一军府长官。据唐代四等官制，长官在判案中的职能与文书所显示的完全一致。文书一第 5 行的“检案。玄政白”文书二第 1 行的“知，咨。玄政白”，玄政是这一军府的判官。据此，文书一和二应是同一件文书前后两部分。但可怀疑的是：文书一第 2 行的“廿日”，第 3 行的“月廿日”，第 6 行的“廿日”，与文书二第 2 行的“十七□”，第 4 行的“十七日”，应在同一个月，如文书一和文书二是一件文书前后两部分，何以日期前后颠倒，“十七日”应在“廿日”之前，何以反在“廿日”之后？是否判案时间太长，“廿日”在前一个月。但唐代前期行政效率颇高，军府处理事件长达一月，或为重大案件？亦未可知。

《唐永泰元年至大历元年河西巡抚使判集》是一件颇为重要的文书，史料价值较高。这件长文书的内容涉及安史乱后在吐蕃大举侵犯之下河西各方面的情况，如肃州、甘州、沙州粟米短缺，建康军、豆卢军军资不足处境艰难，关东防秋兵士军粮问题；各地官吏问题，少数民族问题，元帅遇害问题，仆固怀恩叛变以及周逸与仆固怀恩勾结问题，凡此种种，史籍记载不多，这件文书是论述永泰大历间历史的最佳资料。在注释中说及的安家瑶女史的文章论述颇详（见本书第 199 页注〔1〕）。请读者参阅。

以下 10.1 文书移录自《吐鲁番出土文书》第六册；10.2～10.5 文书移录自《吐鲁番出土文书》第七册；10.6～10.7 文书移录自《吐鲁番出土文书》第八册；10.8 文书移录自罗振术编《贞松堂西陲秘籍丛残》。

10.1　唐安西都护府残牒

原编者说明：本件存残印 3 方，辨认为“安西都护府之印”。

（一）

（前　缺）

(1) □ 关吏[部] □

(2) □ [关]至，准　敕。此已[牒]伊 □

(3) □ 物。牒至，准　敕分付讫 □

(4) □ 请受，故牒。

………………………………………………………………〔1〕

(5) □ 年十二月廿 □

73TAM210:136/3－1(a)

（二）

(1) □ [参]军张 □

(2) 高昌县丞 □

（后　缺）

73TAM210:136/3－2

〔1〕此处背部骑缝上押“ 𠀋”。——原编者注

（三）

(1) ▭ 检无稽失[1]

(2) ▭ 勾讫

73TAM210:136/3 -3(a)

10.2 武周军府残文书一

原编者说明：本件有朱印一方，印文模糊不清。

（前　缺）

(1) 付 司。 德

(2) 廿日

(3) ▭ 月廿日录 ▭

(4) 旅帅杜□□示

(5) 检案。 玄政白

(6) 廿日[2]

69TAM125:8

10.3 武周军府残文书二

（前　缺）

(1) 知，咨。玄政白

(2) 十七□

(3) 依判，德示

(4) 十七日[3]

69TAM125:9

[1]此处背部左侧残存“喤”字。——原编者注

[2]第2行的“日”字，第3行的“月”、“日”两字，第6行的“日”字，均为武周新字，因排印困难，均改为通用字。

[3]本件乃武周文书，但第4行的“日”字不是武周新字，不知何故，亦不知原卷如何？

10.4 唐安西都护府仓曹奉兵部符残牒

原编者说明:本件背面有学童习字。

（前　缺）

(1)▭ 仓曹被府奉 ▭
　　牒被兵部符[1]

(2)▭ 牒被兵部符 ▭

(3)　　金紫光禄大夫行安西都[护] ▭

(4)　　副　　　　　　　都 ▭

(5)　　朝议大[夫] ▭

（后　缺）

72TAM157:101/1(a)

10.5 唐残牒二

编者原说明:本件(三)之第2行字为朱书。

（一）

（前　缺）

(1)▭ 行军大总 ▭

(2)▭ 为驼□ ▭

（后　缺）

64TAM20:46/1

（二）

(1)▭ 都护[府] ▭

（后　缺）

64TAM20:46/2

〔1〕第1、2行间"牒被兵部符"5字,似学童照第2行字习书。——原编者注

（三）

（前　缺）

（1）□ 即日行判

（2）□ 江文位检无稽实[1]

64TAM20:46/3

（四）

（1）□ 张士信

……………………………………………………………………

64TAM20:46/4

10.6 唐神龙三年(707)残牒

（前　缺）

（1）□ 被□ 谨牒

（2）　神龙三年正月廿九日主帅吕□

（3）　　连。敬仁白

（4）　　　　　一日

72TAM188:76

10.7 唐神龙三年(707)主帅康某牒

原编者说明：本件背面骑缝有"敬"字押署，残存左半。

（前　缺）

（1）□ 实，谨牒

---

〔1〕检无稽实："实"误，应改为"失"。按《唐律疏议》卷5《名例律》"其官文书稽程，应连坐者，一人自觉举，余人亦原之，主典不免；若主典自举，并减二等"条略云：

答曰：公坐失错，事可追改，一人觉举，余亦原之。至于行事稽留，不同失错之例，勾官纠出，故不免科。

按唐代官府文案结构，文书（三）第2行正是勾官勾检部分。江文位应是勾官，"检无稽失"是勾官勾检后的批语，稽，稽留也，就是没有按照《公式令》规定的期限把文案处理完毕；失即失错。据此，文书（三）第2行的"检无稽实"应改为"检无稽失"。

(2)　　　神龙三年二月　日主帅康 ▭

(3)　　　　附。敬仁白

(4)　　　　　　一日

……………………………………………………………………

72TAM188:72

10.8　唐关于衙前健儿、帖慊居住地界文书[1]

（前　缺）

(1)　　□ ▭

(2)　　各仰明分地界，不得相推，必寘严

(3)　　科，无一轻恕。

(4)—　衙前健儿，爰及帖慊，[2]若居两院

(5)　　窄狭不容。如令散居，便有过出。

(6)　　其健儿并于南营安置，帖慊勒入两

(7)　　厢，仍勒健儿分番□□。其翻[3]

(8)　　次人数，仰所由申状录申。

（后　缺）

---

〔1〕这件文书可能是军中告示草稿，第3行“爰及”下有“兼使”2字，左侧有删除，表明误书并删去。第7行“其”下一字漫漶难识，左侧亦有删除号。

〔2〕帖慊：按《唐六典》卷5“兵部郎中员外郎”条可知，诸军镇各级官员均有为数不同的慊人为其个人役使。“帖”有借助意兼使意，即本非慊人而借助为慊或兼充慊人之职。

〔3〕翻：此字乃“番”的误书。

10.9 唐永泰元年(765)至大历元年(766)河西巡抚使判集[1]

(前　缺)

(1)藉□劳。　尚书判　　肃州建康,[2]先行文牒,如妄推

(2)□必书长官。岂唯唇亡齿寒,或虑芝焚蕙叹。须存

(3)□□,无从小慈。王使君处事精通,固应割已。赵大使在

(4)□□,必藉用心。各请及时般了速报。甘州切须撙节,

(5)不可专恃亲邻。

(6)　　　肃州请闭籴,不许甘州交易

---

[1]安家瑶女史在《敦煌吐鲁番文献研究论集》第1辑上曾发表题为《唐永泰元年(765)—大历元年(766)河西巡抚使判集(伯2942号)研究》一文。我在以下的注释多条移录安文的校注,特此说明,以示不敢掠美。

文书拟题:王重民先生在《伯希和劫经录》中对这件文书定名为《归义军时代瓜沙等州公文集》,据这件文书的内容而论,有三先生的定名是错误的。日本学者池田温在《中国古代籍帐研究》载此件文书录文,并拟名为《唐年次未详(765)河西节度使判集》。就时间讲,池田氏的定名基本无误,但就文书的全部内容讲,池田氏的定名不够确切。

文书内容涉及沙、瓜、甘、肃四州,但未涉及河西节度使的驻镇凉州。其次,文书记述:"某某自到沙州,编户尽无率税"、"军将亲观事迹,近到沙州具陈",这使我推测,某某是判文的作者,写判文的地方在沙州。联系《通鉴》卷223系凉州失陷于广德二年(764)十月,可以推断这些判文撰写时,凉州已失陷,判文无从涉及凉州,判文撰写的地方应在瓜州。又,《通鉴》卷223"广德二年十月"云:"[仆固]怀恩闻之,自永寿遽归,使蕃浑二千骑袭[柏]文达,大破之。士卒死者殆半。文达将余众归凉州,哭而入。志烈迎之曰:'此行有安京室之功,卒死何伤。'士卒怨其言。未几,吐蕃围凉州,士卒不为用;志烈奔甘州,为沙陀所杀。"可资证明。又按《通鉴》卷224"唐代宗永泰元年"云:"闰十月乙巳,郭子仪入朝。子仪以灵武初复,百姓凋敝,戎落未安,请以朔方军粮使三原路嗣恭镇之。河西节度使杨志烈既死,请遣使巡抚河西及置凉、甘、肃、瓜、沙等州长史,上皆从之。"按杨休明为河西节度使在大历元年五月,从广德二年十月杨志烈死,凉州陷,到大历元年五月的一年半时间,河西无节度使,自永泰元年闰十月到大历元年五月,是由郭子仪建议而命巡抚使统治河西的期间。这件文书所载判文即撰写于此期间,故应之曰为"永泰元年——大历元年河西巡抚使判集"。

[2]建康:建康军为河西六军之一。《唐六典》卷5"兵部郎中员外郎"条略云:

其四曰河西节度使。其使有赤水、大斗、建康、玉门、墨离、豆卢六军。

《新唐书》卷40《地理志》"陇右道"云:

甘州张掖郡

西北九十里祁连山北有建康军。证圣元年,王孝杰以甘、肃二州相距回远,置军。

(7)邻德不孤，大义斯在。边城克守，小利须通。岂唯甘、肃比

(8)州，抑亦人烟接武。见危自可奔救，闭籴岂曰能贤。商贾

(9)往来，请无壅塞。粟麦交易，自合通流。准状仍牓军州，

(10)切须捉搦。少有宽许，当按刑书。

(11)　　　建康　尚书割留氍三百段，称给付将士，不具人姓名

(12)分给緤布，不具人名，既无节约，悬称用尽。事涉瓜李，

(13)法在根寻。准状牒建康，并牒董芳兰，切推问给赏事

(14)由上。如相容隐，当别书科。

(15)　　　管内仓库宴设给纳馆递撙节事

(16)艰难已来，军州凋敝。支持不足，破用则多。非直损于公途，

(17)亦乃伤乎人庶。若无先见，何至后图。俭约之资，公家所

(18)尚。给用之费，支簿须明。各牒所由。

(19)　　　豆卢军请西巡远探健儿全石粮

(20)子亭[1]迥绝，所以加粮，平下西巡，援例又请。若依支给，众

(21)当无言。以此商量，理宜从记。

(22)　　　甘州送粮五千石，又请，称不足

(23)甘州斛斗，已送五千，以有均无，将为适济。更来申请，何

(24)贪无厌。非直军州有词，抑亦般运难致。自须撙节支

(25)给，岂得相次申陈。食粮之人，理资减省，灼然不济，方

---

〔1〕子亭：又作紫亭，地名。《沙州图经》（伯 5034 号）云：

西子亭山

右在县西南（百九十八里，东接龙勒山，西经□樊石戍）。（中略）因山置亭，其山石紫色，故号紫亭，时人语讹，名曰子亭。

(26)可官支。须知来处艰辛,预作向前准拟。用尽更索,

(27)计出何方。牒甘州,任自圆融取济。

(28)　　建康军物被突厥打,将得陪半周兵马使

(29)先公后私,闻诸古议,以小防大,未益今时。兵马使所获无

(30)多,建康所损又广。以此处置,只合奉公。总仰入官,理将稳便。

(31)　　豆卢军健儿卌七人春赐请加

(32)军司既称无物,使局何计能为。比日曾不有言,今年忽然妄

(33)诉。有物在给,无物告停。一在当军,圆融处置。

(34)　　建康军使甯愔擅给緤布,充防城人赐

(35)尚书所留緤布,令给不济之人。凡是行官,[1]足得自养,不存

(36)后计,谁曰公心。先已牒征,乃可知过。更来申诉,有似饰非。防

(37)城暂劳,便则给赏,卒更久戍,何以支持,若不征收,无惩专

(38)擅。依前牒军切征。

(39)　　豆卢军兵健共卅九人无赐

(40)沙州兵健,军合支持,既欲优怜,复称无物。空申文牒,徒事

(41)往来。不可因循,终须与夺。使司有布,准状支充。如至冬装,

(42)任自回易。

[1]行官:按《通鉴》卷216"唐玄宗天宝六载"略云:

十二月己巳,上以[高]仙芝为安西四镇节度使,(中略)副督护京兆程千里,押牙毕思琛及行官王滔等(押牙者,尽管节度使牙内之事。行官,主将命往来京师及邻道及巡内郡县)。胡三省对行官的解释如此。

(43)　　　甘州兵健冬装,肃州及瓜州并诉无物支给

(44)甘州兵健冬装,酒泉先申借助,及令支遣,即诉实无。只

(45)缘前政荒唐,遂令今日失望。即欲此支物往,又虑道路

(46)未清。时属霜寒,切须衣服。事宜应速,不可后时。瓜州

(47)既许相资,计亦即令付了。休明肃州少物,今请回易皮

(48)裘。押衙此行,须成彼事。先博得麦,寄在咸昌。杨珽

(49)有书,写白入案。切宜勾当,以济时须。王使君通才,亦请

(50)处置。恤邻救难,不可全物无。请与筹量,早达前所。

(51)　　　沙州地税,耆寿诉称不济,军州请加税四升

(52)艰难之时,仓廪虚竭,耆寿计料,雅合权宜。亩别加税四升,

(53)计亦不损百姓。兼之官吏,各据田苗,立限征收,并须戮力。

(54)　　　又判　某某自到沙州,偏(编)户尽无率税,费用约俭,且

(55)得支持。中仓年计则多,人上秋收不少。何须加税,颇涉食言。

(56)虽耆寿有词,或得权宜之妙。而使车无信,实亏经久之

(57)谋。但仍旧而行,自然兼济。何必改作,有紊彝章。牒沙州

(58)依比年收税讫申。但据顷亩均征,固无偏并。

(59)　　　甘州地税勾征,耆寿诉称纳不济

(60)彼州户人,颇闻辛苦。应缘张瓌稗政,遂令百姓艰勤,今

(61)既李牧抚临,亦冀苍生苏息。尚频申诉,何以而然。地子勾

(62)征,俱非杂税,妄求蠲免,在法无文。马料兵粮,固须支给,苍

(63)储虚竭，何计供承。若望沙州相资，必恐不及时要。终须自

(64)活，岂可妄求。牒到，请使君审与耆寿商量稳便处置。合

(65)放任放，须征任征。此间无物可支，彼处固须自给。终须设法，

(66)以叶权宜。　　沙州祭社广破用

(67)艰虞已来，庶事减省。沙州祭社，何独丰浓。税钱各有区

(68)分，祭社不合破用。更责州状，将何填陪牛直。将元案通。

(69)　　又判　自属艰难，万事减省，明衣弊帛，所在不供。何独

(70)沙州，广为备物。酒肉果脯，已费不追，布绢资身，事须却纳。

(71)　　故沙州刺史王怀亮擅破官物，充使料，征半放半

(72)王亮在官，颇非廉慎，擅破财物，不惧章程。妄布目前之恩

(73)果贻身后之累。既违令式，难免征收。后件无多，伏缘公用。守

(74)犹恐未免，论情须为商量。

(75)　　沙州诉远年什物，征收不济

(76)碛中什物，并是远□，管内破除，皆非今日。所由恳诉，须为商量。

(77)人既云亡，物无征处，徒行文牒，恐损孤穷，并放。仍与洗削

(78)文案，杜绝萌芽。俾其后昆，免有牵挽。

(79)　　瓜州申欠勾征，诉不济

(80)凡是勾征，理合填纳。州申辛苦，须为商量。作孽匪他，

不可

(81)总放。量情疏决,必在州司。更牒所由,仔细详审,灼然困苦,

(82)须为其申。如或可征,自须切纳

(83)　　　兵马使下马,择一百匹,加踖秣饲

(84)蕃马家生,粗细有别,减收秣饲,草踖须殊。虽牧养之道可

(85)均,而贵贱之宜不等。事资通变,以适轮辕。

(86)　　　两界来往般次食顿递

(87)尚书处置,非不分明,犹恐妄人,辄敢违越,尤宜切勒,犯者

(88)必料。各牒所由,仍牒路次。

(89)　　　判诸国首领停粮

(90)沙州率粮,非不辛苦。首领进奉,凭此兴生。虽自远而来,

(91)诚合优当,淹留且久,难遂资粮。理贵适时,事宜停给。

(92)　　　甘州请肃州使司贮粮

(93)肃州寄贮,其数颇多,近日破除,实将稍广。终宜减割,以

(94)救时须。不可告劳,遂令乏绝。仰百方圆融一千石,依前转

(95)送。张卿名行众推,审慎孤□。文闲政理,早着能声。差摄

(96)支度副使判官,专注勾当。应须防援,任便指麾。所由慢官,

(97)必按军令　肃州刺史王崇正错用官张瓌伪官衔

(98)王使君植性沉和,为官审慎。实谓始终勿替,岂期岁寒有

(99)渝。使用伪衔,不曾下问。强索进马,有忤中官。初似

知诚，情宜

(100)正法。后能闻义，或可全生。宜舍深刑，终须薄责。罚军粮一百石。

(101)　　建康军请肃州多乐屯

(102)肃州无粮，或可率税。建康乏绝，又要般踵。救患恤邻，何妨

(103)拨与。任自收获，又省往来。

(104)　　甘州欠年支粮及少冬装

(105)易贵随时，书称议事。调弦理无胶柱，求剑不可刻舟。事在

(106)官长运为，岂得空行文牒。使司有物，寻已支持。仓库无资，

(107)频申何益。只合撙节处置，兵健量事停粮。自可当州圆融，

(108)何须三再申请。李使君长材广度，是以请行。诸官寮达识

(109)精明，放膺妙选。并请设法安养，无使坐见流离。其冬装亦

(110)请预为支计。　　甘州请专使催粮

(111)李开府悉心奉公，威名宿著。既典彼郡，何事不臧。但取指麾，

(112)必能兼济。更差专使，徒有烦劳。

(113)　　条目处置冬装粮料烽铺事

(114)缉理军州，政惟牧守。既委贤行，伫听良能。更此起予，必期闻

(115)命。如将未便，亦任改申。傥叶权宜，各请遵守，并须勠力，以俟

(116)时康。小有乖张，恐招议替。

(117)　　思结[1]首领远来请粮事

(118)思结首领,久沐薰风。比在河西,屡申忠赤。顷驰漠北,频被破

(119)伤。妻孥悉无,羊马俱尽。沿能慕义,不远归投。既乏粮储,

(120)略宜支给。　李都督惠甘肃州斛斗一千石

(121)瓜州凋敝,为众所知。实赖仁贤,乃能苏息,岂唯独瞻,更

(122)欲恤邻。则知奉　国忘家,生人济物。然所□既广,力难独

(123)成。且请盖藏,待后处分。

(124)　　贷便沙州斛斗,频征不纳

(125)贷便之物,不合迁延。在于官司,无由受欠。各合戮力,岂要再

(126)论。更牒所由,切须征纳。如更推注,必议刑书。

(127)　　甘州兵健月粮,请加全支

(128)艰难之际,转输未通,彼又乏粮,将何全给。量支或可延命,

(129)顿饱或虑伤神。增气犹得充虚,减粮何须恳诉。使司

(130)只办如此,军郡别任运为。不可胶柱调弦,事资相时而动。

(131)　　关东兵马使请加米

(132)兵健粮储,各合自备。广为费用,尽即请支。凡在所由,曾无

(133)愧色。以此从政,岂不内惭。抚状可明,良增叹惋。交见辛

[1]思结:为铁勒诸部之一,后入回纥,见《旧唐书》卷199《铁勒传》和《新唐书》卷217《回纥传》。

(134)苦,略有支持。皆出沙州,又须办脚。官私戮力,薄得沾濡。

(135)兵健无知,更有求诉。所由信任,频为申论。如此效官,颇

(136)知识理。不能违众,今又量加。

(137)　　瓜州屯田,请取耒[1]外均充诸欠

(138)官物欠剩,各有区分。耒剩合纳正仓,覆欠合征私室。人间

(139)大例,天下共同。况分配先殊,主守元别。瘠卤耒能肥杞,截

(140)鹤岂能续凫。道理昭然,断无疑矣。

(141)　　瓜州别驾杨颜犯罪　出斛斗三百石赎罪

(142)杨颜所犯,罪过极多,纵不思科,事亦非少。既愿纳物,以用赎

(143)刑。正属艰难,打煞何益,虽即屈法,理贵适时。犯在瓜州,纳

(144)合彼处。事从发断,义不可疑。既有保人,任出输纳。

(145)　　玉门过,尚书妄破斛斗

(146)尚书当过,具有文牒。所由颜情,妄事周匝。既违公

---

〔1〕耒:《龙龛手镜》卷3:"耒正,庐讨反,耒耟、田器也。神农作耒,又力轨反,义同。又力悦反,禾麦知多少也。"《佩觿》将"耒"、"耒"区分:"耒耒,上郎内翻,耒耟也,神农作。下力悦翻,耒,麦禾知多少。""耒"字在文书的3个判文中五见。

第137行:瓜州屯田,请取耒外均充诸欠。

第138行:官物欠剩,各有区分。耒剩合纳正仓,覆欠合征私室。

第157行:肃州先差李庭玉耒定,又申蔡家令覆耒。

第158行:李庭玉对耒已定。(中略)屯作既有专当,使司何要亲巡。

第161行:子亭申作田苗秋收,称虫损不成,欠耒。

据上述,文书中的"耒"字,都与屯田收获有关。《佩觿》、《龙龛手镜》释"耒"为"禾麦知多少",可引申为"禾麦数额",而在这件文书中的"耒"字,可解释为屯田收获物上交定额。按《唐六典》卷19"司农寺"云:

诸屯,各掌其屯稼穑,丞为之贰,每年定课有差。

"定课"即"课"的定额。这件文书中的"耒"可能与"定课"之意相同。

式,自

(147)合私填。何须再三,苦有申诉。所费既广,不可尽陪。三分放

(148)二,余仰即纳。　　建康无屯牛,取朱光财市充

(149)使司支计,只凭军资,此年绝无,如何准给。今既府库虚竭,

(150)自合当处圆融,建康悬军,复无人户。若令独办,又恐缺

(151)如。终须量事支持,余欠当军率税。肃州朱光身死,承袭

(152)都无子孙。资畜已闻官收,且取用市牛直。

(153)　　瓜州尚长史采矿铸钱置作

(154)采矿铸钱,数年兴作。粮殚力尽,万无一成。徒扰公家,苟润

(155)私室。况艰难之际,寇盗不恒,道路复遥,急疾无援。到

(156)头莫益,不可因循,收之桑榆,犹未为晚。再三筹议,事

(157)须勒停。　　肃州先差李庭玉未定,又申蔡家令覆未

(158)李庭玉对耒已定,蔡家令妄启奸门。未能冰碧用心,颇招

(159)瓜李之谤。十羊九牧,吾谁的从。今是昨非,人将安仰。屯作既

(160)有专当,使司何要亲巡。蔡家令勒停。牒所由,准状。

(161)　　子亭申作田苗秋收,称虫损不成,欠耒。

(162)虫霜旱涝,盖不由人。类会校量,过应在已。勒令陪备,又诉

(163)贫穷。不依乡原,岂可无罪。

(164)　　朱都护请放家口向西,并勒男及女婿送

(165)人惟邦本,本固邦宁。时属艰难,所在防捍。稍有摇

动，谁不

(166)流离。朱都护久典军州，饱谙边务。何自封植，挠紊纪纲。

(167)进退由衷，是非在我。老亲少女，或在迁居。爱婿令男，无

(168)凭弃职。奴婢量事发遣，奏傔不可东西。殉节伫冀忘家，

(169)临难终期奉　国。将子无努，义不缘私。

(170)　　　甘州镇守毕温、杨珎、魏邈等权知军州

(171)毕温等植性公忠，惟诚吏道。军州畏慕，实籍抚绥。蕃汉

(172)怀恩，必资佐理。伫期能政，以副令名。

(173)　　　刺史张元瓌请替

(174)张使君心如磐石，智若涌泉。效忠义以临人，举孙吴而却

(175)敌。一从防捍，七变星霜，暴露则多，成功不少。颇负膏兰

(176)之患，须均苦乐之宜。能奉　国可佳，而谋身未便。理难

(177)胶柱，事贵适时。既有替人，交了赴使。

(178)　　　关东防援　　　　左提右挈，实在亲邻。以有均无，

(179)事资管内。稍乖应接，人何以康。况兵马抚绥，固应得

(180)所，自合遵奉，以副时须。小有烟尘，深期辅佐。

(181)　　　张瓌诈称节度

(182)张使君性本凶荒，志非忠谨。有正卯之五盗，无日磾之一心。

(183)潜称异端，公然纵逆。伪立符　敕，矫授旌麾，动摇军州，

(184)结托戎狄,恣行险勃,妄有觊觎。文牒太半死人,虚诳辄

(185)求进马,论情巨蠹,在法难容。牒张判官与关东兵马使

(186)对,推问得实,状具申。仍所在收禁讫报。管内官吏,尽是

(187)贤良。无混淄渑,须明逆顺。细宜详审,勿陷刑名。甘州臣寮,

(188)尤须择地。倪被尘点,不得怨人。如到覆亡,卒难回避。各

(189)求生路,无事守株。

(190)　　伊西庭留后周逸构突厥煞使主,兼矫诏河已西副元帅

(191)祸福无门,惟人所召。奸回不轨,在法攸书。副帅巡内征兵,

(192)行至长泉[1]遇害。军将亲观事迹,近到沙州具陈。建谟出

(193)自中权,纵逼方凭外寇。逐兔者犬,可矜愚于小戎。指纵者

(194)人,宜责智于大匠。览三军之状,已辨淄渑,听两道之词,了

(195)分曲直。馆中毁玉,曾未许于守持。衙内攫金,何遽受于

(196)旌节。承伪便行文牒,凭虚莫畏幽明。侮法无惧三千,抟

(197)风妄期九万。　尚书忠义,寮属钦崇。生前无人间

[1]长泉:按《新唐书》卷40《地理志》"陇右道伊州伊吾郡"云:

纳职

又出[赤]谷口,经长泉、龙泉,百八十里有独山守捉。

据此,长泉在伊州纳职县。

言，殁

(198)后状称矫　　诏。　假手志诬为　国，披心恨不显诛。岂惟名

(199)行湮沉，实谓奏陈紕谬。将士见而愤激，蕃虏闻而涕流。咸

(200)谓煞　国之忠良，更兴谤讟。屏　王之耳目，使不聪明。伏寻

(201)表草之言，却似首陈之状。上书自然不实，下策何劳漫行。此

(202)乃欲盖弥彰，将益反损。既知指的，方敢奉闻。又伪立遗书，躬

(203)亲笔削，恣行贪猥，莫顾章程。况随使资财，尽知优赡，

(204)供军玉帛，众委丰饶。人虽非命薨亡，物合却归府库。今者

(205)马承官印，货被私收。杂畜全留，家僮半放。语亲殊非骨属，

(206)论义正是血仇。更何因依，独擅封植。肯煞人求饷，尚召初征。

(207)害使贪荣，能无后患。离心速寇，当即非赊。夺魄丧名，期

(208)于不远。事复彰露，迹甚猖狂。匪直紊乱二庭，亦恐动摇四海。

(209)察其情状，法所难容。宜绝小慈，用崇大计。彼道军将，早挹忠

(210)贞。数州具寮，素高节操。前车既覆，已莫辨于薰莸；后辙

(211)须移，可早分于玉石。事上固能剿绝，临下岂惮鎚埋。请从曲

(212)突之谋，勿误焦头之祸。周逸非道，远近尽知，理合闻

天,义

(213)难釐务。既要留后,任择贤良。所贵当才,便请知事。某某

(214)谬司观察,忝迹行军。欲宽泉下之鱼,有惭弦上之矢。公道

(215)无隐,敢此直书。各牒所由,准状勘报。当日停务,勿遣东西。仍

(216)录奏闻,伏待　进止。

(217)　　差郑支使往四镇,索救援河西兵马一万人

(218)戮力勤王,古今所重。帅义殄寇,春秋则书。盖生人之令谟,寔

(219)臣子之守节。况河湟尚阻,亭障犹虞。元帅一昨亲巡,本期

(220)两道征点。岂谓中途遇害,遂令孤馆自裁。痛愤辕门,悲感

(221)[　　　　　　]问水滨之人。杂虏未平,须征塞上之马。

(222)[　　　　　　]俗令,必惟行周。独坐忠信,临边谟无不

(223)[　　　　　　　]日以遄征。四镇骁雄,伫排风而骤进。彼此

(224)[　　　　　　　　　　　　]及时勉哉,是行以副斯请。差河

(225)[　　　　　]赞善,专往计会,征发讫先报。各牒所由,准状。

(226)□条表录奏。　　周逸与逆贼仆固怀恩书

(227)推亡固存,商书所重,去顺效逆,春秋则诛。周逸猖狂,素怀

(228)悖乱。辇毂之下,□见逃门 □

(后　缺)

(伯 2942 号)

11　唐军府色役文书

简要说明

本类文书11件,多数是有关仗身役的资料。第5件文书中的木匠铜匠玉匠书匠等,总称为杂匠,仓子门夫等则可称之杂役使。文书(五)只有服役者人名及服役所在厅,如都督厅、长史厅等,这类服役者唐人称之为厅子,此名称在吐蕃占领敦煌后仍保留,如"吐蕃戌年六月沙州诸寺丁壮车牛役簿(斯542背)"中即有"宜奴,厅子"的记载。文书(六)也只记服役者及服役所在库,这类服役者,唐人称之为库子。

仗身杂匠都是色役,杂役使可能不是。

色役制的特点有三:

(1)分番服务,不同的役有不同的番期。

(2)不服役要纳资(或课),番期长短不同,所纳资课亦多少不同。

(3)色役的身份性,不同身份的人服不同的色役,因服役而得到的待遇也不同。如三卫中的亲卫,其身份为三品以上子或二品以上孙,又如四品以下九品以上子或二品以上孙,又如四品以下九品以上文武散官,这是服色役者身份最高的。又如乐工、兽医、骗马、调马、群头、栽接这6种服役者的身份都是奴婢或官户,《新唐书》卷46《百官志》说这些人"附贯州县,按比如平民",实际上,他们的身份是很低的,是服色役者中身份最低的。

由于色役制具有身份性这一特点,所以有关色役制的记载是研究唐代社会阶层结构有用的资料。

唐代的色役源于南北朝,天宝期间,色役制逐渐消失。唐代后期虽仍有几种色役，但只是色役制的残存了。

关于唐代色役制的详细情况，我在《唐天宝敦煌差科簿研究——兼论唐代色役制和其他问题》（见《敦煌吐鲁番文献研究论集》第一辑）一文有所论述，请读者参阅。

以下 11.1 ~ 11.4 文书移录自《吐鲁番出土文书》第五册；11.5 文书移录自《吐鲁番出土文书》第六册；11.6 文书移录自《吐鲁番出土文书》第八册；11.7 文书移录自小田久义编《大谷文书集成》一；11.8 ~ 11.11 移录自小笠原宣秀、西村元佑著《唐代役制关系文书考》一文（载《西域文化研究》三）。

11.1 唐西州高昌县范欢进送右果毅仗身钱[1]抄一

原编者说明：本件纪年已缺，同墓出有《唐贞观二十三年范欢进买马契》及《唐永徽元年范欢进买奴契》，又阿斯塔那 338 号墓出有《唐龙朔三年范欢进送右果毅仗身钱抄》。知此欢进必即范欢进，今列于上件之后。下件同。

(1)▭ 欢进送果毅仗 ▭

(2)▭ 日典康幢奴领

60TAM337:11/17

11.2 唐西州高昌县范欢进送左果毅仗身钱抄二

（前　缺）

(1)▭ 年五 ▭

……………………………………………………………

〔1〕仗身钱：关于仗身役以及不役则纳资，此资即谓之仗身钱，本书（《唐义海等征镇及诸色人等名籍》）一文书的注释已详述，读者可参看。

(2)□ 欢进送左果毅 □

(3)□ 拾五日壹文[1],其 □

(后　缺)

11.3　唐某年仗身钱及折冲地子残文书

(1)□ 十二月十六日仗身钱贰拾 □

(2)□ 马岳

(3)□ 折冲地子清科(青稞) □

(4)□ 年五月廿六日 □

(后　缺)

60TAM337:11/16

11.4　唐龙朔三年(663)西州范欢进等送右果毅仗身钱抄

(一)

(1)范欢进送右果毅三月一日仗身钱 □

(2)　　□朔三年五月廿三日隆悦领

(后　缺)

60TAM338:32/6

(二)

(1)　　□朔三 □

(2)□嘿子送右果毅二月一日仗身钱 □

---

[1]拾五日壹文:按《通典》卷35《职官一七·禄秩》"仗身"条云:

镇戍之官,以镇戍上中下为差。上镇给仗身四人(中略),其仗身十五日,一时收资六百四十。

《新唐书》卷55《食货志》亦云仗身钱六百四十。按此件文书这"拾五日"即仗身之番期十五日,与《通典》、《新志》相同。文书中之"壹文"当即不役而收资的仗身钱。《通典》、《新志》作"六百四十文",盖铜钱也;文书作"壹文",盖银钱也。

(3)▁▁▁ 廿三日隆悦领

(后　缺)

60TAM338:32/6

11.5　唐西州都督府诸司厅、仓、库等配役名籍

(一)

(前　缺)

(1)　□□洛

(2)　□□欢

(3)　曹欢相

(4)　□在天已上木匠

(后　缺)

73TAM210:136/12－1

(二)

(前　缺)

(1)　□塞子铜匠以上并配本司

(2)　□海惠弓匠

(3)　□□海画匠[1]以上亦见定

（后　缺）

73TAM210:136/12－2

（三）

（前　缺）

(1)　牛怀愿

(2)　魏海伯　以上仓子[2]

(3)　□默仁　　　　子

（后　缺）

73TAM210:136/12－3

---

〔1〕木匠、铜匠、弓匠、画匠：关于军中杂匠，唐律中有两条，可供参考。《唐律疏议》卷16《擅兴律》云：

诸被差充工夫、杂匠，而稽留不赴者，一日笞三十，三日加一等，罪止杖一百；将领主司加一等。防人稽留者，各加三等。即由将领者，将领者独坐。

［疏］议曰：丁夫、杂匠，被官差遣，不依程限而稽留不赴者，一日笞三十，三日加一等，罪止杖一百。"将领主司加一等"，主司谓亲领监当者，一日笞四十，三日加一等，罪止徒一年。其"防人稽留者，各加三等"，一日杖六十，三日加一等，罪止徒二年。其将领主司亦加一等。若由将领主司稽留，丁夫、杂匠、防人不合得罪，唯罪将领之人，故云"将领者独坐"。注云"余条将领稽留者，准此"。

按上引律条及律疏，一再说到"将领主司"，可知被差充丁夫杂匠者，其中包括军队中的丁夫杂匠，如本件文书"木匠、铜匠、弓匠、画匠"等；而丁夫则是本件文书"门夫、库子"等。同上书又云：

诸丁夫、杂匠在役，而监当官司私使及主司于职掌之所，私使兵防者，各计庸准盗论；即私使兵防出城、镇者，加一等。

［疏］议曰：丁夫、杂匠，见在官役役限之内，而监当官司私役使；"及主司"，谓应判署及亲监当兵防之人，于职掌之所私使："各计庸准盗论"，谓从丁夫以下，各计私使之庸准盗论。即杂使计庸不满尺者，从"盗不得财"，笞五十。兵防并据城隍内使者，若私使出城、镇，加罪一等，谓计庸加准盗论罪一等。即强使者，依《职制律》："强者加二等，余条强者准此。"若强使兵、防出城者，即亦于本罪加一等上累加。

虽称兵夫、杂匠及兵、防，非在役限内而使者，丁夫、杂匠依上条"日满不放"笞四十，一日加一等，罪止杖一百，兵、防从"代到不放"，一日杖九十，三日加一等，罪只徒一年半。计庸重者，若见是监临官，依"役使所监临"之罪；其非本部官者，依："不应得为"从轻，笞四十。

在上引律疏中，应注意者为："'及主司'，谓应判署及亲监当兵防之人，于职掌之所私使：'各计庸准盗论'，谓从丁夫以下，各计私使之庸准盗论"一句。主司既包括亲监当兵防之人，也包括军官，则其私役从丁夫以下，即军中之丁夫杂匠也。

律疏中有役限一词，不知军中之丁夫杂匠之役限是否即卫士防丁番代之期，值得研究。

〔2〕仓子：按《新唐书》卷55《食货志》可知，守仓库门者亦谓之门夫，是否仓子即门夫，待考。

（四）

（前　缺）

(1)　　右件人等并门夫[1]

(2)　范智洛

(3)　甯白积

(4)　□□德

（后　缺）

73TAM210:136/12－4

（五）

（前　缺）

(1)　□□□　以上都督厅

(2)　□□恚　长史厅

……………………………………………………………

(3)　□□欢　司马厅

(4)　□□仁　录事□

(5)　□□和　功 ▭

(6)　□□海　仓 ▭

(7)　□□始　▭

（后　缺）

73TAM210:136/12－5

（六）

（前　缺）

(1)　□□仁　▭

(2)　□□德　▭

(3)　□□住　功曹库

〔1〕门夫：按《新唐书》卷55《食货志》云：

先是州县无防人者，籍十八以上中男及残疾以守城门及仓库门，谓之门夫，番上不至者，闲月督钱课，为钱百七十，忙月二百。

据此可知，门夫是色役的一种。

(4)　□□欢　仓曹库

(5)　□□仁　桃　库

(6)　□□□　油　库

（后　缺）

73TAM210:136/12－6

（七）

（前　缺）

(1)　□上　馆

（后　缺）

73TAM210:136/12－7

（八）

（前　缺）

(1)□　官　人　共　匠　□

（后　缺）

73TAM210:136/12－8

（九）

（前　缺）

(1)　依　注　[余]　□

(2)　行　望　示　□

（后　缺）

73TAM210:136/12－9

11.6　唐开元二十年(732)府王感牒为纳仗身等课钱事

原编者说明：本件有残印一方，印文不清。

（一）

（前　缺）

(1)　□九年课□

(2)〔　　〕处分讫便申〔　　〕

(3)　　开元廿年八月〔　　〕

(4)　　　　　　府　王　感

(5)　　　　　　火

(6)〔　　〕冒录事麹

(7)　　〔　　〕参军

（后　缺）

66TAM358:11/1

（二）

(1)〔　　〕日纳叁〔　　〕

(2)〔　　〕拾肆文〔　　〕

(3)〔　　〕四月利〔　　〕

（后　缺）

66TAM358:11/2

（三）

（前　缺）

(1)〔　　〕身钱令〔　　〕

(2)　〔　　〕在别案〔　　〕

(3)　〔　　〕□□〔　　〕

（后　缺）

66TAM358:11/3

11.7　唐代兵役关系文书（折冲府仗身关系文书）

（前　缺）

(1)〔　　〕月一日仗身

(2)〔　　〕

(3)〔　　〕见在，具显姓名〔　　〕

(4)　上队副刘

(5)□□□　□

(6)□□□　春示

(7)　　八日

(后　缺)

(大谷 1261 号)

11.8　唐军府配役文书[1]

(前　缺)[2]

(1)□□□　　　　　　□□□

(2)六人来月一日方亭戍[3]上

(3)　　队正贾达通　卫士曹畔洛　爼渠[4]武意　张果[5]

(4)　　李阿鼠　窦山海

(5)二人充来月一日当上右果毅□　□□□

(6)　　张大师　陈送军

(7)十二人配住[6]仗身守府番佐及送上　□□□

(8)五人填折冲九月十六日仗身　□□□

(9)　　白知达[7]　焦隆贞　阴汉贞　康父师　董知□[8]　□□□

(10)四人镇右果毅九月十六日仗　□□□

---

〔1〕本件文书标题是作者拟加的。

〔2〕细审上述论文附图版 14,此乃残文书,第 1 行之前残,故加"前缺"。

〔3〕方亭戍:按《新疆出土文物》载《唐西州都督府营田牒》,西州营田诸镇戍中有"方亭戍",但看不出戍所在位置。

〔4〕爼渠:细审图版 14,"爼"应作"俎",即沮。

〔5〕张果:细审图版 14,第 2 字不是"果",应作"泉"。此字上部为"白",较清晰可辨。

〔6〕配住:细审图版 14,"住"似应作"注"。"配注"在文义上可通。

〔7〕白知达:细审图版 14,"知"应作"弘"。

〔8〕董知□:细审图版 14,"知"应作"弘"。"弘"下一字尚残存上半部,乃"德"字,此人应作"董弘德"。

(11)　　刘君集　苏[1]守住　陈□　康怀达

(12)五人填员外折冲康延八月十日仗身□

(13)　□　　　　□

(大谷 3030 号)

11.9　唐折冲府配役文书一[2]

(1)□　口住

(2)□　熹

(3)□　达已上四人填右果毅九月十六□

(4)□　师

(5)□　军已上二人当上右果毅□傔

(6)□　□法

(7)□　上二人填员外折冲康延八日

(大谷 3356 号)

11.10　唐折冲府配役文书二[3]

(1)□　扇(?)贾文　州上

(2)□　康浮羔　州上

(3)□　氾泼尼　州上

---

[1]细审图版 14,第 3 行"正"、"卫"二字,第 4 行"李"、"窦"二字,第 6 行"张"、"陈"二字,第 9 行"白"、"焦"、"汉"、"师"、"董"五字,第 11 行"刘"、"苏"二字,这些字的右侧都有墨点,因排印困难,本书录文都未点出。

[2]这一标题是作者拟加的。

[3]这一标题是作者拟加的。

(4)▭ 逮通　方亭上

(5)▭ 君贞

(6)▭ □安莫列

(7)▭ □通　已上州上

(8)▭ 曹畔洛　方亭上

(大谷 3357 号)

11.11　唐折冲府配役文书三[1]

(1)▭ 具(?)撻

(2)▭ 鼠　已上守府

(3)▭ 达

(4)▭ □贞

(5)▭ 贞

(6)▭ □师

(7)▭ 敬德　已上五人逍(填?)折冲九月十六日 ▭

(8)▭ 心达　却填员外折冲康延七 ▭

(9)　　大□ ▭

(大谷 3358 号)

〔1〕这一标题是作者拟加的。

12　唐武官考课授勋官历等文书

简要说明

本类文书共 11 件。第一件和第 11 件是为了参加铨选考课的资料。按《通典》卷 19《职官一》略云：

居官者以五岁为限。（一岁为一考，四考有替则为满。若无替，则五考而罢。）

《唐自书历官状》中有“从咸亨三年简点蒙补旅帅已来，至四年中”云云，又有“经余三年以上”一语，自叙年资，历官四年或五年，亦即经过四考或五考，即可通铨试而改官。又按《唐六典》卷 2“吏部尚书侍郎之职掌”条云：

[铨试]以三类观其异，一曰德行，二曰才用，三曰劳效。德钧以才，才钧以劳，其优者擢而升之，否则量以退焉。

《册府元龟》卷 629《铨选部·条制一》略云：

唐制：其六品以降，计资量劳而拟其官。

所谓资，即《册府元龟》卷 631《铨选部·条制三》所云：“经两考者，依资与转。”即两考成资。本文书中的“三年”等即“计资”的资，“入疏勒”即“量劳”亦即“才钧以劳”之劳也。

《唐会要》卷 81《考上》略云：

[贞观]十一年正月十五日敕，散位一切以门荫结阶品，然后依劳进叙。凡入仕之后，迁代则以四考为限，四考中中，进年劳一阶。每一考上中，进一阶。一考上上，进二阶。五品已上，非特恩，刺史无进阶之令。

《交河郡考课文书》的“考中中”等,乃考课的记录,而为铨选及进阶的依据。

本类文书中有关授勋者4件。关于兵士因战功授勋,《唐六典》卷5“兵部郎中员外郎”条云:

> 勋获之等级
>
> 谓军士战功之等级:若牢城苦战,第一等酬勋三转,第二等第三等差减一转。凡破城阵,以少击多为上阵,数略相当为中阵,以多击少为下阵。转倍以上为多少,常据贼数,以十分率之,杀获四分已上为上获,二分已上为中获,一分已上为下获。凡上阵上获第一等酬勋五转,上阵中获、中阵上获第一等酬勋四转,上阵下获、中阵中获,下阵上获第一等酬勋三转。其第二等三等各递降一转,中阵下获,下阵中获第一等酬勋两转,第二等三等并下阵下获各酬勋一转。其虽破城阵杀获不成分者,三等阵各酬勋一转。

《唐乾封二年郭毡丑勋告》第2、3行所记郭毡丑参加三阵战役“并第一勋,各加三转,总玖转”,其根据就是上引《六典》所说的“第一等酬勋三转”。《武周延载元年氾德达轻车都尉告身》第1、2、3行所记氾德达参加拔四镇战役酬勋四转,“破都历岭等阵,共酬勋叁转,总柒转”,其根据即上引《六典》所说的“第二等第三等并下阵下获各酬勋一转”。上引《六典》文乃有关授勋的令或式,凡授勋必须遵守。

上述两件授勋文书首尾俱全,也是研究唐代公式文的重要资料。

以下12.1~12.3文书移录自《吐鲁番出土文书》第六册;12.4~12.6文书移录自《吐鲁番出土文书》第七册;12.7文书移录自罗振玉编《贞松堂藏西陲秘籍丛残》;12.9文书移录自王国维著《观地集林》;12.10文书移录自《吐鲁番出土文书》第八册;12.11文书移录自小田义久编《大谷文书集成》一。

12.1 唐乾封二年(667)郭毡丑勋告[1]

(1)诸道杂勋

(2)飓海道:[2]沙泽阵、缬岭阵、东熊陆岭阵并第一

(3) 勋,各加三转,总玖转。[3]

(4) 西州募人郭毛丑

(5) 右可护军

(6)东台:右威卫渭源府[4]果毅都尉

(7)朱小安等,并志怀壮果,业苞戎艺。

(8)或北折淳维,或南枭嶻侧,功勋久

(9)着,赏册宜隆。可依前件,主者施

(10)行。

(11) 乾封二年二月廿二日

(12) 兼右相检校太子左中护上柱国乐成县开男[5]臣刘仁轨宣

(13) 西台侍郎道国公臣戴至德奉

(14) 兼西台舍人轻车都尉臣萧德照行

(15)左 相 阙

---

〔1〕毡:此字恐即毷,按《龙龛手镜》卷4:

毷俗,莫报反。正作耄,老耄也。

〔2〕飓海道:按《西州图经》(伯2009号)载有"大海道",我怀疑"飓海道"即"大海道"。按《玉篇》:"飓,大风也。"

〔3〕第一勋,各加三转,总玖转:按《唐六典》卷5"兵部郎中员外郎"条云:

勋获之等级

谓军士战功之等级。若牢城苦战,第一等酬勋三转。

按文书第4行西州募人郭毡丑参加飓海道三阵并第一勋,亦即《唐六典》所说的第一等。一次酬勋三转,三次应酬勋九转。又按《唐六典》卷2《吏部》"司勋郎中员外郎"条云:"九转为护军"。文书完全体现了唐代的勋官制度。护军比从三品。

〔4〕渭源府:按《新唐书》卷40《地理志》"陇右道"云:"渭州陇西郡。有府四:渭源……"据此,渭源府在渭州。渭州有渭源县,则渭源府应在渭源县境内。

〔5〕"男"字上当脱一"国"字。——原编者注

(16)朝议大夫守台[1]侍郎兼检校太子右中护上轻车都尉仁本

(17)东台舍人上骑都尉臣佺等言:

(18)诏书如右,请奉

(19)诏付外施行,谨言。

(20)　　　　乾封二年三月十五日

(21)　　　制可

(22)　　　　　三月廿五日未后都事韩仁宝受

(23)　　　　　右成务[2]行功付

(24)左匡政阙

(25)右匡政阙

(26)司列太常伯阙

(27)中散大夫守司列少常伯

(28)银青光[3]大夫行左肃机魏县开国子

(29)告护军郭毡丑:奉

(30)被

(31)诏书如右,符到奉行。

(32)　　　　　　主事处

(33)司勋员外郎行宝　令史张玄

(34)　　　　　　　书令史

(35)　　　　　　乾封二年月　日下

65TAM346:1

[1]"台"字上当脱一"东"字。——原编者注

[2]右成务:据《唐六典》卷1"尚书都省"略云:

左司郎中一人右司郎中一人

至龙朔二年改为左右承务。

按唐《公式令》,此处应左右司郎中署名,乾封二年时,右司郎中应称为"右承务",文书"成"应改为"承"。

[3]"光"字下脱一"禄"字。——原编者注

12.2　唐自书历官状

(1)—　从咸亨三年简点蒙补旅帅已来,至四年中

(2)　　从果毅薛逖入疏勒,[1]经余三年以上。

(3)—　至仪凤二年[差]从[　　　][行][护]

(4)　　　密　[　　]

(后　缺)

75TAM103:1

12.3　唐上元二年(675)府曹孝通牒为文峻赐勋事

(前　缺)

(1)加[勋][　　]

(2)三年辅左右,[请]□今年[　　]

(3)官两转,其勋既未入手,[请]给[牒][　　]

(4)敕镇满十年,赐勋[2]两转,付录事司检文峻等并

(5)经十年已上。检　敕虽复未获据省给告身,

(6)并衔　敕授文峻等,补经廿年已上有实。

---

[1]从果毅薛逖入疏勒:按《通鉴》卷202"唐高宗咸亨四年"条云:

十二月丙午,弓月、疏勒二王来降。西突厥兴昔亡可汗之世,诸部离散,弓月及阿悉吉皆叛。苏定方之西讨也,擒阿悉吉以归。弓月南结吐蕃,北招咽麫,共攻疏勒,降之。上遣鸿胪卿萧嗣业发兵讨之。嗣业兵未至地,弓月惧,与疏勒皆入朝;上赦其罪。遣归国。

文书中某旅帅在咸亨四年中从果毅薛逖入疏敕或与上述《通鉴》所记者有关。

[2]赐勋:这一残文书的第2~4行记述赐勋。文书残缺,不能详知其内容。就现存内容论,应是普恩泛授,而不是载于尚书兵部授勋制度。这种泛授常见于赦文中。如《唐大诏令集》卷66开元十一年的《后土赦书》云:"诸道健儿,别敕行人,各赐勋一转。"又如同书卷68开元十一年《南郊赦》云:

碛西镇人,途路悬远,特宜赐勋一转。

又如同书卷77《谒五陵赦(开元十七年)》云:

诸军健儿,别敕行人,各赐勋两转。

都是普恩泛授。文书第6行"敕授文骏等"一语也可能是在某次泛勋时的敕令。

(7)实给牒，任为公验者。今以状牒，牒至 ▭

(8)验。故牒。

(9)　勘同福[1]　上元二年八月十五日府曹孝通牒

(10)　　　　　　参军判兵曹李让

65TAM346:2

12.4 唐永淳元年(682)
汜德达飞骑尉告身[2]

原编者说明：本件纪年为永淳元年，然内有武周新字。今据墓志，德达卒于武周久视元年(700)，当是终后家人抄录勋告附葬，故抄件中用武周新字。

(1)▭ 破句汨城阵加一转镇城[阵] ▭

(2)　[募]人西州汜德 ▭

(3)　　　　右　可　飞　□□

(4)▭ 太清府左[果] ▭

(5)□玖伯叁拾贰人� ▭

(6)□□于戎韬，候严音于 ▭

(7)□□□□　轧仪方[酬] ▭

(8)□之役，可依前件。

(9)　　　永淳元 ▭

(10)　　　朝议大[夫] ▭

(11)　　　朝议郎 ▭

(12)　　　舍人里□

---

〔1〕勘同福：在原书上“勘同福”3字字体稍大，而此短句以“勘”字为首以及其语气，都似是勾官所书。此短句似应书写如下：“勘同。福”。“福”是勾官署名，勘，核对也，其他文案与牒文所述者同。但勾检短句应朱书，不知原卷如何？

〔2〕关于这件文书，《敦煌吐鲁番文献研究论集》第二辑载作者和李志生撰写的《吐鲁番出土汜德达告身校释》有详细解释，请读者参阅。

(13)□□大夫守左庶子上轻车都尉臣敬寻

(14)□□大夫□□中允臣伯仪

(15)□□大夫行司仪郎臣斑等言：

……………………………………………………………

(16)□[书]如右，请奉

(17)□[付]外施行。谨啟

(18)　　　　永[淳]　[　　]

(19)　　　令诺

(20)[　　]

(21)　　　　左司□

(22)□□尚书阙

(23)□□□郎阙

(24)□□侍郎从

(25)□□□夫守尚书右丞

(26)□飞骑尉汜德　[　　]

(27)□书如右，符[到]　[　　]

(28)□事丞摄司勋思礼

(29)　　　　永淳　[　　]

68TAM100:4/5

12.5　武周延载元年(694)汜德达轻车都尉告身[1]

(1)准垂拱二年十一月三日　敕，金牙军拔于阗、安□、□

(2)勒、碎叶等四镇，每镇酬勋一转，破都历岭等阵，

(3)共酬勋参转，总柒转。

---

〔1〕关于这件文书，《敦煌吐鲁番文献研究论集》第二辑载我和李志生同志撰写的《吐鲁番出土汜德达告身校释》有详细解释，请读者参阅。

(4)　　　　　西州氾德达高昌县

(5)　　　　　　　□可轻车都尉

(6)鸾台：[　　]都尉张贵卿等壹伯肆拾肆

(7)人，[1]并武艺可称，戎班早预，东踰兔堞，北指

(8)龙庭，既著美大于摧凶，俾覃恩于赐服，可依

(9)前件，□□□行。

(10)　　　　延载元年九月廿九日

(11)　　　　银青光禄大夫守内史上柱国臣豆卢被推

(12)　　　　朝请大夫守凤阁侍郎同凤阁鸾台平章事杜景俭宣

(13)　　　　给事郎守凤阁人内供奉臣孙行[　　]

(14)朝请大夫[　　]

(15)朝请大夫守鸾台侍郎同凤阁鸾台平章事臣

……………………………………………………

(16)朝请大夫给事中[　　]臣等言：

(17)制书如□，□□奉

(18)制付外施行，谨言。

(19)　　　　　　延载元年十月十六□

(20)　　　　□可

(21)　　　　　十月十八日酉时都事下直

(22)　　　　　左　司　郎　中　下直

(23)文　昌　左　相　□

(24)文　昌　右　相　阙

(25)天　官　尚　[　　]

(26)中大夫守天官侍郎颍川县开国男[　　]

(27)朝议郎知天官侍郎事[　　]

〔1〕文书第1行的"年、月、日"字，第7行的"人"字，为武周新字，因排印困难，皆改为通用字。

(28)朝议郎知天[1]官侍郎□

(29)朝议大夫检校文昌左丞轻□

(30)告轻车都尉氾德达:奉被

(31)制书如右,符到奉行。

(32)　　　　　　　主事　德

(33)司勋员外郎承嘉　令史王仁

(34)　　　　　　　书令史范羽

(35)　　　　　延载元年十月廿　日[2]下

68TAM100:1、2、3

12.6　唐试弓马改官牒

原编者说明:本件纪年残缺,背面用作神龙二年某县事目,故本件当在此前。又本件上有残印,印文为"□□州□"。

(前　缺)

(1)敕:合试弓马改官,其牒今□

(2)品及魏宣慈等,于石舍读当。邓品从□

(3)将来石舍,家口去,上函抄递送其□

(中　缺)

(4)当石舍□

(5)其牒速□

(后　缺)

73TAM518:3/3-30(a)、3/3-(a)、3/3-78(a)

---

〔1〕文书中第10行的"载、年、月、日"字,第11行的"国、臣"字,第13行的"人、臣"字,第19行的"载、年、月"字,第21行的"月、日"字,第25、26、27、28行的"天"字,均为武周新字,因排印困难,皆改为通用字。

〔2〕文书中第35行的"载"、"年"、"月"、"日"字,均为武周新字,因排印困难,皆改为通用字。

12.7 唐北庭都护府流外官名籍

（前 缺）

(1)北庭都护府功曹府[1]流外四品云骑尉营田第一等[2]赏绯鱼袋王孝 ☐

(2) 经考十 西州 高昌县 顺义乡 顺义里 身为户

(3)北庭都护府仓曹府流外肆品上柱国赏绯鱼袋康处忠年卌一

(4) 西州 交河县 安乐乡 高泉里 身为户

(5)北庭都护府录事史流外伍品骑都尉营田第一等赏绯鱼袋曹怀嶷年卌六

(6) 西州 高昌县 崇化乡 净泰里 身为户

(7)北庭都护府户曹史流外伍品武骑尉营田第一等赏绯鱼袋

---

〔1〕府、史：文书中“府”二见，皆流外肆品，“史”二见，皆流外五品。按《通典》卷40《职官二二》“唐开元二十五年官品令”流外部分，关于诸都护府流外官的记载只有一处，即诸都护府史，为流外四品，其他流外官均失载。只此一处，亦可与本件文书所记者相比较。都护府史在《通典》记载中为流外四品，本件文书则为流外五品，比《通典》所记者低一品。据此推测，本件文书都护府府为流外四品，则《通典》官品令所记者应为流外三品。《通典》虽脱漏，但一般情况，“府”的品秩较“史”高，可以作如上推测。

《通典》所载开元二十五年官品令，不应有普遍性的错误，本件文书可能也是官府文书，也不应有普遍性的错误，但二者何以有上述差异？是否由于二者的时间性不同？或由于本件文书所记者为都护府下属曹的府、史，而《通典》所记者为都护府本司的史，前者的地位比后者低，前者的府、史的品秩比后者也低，不知是否？俟考。

〔2〕营田第一等：按《通典》卷2《食货二・屯田》云：“大唐开元二十五年令：（中略）其屯田官取勋官五品以上及武散官并前资，边州县府镇戍八品以上文武官内简堪者充，据所收斛斗等级为功优。”据此，屯官按其所管辖的营田每年收获量多少，定其政绩，分为不同等级。

《通典》卷10《食货一〇・盐铁》“大唐”条云：

> 又《屯田格》：幽州盐屯，每屯配丁五十人，一年收率满二千八百石以上，准营田第二等；二千四百石以上，准第三等；二千石以上，准第四等。大同横野军盐屯，配兵五十人，每屯一年收率千五百石以上，准第二等；千二百石以上，准第三等；九百石准第四等。

上引史料中，有营田第二、第三、第四等，即3个等级，既有二、三、四等，当然应有第一等。而这件文书中正有营田第一等。池田温著《中国古代籍帐研究》载此文书，在标题下注云：“有关考课。”池田氏的意见是对的，这是一件有关北庭都护府流外官考课的文书。

张虔礼年卌八

（后　缺）

12.8　唐西州康恩眘[1]等申功状

（前　缺）

(1) □　县承礼乡依贤里　父进为户

(2)右威卫翊府翊卫[2]赏绯鱼袋[3]康恩眘年廿三。西州交河县安乐乡高泉里　父忠为户

(3)　　右孝方等破贼立功，并蒙赏

(4)　　绯鱼袋。前通头，遂漏不申。今

(5)　　□次，望□此状申上。

（后　缺）

（北图周字68号）

〔1〕眘：《玉篇》：古文慎字。

〔2〕右威卫翊府翊卫：按《唐六典》卷24《左右威卫》云：

左右威卫大将军将军之职掌（中略），翊府翊卫外府羽林番上者，则分配之。

翊府中郎将各一人

中郎将掌领其府校尉、旅帅、翊卫之属。

以上记述者即是文书所说的右威卫翊府翊卫。

〔3〕赏绯鱼袋：按《唐会要》卷31“鱼袋”门云：

苏氏记曰：自永徽以来，正员官始佩鱼，其离任及致任，即去鱼袋。员外、判、试并检校等官，并不佩鱼。至开元九年九月十四日，中书令张嘉贞奏曰：致任官及内外官五品以上检校、试、判及内供奉官见占阙者，听准正员例，许终身佩鱼，以为荣宠。以理去任，亦许佩鱼。自后恩制赏绯紫，例兼鱼袋，谓之章服。

景云二年四月二十四日赦文，鱼袋，著紫者金装，著绯者银装。

开元二年闰二月敕，承前诸军人多有借绯及鱼袋者。军中卑品，此色甚多，无功滥赏，深非道理。宜敕诸军镇，但是从京借并军中权借者，并委敕封收取。待立功日，据功合德。即将以上者，委先借后奏。其灵武、和戎、大武、幽州镇军，赤水、河源、瀚海、安西、定远等军，既临贼冲，事藉悬赏，量军大小，各封金鱼袋一二十枚，银鱼袋五十枚，并委军将，临时行赏。

根据上引史料，文书“赏绯鱼袋”者，赏服绯佩银鱼袋也。康思眘等皆西州人，可能属瀚海军，据上引开元二年闰二月敕，文书第3、4行“右孝方等破贼立功，并蒙赏绯鱼袋”事，应在开元二年以后。本件文书的时间，亦应在开元二年以后。

12.9 唐李慈艺授勋告身[1]

(1)瀚海军破河西阵、白涧阵、土山阵、五里堠阵、东胡

---

〔1〕王国维先生《观堂集林》卷17载上录文书并有跋文。跋文对文书考释甚详,从跋文中可见我国敦煌吐鲁番学开创者之一王国维先生的治学方法,我们应认真学习。兹全文移录跋文于后。

右李慈艺授勋告身真迹,出新疆吐鲁番附近。慈艺西州高昌人,出土之地乃其乡里也。今藏日本大谷伯光瑞家。慈艺等皆北庭瀚海军兵士,故告身中但叙瀚海军功。《旧唐书·地理志》:瀚海军开元中盖嘉运置,在北庭都护府内。《元和郡县志》则云:瀚海军在北庭都护府城中,长安二年初置烛龙军。三年,郭元振改为瀚海军,开元中盖嘉运重加修筑。《新书·地理志》同。案《旧书·郭虔瓘传》,虔瓘以开元初以北庭都护兼瀚海军经略使,此告身开元四年所给,已有瀚海军,则《元和志》、《新志》说是,《旧志》说非也。河西、白涧诸地当在北庭左右,然皆无可考。凭洛城则见《元和志》及《新志》。然庭州以西诸城次序及里数,二书甚相违异,据《元和志》则轮台县在庭州西四十二里,沙钵镇在府西五十里,俱六镇在府西二百四十里,凭洛镇在府西三百七十里,清海军在府西七百里。《新志》则云:自庭州西延城西延字疑衍二西六十里有沙钵守捉,又有冯洛守捉,又八十里有耶勒城守捉,又八十里有俱六城守捉,又百里至轮台县,又百五十里有张堡城守捉,又渡里移得建河七十里有乌宰守捉,又渡白杨河七十里有清镇军城(即清海军本镇城镇,故误为清镇军城),此中惟沙钵、冯洛两守捉间不著里数,余数相加得六百十里,而据《元和志》则庭州至清海军七百里,则沙钵、冯洛两守捉间当得九十里。又《太平寰宇记》,轮台县东至州四百二十里,今假使沙钵、冯洛二城相去九十里,则《唐志》自庭州西至轮台得四百一十里,与《寰宇记》四百二十里之说亦甚相近。然则凭洛城当在沙钵守捉西九十余里,去庭州约百五六十里。《元和志》诸镇次第与凭洛镇在府西三百七十里之说,实不可信也。两《唐志》羁縻州中之凭洛州,《新书·突厥传》之冯洛水,亦即此地。又告身云,"比类府城及论台等功人叙勋,则令递减"者,府城谓北庭都护府城,论台即轮台,《新书》开元二年突厥默啜子同俄特勤围北庭,都护郭虔瓘击斩之,又侵轮台,虔瓘遣张守珪往援,中道逢贼,苦战斩首千余级,禽颉斤一人见虔瓘及守珪传。此二处战功最高,故慈艺等功比类府城轮台功递减也。河西、凭洛诸役系剿突厥余寇,郭虔瓘于北庭战后,请募关中兵万人击余寇,遂前功亦见本传。此告身中有泾州梁大钦等十四人,即所募之关中兵也。酬勋十转者,《六典》"司勋郎中职"云:"十转为上护军。"故慈艺自白丁授上护军也。又"兵部员外郎职"云注,"每阵酬勋自一转至五转各有差"。此以六阵酬勋十转,自非上赏,故云递减也。此纸出西州为慈艺乡里,盖即慈艺所得告身,而梁大钦等十四人则与之同甲受勋者,故十三人姓名并不见告身中也。泾州梁大钦姓名上冠以黄门二字者,六朝后诏书及告身皆首言门下,盖门下省为出纳王命之地,故呼门下而告之。开元元年改门下省侍中为黄门监,故不曰门下而曰黄门。至五年复为门下省,故王恽《玉堂嘉话》所载裴耀卿、张九龄等告身仍云门下也。唐人官告,世犹有传者,至授勋告身,则惟此一见而已。

永兴按:《西域文化研究》三载大庭脩著《唐告身古文书学的研究》,该文在移录李慈艺告身之后,又据橘瑞超氏《新疆探险记》移录了北庭任慈福战功文告,实际上是李慈艺授勋告身的一部分。兹转录如下:

(1)北庭府任慈福等壹拾肆人,陇州强怀贞

(未完,转下页)

(2)袄阵等总六阵,准开元三年三月二十二日敕,并

(3)于凭洛城与贼战斗,先后叙功六阵。比类府城及

(4)论台等功人叙勋,则令递减,望各酬勋拾转。

(5)　白丁西州李慈艺高昌县

(6)　右可上护军

(7)黄门:泾州梁大钦等十四人并战若风驰,捷如

(8)河决,宜加朝奖,俾峻戎班。可依前件,主者施行。

(9)　开元四年正月六日

(10)　　兵部尚书兼紫微令上柱国梁国公臣姚崇宣

(11)　　银青光禄大夫行紫微侍郎上柱国臣苏珽奉

(12)　　朝散大夫行紫微舍人上柱国王邱行

(13)　　尚书司勋告身之印

12.10　唐开元五年(717)考课牒草

(前　缺)

(1)　并游弈、斥候、探罗,界内[无]□▭

(2)　[处][鞍][马]○○(无)(损)部判府务

(3)　无稽,兵士无冤,官马十驮肥硕。

(4)—　去年考□[未]诸私　▭

(接上页注〔1〕)

(2)等玖人,甘州王怀义等叁人,岐州霍玄庆

(3)等壹伯伍拾人,宁州王思智等壹拾玖人,西州

(4)石定君等壹拾壹人,虢州蔡大悦等贰人,

(5)幽州陈思香等贰人,总肆伯捌拾伍人,并战

(6)若风驰,捷如河决,宜加朝奖,俾峻戎班。

(7)可依前件,主者施行。

(8)　开元四年正月六日

(9)　　兵部尚书兼紫微令上柱国梁国公臣姚崇宣

(10)　　银青光禄大夫行紫微侍郎臣苏珽奉

(11)　　朝散大夫紫微舍人上柱国臣王邱行

永兴按:上述大庭脩氏的文章,对李慈艺告身等件颇多论述,读者可参阅。

亦[无][负]犯

(5)牒:件通开元五[年]考 ▭

(6) 开元五年三月十一日日 ▭

贴[1]

觇

65TAM341:30/1(b)

12.11 交河郡考课文书

[唐天宝元年(742)军人考课文书]

(前 缺)

(1) ▭ 八月十一 ▭

(2)军功出身

(3)合今任经考三 一开廿八年考中中 一开廿九年考中中 一今校

(4)一 从去年考后已来,被差摄判胄曹司,知甲仗杂物给

(5) □□勾覆廿

(后 缺)

(大谷1041号)

[1]"贴"及其后"觇"二字系后人所书。——原编者注

13　唐烽堠文书

简要说明

本类文书共31件，有纪年者7件，即《唐永徽六年匡某雇人上烽契》、《唐永徽七年西州高昌县宁昌乡令狐相□雇上烽契》、《唐显庆三年西州范欢进雇人上烽契》、《唐龙朔三年西州高昌县下武城乡符为上烽事》、《唐龙朔三年西州高昌县下宁戎乡符为当乡次男侯子隆充侍及上烽事》、《唐龙朔三年西州高昌县下宁昌乡符为当乡白丁侯□隆充侍事》、《唐神龙二年西州交河城人张买苟辞为诉受雇上烽事》。

“烽”是一种紧要的军事设置，上烽者是兵士。据上述几件文书，竟有雇人上烽之事，这是值得研究的问题。永徽、显庆、龙朔期间，并非政局混乱之时，上烽者竟雇人为之，使人难解。

关于唐代烽堠制度，《唐六典》卷5《兵部》“职方郎中员外郎”条略云：

> 凡烽候所置，大率相去三十里。
>
> 若有山冈隔绝，须逐便安置，得相望见，不必要限三十里。
>
> 其逼边境者，筑城以置之。每烽置帅一人，副一人。
>
> 其放烽有一炬二炬三炬四炬者，随贼多少而为差焉。旧关内、京畿、河东、河北皆置烽。开元二十五年敕，以边隅无事，寰宇又乂当作乂安，内地置烽，诚为非要。量停近甸烽二百六十所，计烽帅等一千三百八十八人。

《通典》卷152《兵五》“守拒法附”略云：

> 每晨及夜，平安举一火，闻警固举二火，见烟尘举三火，见贼烧

柴笼。如每晨及夜平安火不来,即烽子为贼所捉。一烽六人,五人为烽子,递如(兴按:应作知)更刻观视动静,一人烽率,知文书、符牒、转牒。

仁井田陞著《唐令拾遗·军防令》云:

[唐]取中男配烽子。

《赋役令》"杂徭"条《集解》释云:……唐令烽条云:取中男配烽子者,无杂徭故也。

兴按:唐制中男服杂徭,而日本《令集解》引唐令谓中男无杂徭,不知何故,待考。

关于唐代烽堠制度的论述,请读者参阅《敦煌吐鲁番文书初探》载程喜霖著《从吐鲁番出土文书中所见的唐代烽堠制度之一》。唐代烽堠制度详细内容,请读者参阅《武经总要》前集五《唐兵部烽式》。

以下13.1~13.14文书移录自《吐鲁番出土文书》第四册;13.15~13.22文书移录自《吐鲁番出土文书》第五册;13.23~13.25文书移录自《吐鲁番出土文书》第六册;13.26~13.31文书移录自《吐鲁番出土文书》第七册。

13.1 唐西州蒲昌县下赤亭烽[1]帖一

原编者说明:本件盖有"蒲昌县之印"。

(1)▭ 赤亭 ▭

(中 残)

(2)▭ 处分料 ▭

(3)▭ 于彼给付 ▭

(4)▭ 讫上正月十 ▭

(5)▭ 乞德帖

(6) 检校丞 ▭

[1]赤亭烽:见本书第9章唐军府营田文书类第9.1文书注释。

67TAM78:36

13.2 唐西州蒲昌县下赤亭烽帖二

编者原说明:本件盖有“蒲昌县之印”两处。

(1)▭ [帖]赤亭烽

(2)▭ [隆]合

(3)▭ [队]正赵 ▭

(4)▭ 分[付]

(5)　　　　尉杨瓒 ▭

67TAM78:38

13.3 唐西州蒲昌县下赤亭烽帖为镇兵粮事

原编者说明:本件盖有“蒲昌县之印”。

(1)▭ 帖赤亭烽

(2)▭ 竔

(3)▭ 赤亭镇兵十 ▭

(4)▭ [依]数给讫上 ▭

(5)▭ 令柳大[质] ▭

67TAM78:37

13.4 唐西州蒲昌县下赤亭烽帖为牛草料事

原编者说明:本件盖有“蒲昌县之印”。

(1)□[昌]县　帖[赤][亭] ▭

(2)　牛壹拾贰头——

(3)　　右件牛给

(4)　　准给草料 ▭

（后　缺）

67TAM78:45(a)

13.5　唐西州蒲昌县下赤亭烽帖为觅失驼驹事

原编者说明:本件县名只存"昌"字,据前件知是蒲昌县帖。

(1)□昌县▭赤亭烽　（下　残）

(2)　小[小][驼][壹]头

(3)　　右件[驼]得尚药使▭

(4)　　　牒称:□□夜五更▭

(5)　　　　驼,寻□不获,帖▭

(6)　　　　烽子□头散觅,必▭

(7)　　　　得。如□不得,科烽▭

(8)　　　　其[驼]□取草泽▭

(9)　　　　追[觅][十]二月廿三日▭

(10)　　　　帖

(11)　　　　　　　检校丞[判]▭

（后　缺）

67TAM78:34

13.6　唐西州蒲昌县下赤亭烽残帖

原编者说明:本件县名残,据前件知是蒲昌县帖。

(1)▭帖　赤亭烽

（后　缺）

67TAM78:51/1

13.7 唐某年二月府史张道龛领受马料抄

(1)□ 赤亭烽帅[1]冯怀守 □

(2)□ 承使马料蹃草头数 □

(3)□ 条二月廿一日府史张道[2] □

67TAM78:42

13.8 唐某年九月府史张道龛领受马蹃抄

(1)□ 赤亭烽帅冯怀守烽 □

(2)□ 马蹃粝帖肆条并 □

(3)□ 司讫九月廿九日 □

(4)□ 道龛[3]领抄下

67TAM78:33

13.9 唐某年十月府史张道龛领马蹃帖

(1)□ 赤亭烽帅冯怀守烽 □

(2)□ 使马蹃粝□□条十月廿 □

(3)□ 张龛[4]□□□

67TAM78:47/1

---

〔1〕烽帅:按《唐六典》卷5《兵部》"职方郎中员外郎"条云:"每烽置帅一人,副一人。"文书的记载与史籍符合。

〔2〕据本墓21号《唐某年九月府史张道龛领受马蹃抄》,知此件"道"下"龛"字缺。——原编者注

〔3〕据本墓20号《唐某年二月府史张道龛领受马料抄》,知"道龛"上缺"张"字。——原编者注

〔4〕据本墓20《唐某年二月府史张道龛领受马料抄》,知即张道龛双名单称,下件同。——原编者注

13.10　唐某年月廿五日府史张道龛领马料抄

(1)[　　]　[赤]亭[烽][帅][冯][怀]守烽所给　[　　]

(2)[　　]　[粝]□两条[　　　]马牒壹总帖　[　　]

(3)[　　]　廿五日[　　　][张]龛领　[　　]

67TAM78:47/2

13.11　唐某年六月阙名领受马蹟抄

（前　缺）

(1)[　　]　蹟帖叁条　[　　]

(2)[　　]　,六月十　[　　]

（后　缺）

67TAM78:48/2

13.12　唐马善行残文书

（前　缺）

(1)[　　]　仁所至烽　[　　]

(2)[　　]　月六日送使至　[　　]

(3)[　　]　马善行三人　[　　]

67TAM78:49(2)

13.13　唐东塞残文书

（前　缺）

(1)[　　]　一日于东塞　[　　]

(2)[　　]　将人草内人　[　　]

(3)[　　]　得为限,伊　[　　]

(4)[　　] 趁,但是马 [　　]

(5)[　　] [若]东遇尉 [　　]

(6)[　　] 帅

（后　缺）

67TAM78:43

13.14　唐西州交河县严某受雇上烽契

（前　缺）

(1)□[钱][伍]文,雇交河□□□乡严 [　　]

(2)交河县[　　　　][如]有逋 [　　]

(3)罪及巡点[　　　　]当。严 [　　]

（中　缺）

(4)[　　] 人　严秋隆

(5)[知]见人　郭阿绪

（后　缺）

67TAM78:40

13.15　唐张隆伯雇董悦海上烽契

原编者说明:本件纪年残缺,据雇人上烽十五日及"宁戎乡"等乡名看,当属唐代文书,以下诸件同此。

（前　缺）

(1)[　　　] [一][日][武][城]□□□[隆][伯]□

(2)[宁]戎乡人董悦海用河头上烽

(3)一次一十五日,与雇价钱五文,其钱

(4)□[日]交相府(付)了。[　　　　]逋□

(5)[　　　] 当,张悉 [　　]

(6)[　　　] 信

(7)［　　　］人　张

(8)［　　　］雇人　董悦[海]

(9)　　　　知见人　张相[愿]

(10)　　　知见人　高　駋　□

69TAM140:17/1

13.16　唐张隆伯雇范住落上烽契

(1)［　　　］[正]月廿八日[武][城][乡]［　　　］

(2)［　　　］文雇同乡人范住落[用][柳]［　　　］

(3)[拾]伍日,即日与钱肆文,残钱叁□

(4)［　　　］回来,上钱使毕。若烽上有［　　　］

(5)［　　　］不在,并烽前[忽]有杂［　　　］

(6)［　　　］契以后,先有悔[者],

(7)［　　　］从私契,两主和可

(8)　　　　□□人范住落

(9)　　　［　　　］张隆伯

(10)［　　　］　［　　　］

(11)　　　　□书人　赵武亮

69TAM140:17/4、17/5－2

13.17　唐张隆伯雇人上烽契

（前　缺）

(1)□付县上烽壹十五日。[即]日□钱［　　　］

(2)□须十日至。若不,钱一日謫钱半文,若有谒(遏)

[留],[1][仰]

(3)□悦子承,张隆伯悉不知。二主和同立卷,卷成

(4)[   ] [壹][罚]二入[张] [   ]

(后　缺)

69TAM140:17/2

13.18　唐张信受雇上烽契

(1)[   ] 月十四日 [   ]

(2)[   ] 银钱陆文,雇同乡人 [   ]

(3)[   ] 烽一次十五日。若上 [   ]

(4)[   ] [有]罪,一仰张信自 [   ]

(5)[   ] 一罚贰入不悔人。[   ]

(6)[   ] 信

(后　缺)

69TAM140:17/3

13.19　唐永徽六年(655)匡某雇人上烽契

(1)[永]徽六年十一[月]□日,武城乡匡□□

(2)交用银钱肆文,[   ]乡人易隆仁往□

(3)城上烽壹次,拾[   ]烽上有逋留□

(4)□壹仰易自[   ]匡悉不知。两和立

(5)契,获指为□

(6)　　　主 [   ]

(7)　　　受雇易隆仁— — —

---

〔1〕谒(遏)留:按本书载《唐永徽六年(655)匡某雇人上烽契》有“逋留”一词。《永徽七年西州高昌县宁昌乡令狐相□受雇上烽契》有“逋留官罪”一语。此处“谒(遏)留”恐是“逋留”之误书。

(8) 知见人傅隆护— — —

(9) 严武达

(10) ▭ 旨道— — —

69TAM10:43,50

13.20 唐永徽七年(656)西州高昌县宁昌乡令狐相□受雇上烽契

(1)永徽七年七月十五□,▭

(2)▭ 文半,用雇宁昌乡人令□ ▭

(3)▭ 壹拾五日。烽上逋留,官罪,仰令□□□

(4)▭ 不知。若不承了,谪银钱十文入

(5)范。两和立获卷为信。[1] 钱 ▭

(6) 知见 焦养□

(7) 受雇 令狐相□

(后 缺)

69TAM337:11/a

13.21 唐显庆三年(658)西州范欢进雇人上烽契

(1)显庆三年十一月二日交河府卫士范欢进交

(2)用银钱柒文,雇前庭府卫士白憙欢用 ▭

(3)▭ 拾五日。若有逋留,官罪,一 ▭

(4)范悉不知。若更有别使,白计日还钱

(5)▭ 两主和可立契,获指[2]为信。▭

(6) 钱主 范欢进— — —

〔1〕这句有脱误。当作"两和立券,获指为信"。——原编者注

〔2〕获指:"获"应是"画"的音代字。"画指"在契约上常见。

（后 缺）

60TAM338:32/4－1、32/4－2

13.22 唐西州高昌县武城乡张玉塠雇人上烽契

原编者说明：本件纪年残，但契内云“柳中县”，唐改高昌之田地县为柳中。又所出雇人上烽契纪年并是唐代。

（1）[ ]正月廿八日，武城乡[ ]

（2）[ ]银钱八文，雇同乡人解知德当柳中□[ ]

（3）[ ]壹次拾伍日。其钱即日交相[付]□

（4）[若]烽上有逋留，官罪，壹仰解知德

（5）当，张玉塠悉不[知]。□有先悔者，一罚

（6）贰，入不悔人，[ ][指]为记。

（7）　　　　钱主　　□□塠

（8）　　　　受雇人□知德

（9）　　　　保人　张板德

（10）　　　　知见人张仁丰

60TAM326:01/1，01/2

13.23　唐龙朔三年(663)西州高昌县下武城乡符为上烽事

原编者说明:本件盖有“高昌县之印”,并有朱书“录□□相[1]□□”一行,该行后二字压书于“龙朔”两字上,今不可识。后两件皆有朱书“录事”一行,内容与本件亦相同,疑原是高昌县案卷,断裂成3件。

（前　缺）

(1)　　　□[索][胡][款]其[　　　　]依番上烽

……………………………………………………………

(2)　　　更无例复者[　]

(3)武城乡主者:件状[如][　]

(4)右准式,符[　]

(5)　　　　　　　　佐□□

(6)　□准

(7)　　　　　　　　　史[　]

(8)　　　录□□相[龙][朔]三年“三月一日

60TAM325:14/5－1(a)、14/5－2(a)

---

〔1〕录□□相:读此件及后二件文书的内容及书写格式,原编者说明,认为这3件是同一案卷的3断片,是对的。我还怀疑在这3断片之间,还有断片佚缺。

据后二断片,“录”下所缺两字,应填“事”、“沙”两字,即“录事沙相”。据原编者说明,此行为朱书。按《唐六典》卷30“州县官”云:

诸州上县

录事二人

录事掌受事发辰,勾检稽失。

据《元和郡县图志》卷40“陇右道下”,高昌乃上县。应有录事二人,乃县勾官也。

据唐勾检制,文书此行应朱书。

文书第6行“□准”,根据唐文案格式,缺字应填县判司“尉”。此是高昌县下武城乡符,由县尉名“准”者签署。颁下。最后由勾官勾检,此为唐处理文案的程式。

13.24　唐龙朔三年(663)西州高昌县下宁戎乡符为当乡次男侯子隆充侍及上烽事

原编者说明:本件盖有"高昌县之印"3 方。又末行"录事沙"一行为朱笔书写。其下尚有 3 字残不可识,压书于"龙朔三"3 字上。又,第 10 行为后人戏书。

（前　缺）

(1)今见缺侍人某,宁戎乡侯子隆,身充次男,[　　]

(2)[　　] [望][请][充][侍]者。又闻怀相本以得[顺]

(3)[　　] 今年新 [　　]

(4)八十,自回充侍父者。又得宁戎乡里□□

(5)定护款,其[侯]子隆见是中男,随番上烽 [　　]

(6)[　　] 者。前侍已亲侍父,[1]后请宜 [　　]

(7)□式,关司兵任判者。今以状下乡,宜准状,符

(8)到奉行。准式[　　]　　　　[史][张]□

(9)付　身　　（下残）

(10)　庢　乇 [　　]

(11)尉　⿰礻隹　准　⿸丆垂　　　　史史□

(12)　　　　　　　　史氾感

(13)　　　[录][事]沙[龙][朔][三]年三月二日下

60TAM325:14/2 -(a)、14/2 -2(a)

---

〔1〕充侍、侍父(二见):据文书内容,涉及唐给侍制度。唐史籍多载有给侍制度。兹引录《通典》卷 7《食货七·丁中》所载唐给侍制度如下:

> 按"开元二十五年户令"云:诸年八十及笃疾给侍一人,九十二人,百岁五人,皆先尽子孙,听取先(兴按:疑为近)亲,皆先轻色,无近亲外取白丁,人(兴按:此字误,恐是衍文)取家内中男并听。

文书第 4 行"自回充侍父者",即令文之"皆先尽子孙"也。

13.25　唐龙朔三年(663)西州高昌县下宁昌乡符为当乡白丁侯□隆充侍事

原编者说明:本件盖有"高昌县之印"一方。又末尾有朱书"录事沙相十四日"一行,"四日"二字压书于"龙朔"二字上。又一行系后人戏书。

(1)[　　] □张　长善里正 [　　]　　　张其

(2)[　　] 笃疾,请宁昌乡白丁□□[隆]侍

归[本]里正 [　　]

(3)[　　] [辞]称:去永徽二年貌入笃疾。即

(4)[　　] 李智[　　　]其人去正月内身亡,今

(5)[　　] 人[者]。又[依]状问宁昌乡里正王守护,得

(6)[　　] 奴[　　　　]身亡有实者。又问康

(7)[　　] [得]□充侍,得款愿取宁昌乡侯

(8)[　　] 侍者。又问乡得里正王守护

(9)[　　] 隆见是白丁[　　　　]下[者]

(10)[　　] 乡 [　　]

(中　缺)

(11)[　　] 得 [　　]

(12)[　　] 替讫[　　　　　]准状,□牒

(13)　　　录事沙相十龙朔三年三月 [　　]

(14)　　　□　□　□

(15)尉裃,谁[1] [　　]

60TAM325:14/3-1(a)、14/3-2(a)、14/6-1(a)、14/6-2(a)

---

〔1〕尉裃,谁:按原编者说明,"又一行系后人戏书",此"又一行"当系此件文书第14行。据唐代文案格式,第15行第一个字"尉",即县尉,是文案上必有之字,不是戏书。以下两个草书字在上一件文书上第11行亦有。作者认为两者均非戏书。因未看到原卷,推测原编者说明中的戏书指第14行。

13.26　唐西州高昌县严某雇人上烽契

(1)[　　] [六][月][一][日],[高][昌][县]人[严] [　　]

(2)□□[文]雇取交河县人赵松 [　　]

(3)□[当]交河上烽壹次[拾]五日。其[钱] [　　]

(4)□付了。若烽有[逋] [　　]

(5)[当]严悉不知。[若] [　　]

(6)□人随身 [　　]

(7)□画[指] [　　]

（后　缺）

67TAM93:25

13.27　唐西州高昌县阳某雇人上烽契

(1)[　　] [年]六月一[日][高][昌][县] [　　]

(2)□□钱拾文雇交河县人 [　　]

(3)□[用]神山烽[1]上壹次拾伍日。 [　　]

(4)[即]日交相付了。若烽上有逋 [　　]

(5)[　　] 当,[阳]不知。 [　　]

(6)[　　] 画[指] [　　]

（后　缺）

67TAM93:24

13.28　唐西州赵某雇人上烽契

(1)[　　] [六][月][　　][海] [　　]

---

〔1〕神山烽:按黄文弼著《高昌砖集》载王朋墓表,王朋为“西州交河县神山乡人”知神山烽应在神山乡或其附近,烽因乡得名。

(2)[　　] 拾文雇[　　　]李駋居 [　　]

(3)[　　] 交何(河)上烽[　　　][其]钱即日付 [　　]

(4)[烽]上有逋留,官□□[仰]李自当,赵

(5)□□知。□□别二□□悔人。两和立契,获[1]

(6)□[为]□。

(7)　　　　　　　钱□　赵

(8)　　　　　　　[受]□□李[駋][居]

(后　缺)

67TAM93:27(a)、28(a)

13.29　唐侯某雇人上烽契

(前　缺)

(1)[　　] 上[烽][　　　]其[钱] [　　]

(2)[　　] 若烽[上][　　　]官罪,一[仰]□

(3)□当,侯悉不[知]。[　　]刀箭,侯不知。两□

(4)[立]契,获指[为][信]。

(后　缺)

67TAM93:29、30

13.30　武周残牒为诸烽守捉事

原编者说明:本件纪年已残。牒内用武周新字,当是武周时期。下列4、5、6等件纪年同。

(前　缺)

(1)[　　] 符称 [　　]

〔1〕"获指"即"画指",见前件文书注释。

(2)☐ 七十人又奉三月[1] ☐

(3)☐ 十人诸烽守捉 ☐

(后　缺)

72TAM187:213/1

13.31 唐神龙二年(706)西州交河城人张买苟辞为诉受雇上烽事

原编者说明:本件纪年残缺,但据前件(兴按:前件在《吐鲁番出土文书》第七册第329页)知在神龙二年。赤山为烽名,故知是受雇上烽。

(1)☐ 交河城人张买苟辞

(2)　☐

(3)☐ □上为临发日买苟

(4)☐ □□□□雇上件人替才思赤山[2]

(5)☐ □到镇,所有逋留官罪及逃检不到,

(6)☐ 上日 ☐ 将军□□其人点□

(7)☐ 买苟贫见

(8)☐ □钱,其守亮

(9)☐

(10)　☐　元

(11)　☐　日

(12)　☐ □州

73TAM518:3/3－3、13/3－8(a)、3/3－7(a)

---

[1]"月"字系武周新字,因排印困难,改为通用字。

[2]赤山:按《全唐诗》卷199岑参《优钵罗花歌并序》,歌中有句"百山南,赤山北"。序中有"天宝庚申岁(兴按:天宝纪年无庚申,有庚寅,即天宝九载),参忝大理评事摄监察御史领伊西北庭度支(兴按:当作支度)副使"及"交河小吏有献此花者"之语。据此,赤山在交河县境。《敦煌吐鲁番文书初探》载程喜霖著《从吐鲁番出土文书中所见的唐代烽堠制度之一》一文对此有详细考释,读者可参阅。

14 唐逃兵及病残兵士文书

简要说明

本类文书共21件，其中有关逃兵者18件。在逃兵文书中，有关碛西樊游俊者8件，这8件文书有的有“樊游俊”之名，有的有“业”和“阴敬”之名，有的只有“业”或“阴敬”之名。有两件文书上有“河东郡行营”，可见这8件文书的年代为天宝年间。有关瀚海军逃兵者3件，其年代为天宝二年。大谷2999号为天宝年间西州高昌县文书。大谷1409号文书、3002号文书与吐鲁番出土的《武周兵曹牒为申报前庭等府逃兵名事》文书似为一组，可能都是武周年间的文书。此外，土右营文书两件，其时间为开元二十八年。其他一件文书的年代不详。

据以上分析，18件逃兵文书中，开元末年和天宝年间者为14件，占绝大多数。

按《通鉴》卷214“唐玄宗开元二十五年”云：

> ［五月］癸未，敕以方隅底定，令中书门下与诸道节度使量军镇闲剧利害，审计兵防定额，于诸色征人及客户中招募丁壮，长充边军，增给田宅，务加优恤。

同上书“开元二十六年正月”云：

> 制边地长征兵，招募向足，自今镇兵勿复遣，在彼者纵还。

唐府兵制败坏，折冲府无兵，不得不代之以募兵，远在开元二十五年之前。但募兵作为制度，全面代替府兵制，是在开元二十五年。从此兵农合一的府兵卫士为长期离开家乡土地农耕的职业兵所代替。我认为，开元末以及天宝年间，边镇逃兵增多，与募兵制普遍实行有关，逃兵文书反映了这一实际情况。其次,开元末以及天宝年间,西北边西边战争日益频繁也是逃兵增多的原因。

以下14.1,14.21文书移录自《吐鲁番出土文书》第七册;14.2,14.6,14.7,14.9~14.14,14.17移录自小田义久编《大谷文书集成》一;14.3,14.8,14.15,14.16移录自小笠原宣秀、西村元佑著《唐代役制关系文书考》(载《西域文化研究》三);14.4,14.5,14.18~14.20移录自《吐鲁番出土文书》第八册。

14.1 武周兵曹牒为申报前庭等府逃兵名事

(1) 检校兵曹向州

(2) 上州为陈等(?)色等逃 □

……………………………………………………

(3)兵曹

(4) 吕昆丘索贞□[1] □仁爽 张长□已上前庭

(5) 高元信蒲昌府

(6) 右依检案 □

(7) 人不到镇已今月叁日[2]判申 □

(8) 岸头府后杨明□(下残)

(9) □

(10) 上又得 □

(11) 逃 □

(12) 牒:件状如前, □

(后 缺)

72TAM209:85/16(a)

---

[1]索贞□:按文书书写体例,"索贞"下缺字应填"府"字。前庭府、蒲昌府、岸头府皆属西州,索贞府应亦属西州。

[2]此行的"月"、"日"皆武周新字,因排印困难,改为通用字。

14.2 役制(逃兵)关系文书断片

(前　缺)

(1)［　］□□

(2)［　］儿兵士等

(3)［　］□准牒令捉,诸坊捉上件人送(?)［　］

(4)［　］前件色如数充得[1]即送付［　］

(5)［　］如前□［　］

(后　缺)

(大谷1409号)

14.3 访捉逃兵文书[2]

(1)［　］

(2)　右□奉帖令访捉者□□［　］

(3)　承县司捉得,今欲赴北庭请［　］

(4)牒,件　状　如　前,谨　牒。

(大谷3002号)

14.4 唐开元二十八年(740)土右营下建忠赵伍那牒为访捉配交河兵张式玄事一

(1)□右营　　　　牒建忠赵伍那

(2)　兵张式玄————

(3)　牒:得上件人妹阿毛经军陈辞:前件兄身是三千军

〔1〕如数充得:小笠原宣秀、西村元佑著《唐代役制关系文书考》(载《西域文化研究》三)著录此文书作"如后□得"。细审《大谷文书集成》一图版95,"如"下二字为"能捉","能"字草书,相当清晰,"捉"字残存右部"足"字,简体书,就上下文义论,应为"捉"字,全句作"如能捉得"。

〔2〕这一标题是作者拟加的。

兵名，

(4)　□今年三□配交河车坊上，至今便不回，死活不分。阿

(5)　□兄别籍，又不同居，恐兄更有番役，浪有牵挽。阿毛孤

(6)　□一身，有(又)无夫聟(婿)，客作佣力，日求升合养姓(性)命，请乞处分者。

(7)　□□使判：付营具问▭玄身当三月番上，今妹阿毛

(8)　▭所由例皆指注，具状录申都司听裁。

(9)　▭那访捉，以得为限者。牒至准状，故牒。

(10)　　　　开元廿八年五月四日典□□通牒

(11)　　　　　　判官孟能及

(12)　　　　　　总管王　使

72TAM178:4

14.5　唐开元二十八年(740)土右营下建忠赵伍那牒为访捉配交河兵张式玄事二

(1)土右营　　　牒建忠赵伍那

(2)　兵张式玄————

(3)　　右被都司牒，得状称：得上件人妹阿毛经军陈辞，前件兄身是三千军

(4)　　兵名，当今年三月配交河车坊上，至今便不回，死活不分。阿毛共兄别

(5)　　籍，又□□□□兄更有番役，浪有牵挽。阿毛孤独一身，有(又)无夫聟(婿)

(后　缺)

72TAM178:5

14.6　西州逃兵[1]关系文书

（前　缺）

(1)[右]件[兵]□□□于此郡县界□　□□

(2)走，频勒所由访捉不获。恐至军不练逃

(3)走所由，[2]请给公验。请处分。

(4)牒，件　状　如　前，谨　牒。

(5)　　　　　　天宝□□月司兵张□牒

(6)　　　　　　　　　　[前]果毅[3]王景仙

(7)[付]　[司]。　[元]　[宪]　[示]

（后　缺）

（大谷 2999 号）

---

〔1〕西州逃兵：按文书第 7 行为"付司。元宪示"。据唐代官府文案程式，此"元宪"乃处理这一牒文所在官府的长官。又按，据大谷文书 3006 号及 3149 号两件请地牒（见池田温著《中国古代籍帐研究》），在开元二十九年，元宪乃西州高昌县令，亦即高昌县长官。本件文书乃天宝某年者，据此推断，本件文书上的元宪就是开元二十九年请地牒上的元宪，亦西州高昌县令，即长官。因此，本件文书乃西州高昌县文书。文书标题"西州"下应加"高昌县"。

〔2〕小田义久氏和内藤乾吉氏（见《西域文化研究》第三所载《西域发现唐代官文书研究》）对本件文书第 3 行，都在"所由"之下句断，恐非是。文书第 2～3 行"恐至军不练逃走"，何人至军？如至军者为"右件兵"，兵已至军，则已无逃走问题，文书也不必说"访捉不获"。我认为至军者乃是"所由"。文书第 2～3 行两处记载的"所由"是同一个人，即在高昌县内送兵至某军的经手人负责者。可以推测，某次从高昌县送若干名兵士至某军，已通知某军，但在送兵途中"右件兵"逃走，以致送到某军的兵士人数少若干人，"不练"即不了解，"所由"至某军后，某军不了解有数名兵士逃走的情况，因而请求县给予公验。根据上述分析，我认为：文书第 3 行应在"走"字下句断，"所由"应连下读，即"所由请给公验"。

〔3〕司兵、前果毅：按本件为县文案，据《唐六典》和《旧唐书·职官志》，一般县不设司兵。《新唐书》卷 49《下百官志》云：

凡县有司功佐，司仓佐，司户佐，司兵佐，司法佐，司士佐。

《新唐志》此段记述，错误颇多，不可尽信，但也不可完全否定。本件文书为官府文案，记事应确，如与《新唐志》互相证发，则县设司兵，不可不信也。又按《通典》卷 33《职官十五》"总论县佐"云："大唐县有令而置七司，一如郡制。"《通典》所记为天宝制，县确设司兵。本件为天宝年间官府文案，在时间上和制度上，文书与《通典》完全符合，不可不信。关于"前果毅"，细审图版 97，"果毅"之上有字迹，但漫漶难识，不知是否是"前"字？天宝年间，府兵制虽已废，但非国家明令弃者。边远郡县，其制仍残存是很可能的。因而果毅王景仙在司兵牒文后连署。

14.7 瀚海军[1]逃兵关系文书一

(前 缺)

(1)□ 瀚海军[2]逃兵刘德才 安西[3]逃兵任顺儿 焉耆□

(2) 右被牒令访上件人,今访得随□

(3) 请处分。

(4)牒,件状如前,谨牒。

(5) 天宝二年七月 日 坊正康小奴牒

(6) 坊正匡孝通

(7) 坊正刘逸多[4]

(8) 捕贼官尉 赵□□

(9)□ □ 仍 付 司,申 郡

---

〔1〕瀚海军:按《唐会要》卷78"节度使(每使管内军附)"条云:

瀚海军,置在北庭都护府。[长安]三年,郭元振奏置瀚海军。

《元和郡县图志》卷40"陇右道下"云:

庭州,长安二年改置北庭都护府,开元二十年改置北庭节度使,管瀚海军(北庭都护府城中)。长安二年初置烛龙军,三年,郭元振改为瀚海军。

《通鉴》卷215"唐玄宗天宝元年"云:

北庭节度防制突骑施、坚昆,统瀚海、天山、伊吾三军,屯伊、西二州之境,治北庭都护府,兵二万人(瀚海军在北庭府城内,兵万二千人)。

本件文书的时间为天宝二年,是时,瀚海军在北庭府城内,有兵一万二千人,属北庭节度使。

〔2〕澣海军:细审图版95,"海"字残存下部,"海"字上全残缺,其上一字乃以意填写者。"澣"、"瀚"虽可通用,但唐制称瀚海军,书"瀚"而不书"澣",文书第1行"澣"应改为"瀚"。

〔3〕安西:《唐会要》卷73"安西都护府"条云:

至显庆三年五月二日,移安西都护府于龟兹国。

咸亨元年四月二十二日,吐蕃陷我安西,罢四镇。

《通鉴》卷201"唐高宗咸亨元年"云:

夏四月,吐蕃陷西域十八州,又与于阗袭龟兹拨换城,陷之。罢龟兹、于阗、焉耆、疏勒四镇。

根据上引,安西即安西都护府,亦即龟兹。

〔4〕刘逸多:《西域文化研究》三载小笠原宣秀、西村元佑著《唐代役制关系文书考》著录本件文书作"阚逸多",细审图版95,作"刘"是,不作"阚"。

(10)处　分。　元　宪　□[1]

（大谷 2377 号）

14.8　高昌县牒为捉得逃兵刘德才等事[2]

(1)[幹][3]海军健儿刘德才　安西逃兵任顺儿　焉耆逃兵梁目新[4]

(2)　右得坊正康小奴状称被牒令访上□送，令访得[5]

(3)　　请处分者摄令[6]□□　　　　□处分者□

(4)　　　　　　　　　　　　　　□捉得令

（大谷 3379 号）

14.9　瀚海军逃兵关系文书二

（前　缺）

(1)[检][案]连如[前]□□

(2)　　　六月□

(3)　　瀚海军逃□

(4)　　递夫阅司□

(5)　　□　□

（后　缺）

---

〔1〕元宪□：在前件文书中，作者已考证，天宝二年，元宪乃西州高昌县令，则本件乃高昌县文书也。文书标题似应改为"坊正康小奴等为访瀚海军逃兵等上高昌县牒并判"。

〔2〕这个标题是作者拟加的，就内容论，本件是大谷 2377 号文书的继续，是高昌县文书。

〔3〕𤄏：应作"瀚"。

〔4〕梁目新：细审小笠原宣秀、西村元佑论文后附图版 17："梁"字下乃"日"字，此人应作"梁日新"。

〔5〕令访得：细审图版 17，"访"上一字与本件第 2 行"令访"之"令"字稍有不同，应作"今"，就文义讲，亦宜作"今"。

〔6〕细审图版 17，文书第 3 行"令"下一字尚可辨识，乃"判"字。

（大谷 1410 号）

14.10　西州高昌县官厅文书断片一

（前　缺）

（1）　　　　连业[1]白

（2）　　　　　卅七日

（后　缺）

（大谷 1023 号）

14.11　碛西逃兵樊游俊处置文书一

（前　缺）

（1）□□案连如□□

（2）　　　　七月　日史阴敬牒

（3）　　　　检（案）业白

（4）　　　　　　三日

（5）碛西逃兵樊游俊

---

〔1〕连业白本件文书第 1 行的“连”字后应有逗号或句号，业乃人名，一般为判官或通判官。此“业”字与后数件文书中之“业”应为一人。按照唐代官府文案的结构，本件文书应与大谷 1024 号文书相连接。“连”为“检案连”之省文，“连业白”意为：业吩咐小吏：检案连在一起。此下则为小吏以内部牒的形式回报业的吩咐。大谷 1024 号文书的第 1、2 行正是这样的内部牒。其第 1 行：“□案连如□”，“案”前一字应为“检”，“如”后一字应为“前”，这是官府文案中的习用语，是小吏对业的吩咐的回报。其第 2 行，“七月　日史阴敬牒”为写牒的月日以及写牒者的署名，则知“检案”的小吏为阴敬。

根据上述分析，大谷 1023 号文书应和大谷 1024 号文书连接在一起，是碛西逃兵樊游俊文书的组成部分。

（6）　　□得河东郡[1]行营状称。上［　］于此郡逃□

（后　缺）

（大谷1024号）

14.12　西州高昌县官厅文书断片二[2]

（1）　　　　检案业白

（2）　　　　　　廿五日

（3）　　□检案连如前谨牒

（4）　　　　七月□史阴敬牒

（5）　　□□□

（后　缺）

（大谷1018号）

14.13　碛西逃兵樊游俊处置文书二

（前　缺）

（1）□检案连如前谨牒

（2）　　六月　日史阴敬牒

（3）　　□□□□□准状牒

（4）　　河东郡行营仍牒三

（5）　　我(?)□东西犯界切捕

---

〔1〕河东郡：按河东郡即蒲州，称郡而不称州，可见本件文书的时间在天宝年间。又据吴廷燮《唐方镇年表》卷8“碛西北庭”条云：

　　天宝元年

　　二年

　　《旧·来曜传》：为碛西副大使。

本件文书第5行“碛西”云云，在节镇称号上亦相符合。

〔2〕据本件文书中“业白”及“史阴敬牒”，颇疑本件也是关于碛西逃兵樊游俊文书的一部分。

(6)　　　　[捉]□□□□[咨]全[业]

（后　缺）

14.14　碛西逃兵樊游俊处置文书三

（前　缺）

(1)　　　　［　　］□□［　　］

(2)　由状。被帖令访前件人送［　　］［　　］帖括访当

(3)　人可送。状上听裁者。具检如前。

(4)牒,检件如前。谨牒。

(5)　　　　　　七月　日　史阴[敬]

(6)　　　　　　碛[西]逃兵樊［　　］

（后　缺）

（大谷 3000 号）

14.15　碛西逃兵樊游俊文书一[1]

(1)新兴城

(2)　　碛西逃兵樊游俊

(3)　　　右被牒令访捉上逃兵。

(4)　　　前件色可送,谨录状上。

(5)［　　］状如前,谨牒。

（大谷 3494 号）

14.16　碛西逃兵樊游俊文书二[2]

(1)［　　］□忄□□□［　　］

[1]此标题是作者拟加的。

[2]这一标题是作者拟加的。作者认为本件是大谷 3494 号文书的继续,“并无此色可言”是针对前件文书“前件色可送”而说的。

(2)　　子细访捉,并无此色可言。

(3)牒,件状如前,谨牒。

(4)　　　　天宝[　　　]□

(大谷3001号)

14.17 高昌县官厅文书断片[1]

(前　缺)

(1)史阴敬牒

(2)[　　]□兵马惠德[　　]

(3)[　　]户逮[处][　　]

(4)[　　]交百(?)[　　]

(后　缺)

(大谷1407号)

---

〔1〕小田义久教授在本件文书标题后指出:本件为高昌县处理军马关系文书,其根据可能是文书第2行"兵马惠德"。"兵马惠德"前后均有缺字,文义难晓,但就此4字而论,"马"字连上读,成为"兵马","兵马惠德"文义更难解。细审《大谷文书集成》一图版22,"兵"上一字尚有残迹,可能是"逃"字的"辶"的草书,全句应作"逃兵马惠德","马"连下读,是一人名。内藤乾吉教授著《西域发现唐代官文书研究》著录此文书也作"逃兵马惠德",小笠原宣秀、西村元佑著《唐代役制关系文书考》著录此文书也作"逃兵马惠德"(二文均见《西域文化研究》第三)。

文书第3行"逮"下一字,小田义久氏录为"处",内藤乾吉氏录文及小笠原宣秀、西村元佑二氏录文均作"处"。但文书第4行,"交"字下,小田义久氏录为百(?),细审图版22,此字似应作"军"。

总之,作者认为本件也是逃兵文书。

14.18 唐西州高昌县史张才牒为逃走卫士送庸緤价钱事

（一）

…………………………………………………………………………………………[1]

(1)逃走卫士后送庸緤价银钱壹佰陆

(2)□

(3)□ 五分便合在县取床小豆价

（后 缺）

72TAM230:63(a)

（二）

（前 缺）

…………………………………………………………………………………………[2]

(1)□ 廿七日史张才牒

(2)□ 高昌县申送逃走卫

(3)□ [緤]价钱，检既并到□

(4)□ 知，咨。元利白

（后 缺）

72TAM230:62(a)

14.19 武周智通拟判为康随风诈病避军役等事[3]

原编者说明：本件无纪年，用武周新字，内称“斩啜猖狂”，则天改

〔1〕骑缝背面押一“大”字。——原编者注

〔2〕骑缝背面押一“元”字。——原编者注

〔3〕此文书中的“人”、“日”、“臣”字均武周新字，因排印困难，改为通用字。

默啜为“斩啜”，事在圣历元年(698)九月，知此件必写于此年至神龙元年(705)间。“藏帛万余”者名“凭虚”，亦“子虚”、“乌有”之类，故为拟判。

(1)康随风一介庸人，名霑简点之色，而乃避其军役。

(2)于是妄作患由，臂肘蹉跌，遂非真病，挛拳手腕，

(3)[乃]是诈为。使人将谓非虚，遂乃放从丁例。此□

(4)□[知]，匪独一人□事。推穷状情□露，将为□□

(5)推索氏之能为。诘问其人，□[答][知]无谬，两家皆成

(6)矫妄，彼此并合入军。宜牒府知收领讫上。又斩啜猖

(7)[狂]，蚁居玄塞，拥数千之戎卒，劳万乘之徒

(8)师。奉　敕伊、西二州，占募强兵五百，官赐未期至

(9)日，私家便借资装。凭虚藏帛万余，既相知于

(10)百里，虚无事　上之意，令乖臣子之心。彼此二人，罪

(11)非轻小，齐楚之失，失在⊗⊗两家。更细推寻，

(12)[　　　]断。咨。智通白。

73TAM193:38(a)

14.20　唐小德辩辞为被蕃捉去逃回事

原编者说明：本件纪年已缺，另面为唐开元五年牒，今列于后。

(前　缺)

(1)审：但小德今月二日牵车城东埴地，

(2)其日斋时，贼从东北面齐出，遂捉小德

(3)[并]牛。至夜在苇东[食]，人定后，即发向

(4)[　　　]草泽宿，[至]三日明，即发入突播山，

(5)[　　　]巨□泉谷宿。至四日夜在小岭谷宿，

(6)[　　　]自解手走上山，经三日上山，

(7)[　　　]投得[维]磨戍烽，其贼见

(8)在小[岭][　　　　　]小德少解[蕃]语，听贼语，明

·欧·亚·历·史·文·化·文·库·

(9)□拟发向驼岭逐草。其抄小德等来

(10)□可[有]二百骑中,行至小岭谷内,即逢

(后　缺)

65TAM341:30/1

14.21　唐西州高昌县下太平乡符为检兵孙海藏患状事

原编者说明:本件纪年残缺,文中"里正杜定护"又见于上件(兴按:即《吐鲁番出土文书》第七册第392页文书),本件时间亦应与之相当,故列于该件之后。内有朱印数方,印文为"高昌县之印"。骑缝背面有一"行"字,亦有高昌县印。

(1)高昌县

(2)　　孙海藏患风痫及冷漏状当残疾

(3)太平乡主者,得上件人辞称:先患风痫,坐底

(4)冷漏。昨为差波斯道行[1],行至蒲昌,数发动。检

[1]波斯道行:此应指裴行俭送波斯王之子回国并册立为波斯王战役。按《通鉴》卷202"唐高宗调露元年(679)六月"条云:

初,西突厥十姓可汗阿史那都支及其别帅李遮匐与吐蕃联和,侵逼安西,朝议欲发兵讨之。吏部侍郎裴行俭曰:"吐蕃为寇,审礼覆没,干戈未息,岂可复出师西方!今波斯王卒,其子泥洹师为质在京师,宜遣使者送归国,道过二虏,以便宜取之,可不血刃而擒也。"上从之,命行俭册立波斯王,仍为安抚大食使。行俭奏肃州刺史王方翼以为己副,仍令检校安西都护。

初,裴行俭尝为西州长史,及奉使过西州,吏人郊迎,行俭悉召其豪杰子弟千余人自随,且扬言天时方热,未可涉远,须稍凉乃西上。阿史那都支觇知之,遂不设备。行俭徐召四镇诸胡酋长谓曰:"昔在西州,纵猎甚乐,今欲寻旧赏,谁能从吾猎者?"诸胡子弟争请从行,近得万人。行俭阳为畋猎,校勒部伍,数日,遂倍道西进。去都支部落十余里,先遣都支所亲问其安否,外示闲暇,似非讨袭,续使促召相见。都支先与李遮匐约,秋中拒汉使,猝闻军至,计无所出,帅其子弟迎谒,遂擒之。因传其契箭,悉召诸部酋长,执送碎叶城。简其精骑,轻赍,昼夜进掩遮匐,途中,获都支还使与遮匐使者同来;行俭释遮匐使者,使先往谕遮匐以都支已就擒,遮匐亦降。于是囚都支、遮匐以归,遣波斯王自还其国,留王方翼于安西,使筑碎叶城。

唐代行军作战,常以其目的地以及行军所经过的名山大川或城镇为其战役的称号,如昆丘道行,金牙道行等等。裴行俭此行的实际目的是为了擒俘都支与遮匐,但在名义上宣扬的则是以武装力量送波斯王回国,其目的地在波斯,故可称为波斯道行。孙海藏是随裴行俭从西州西征的兵士,其事在调露元年,即书写此文书的(永淳元年)的前三年,故可称为"昨为"云云。

(5)验不堪将行,蒙营司放留,牒送柳中县安养,
(6)并给公验。营司后更牒建忠麹僧僧,患如得损,
(7)即令勒送军所,追来相随,行至交河,患犹未
(8)除,交河复已再检,不堪前进,得留交河安养,
(9)并牒上大军知。今有大军牒,具患状牒州,州符
(10)下县收伇(役)讫。今造手实,巡儿恃(持)至,谨连营司
(11)患公验如前,并请检大军牒,患状检验入疾[1]请
(12)裁者。依状检营司牒,患状与孙藏状同者,又
(13)检波斯道军司牒,得高通达辞称:今知上件
(14)见患风痫及冷漏,不堪行动,见留西州交河

……………………………………………………

(15)县将息,情愿替行者。依检交河县牒,患状与状
(16)同。侍郎判:依请,县宜准状者。又责保问乡勒
(17)____ 保人张丑是等五人,里正杜定护、医
(18)____ 风痫冷漏有年

(后　缺)

64TAM35:19(a)

---

〔1〕检验入疾:按本文书第2行有"当残疾"之语,据此,"入"下脱"残"字,应作"检验入残疾"。

按《唐六典》卷30"京畿及天下诸县令之职"条云:

> 三疾
>
> 谓残疾、废疾、笃疾。

残疾为三疾之一。何谓残疾?按《白氏六帖事类集》卷9载唐《户令》云:

> 诸一目盲、两耳聋、手无二指、足无大拇指、秃疮无发、久漏、下重、大瘿瘇之类,皆为残疾。

本件文书中的孙海藏,"患风痫、坐底冷漏",故应入残疾。

又按《新唐书》卷51"食货志"云:

> 若老及男废疾、笃疾(中略)不课。

三疾中的残疾仍然要课,因此,孙海藏虽入残疾,仍不能免除波斯道行役,而要由高通达替行。

15　唐蒲昌府文书

简要说明

我见到的蒲昌府文书录文共78件,实际上是78个文书断片。日本《东方学报》第33期载日比野丈夫著《唐代蒲昌府文书之研究》一文载有52件。日比野丈夫教授在《东方学报》第45期发表的关于新获得的唐代蒲昌府文书的论文中刊载了21件。《历史档案》1982年第4期刊载5件。日本学者日比野丈夫对载于他的论文中的73件文书做了详备考释,我的几条注文只是一些补充。以下分3部分移录这3批文书。

研究唐代前期军事史,应详备研究折冲府的一切情况,特别是边境地区的折冲府。为此,我汇集了这78件军事文书。目前我对于这78件文书未能一一考释,但我有志于在日比野丈夫和其他学者研究的基础上进一步研究。这只能俟诸来日了。

15.1　唐蒲昌府文书一

关于刊载在《东方学报》第33期的52件文书断片,日比野氏在他的文章开端对这批文书的来源有简要说明。这52件文书是由156个断片缀合而成的。其中3片现藏于日本桥本节哉处,其余的藏于日本宁乐美术馆(馆长中村准佑)。藏于桥本节哉处的3个断片是由钱瘦铁带去的。藏于宁乐美术馆的最初为顾巨六所收藏,至于顾氏通过何种途径以及何时得到这批文书断片的，则无从考知。1935 年，伯希和在上海顾巨六处看到这批残文书，并为之写了跋文，肯定这批残文书为吐鲁番文书，同时还考释了文书中的“蒲昌”和其他地名。大约在 1939 年，这批文书又为张石园所有。其后又辗转归于程青嵩，后又归于毛志新，最后流传到日本为中村家所有。

下列文书第 5 件（宁第 17 页和第 19 页缀合）上 4 处钤有“西州都督府之印”。第 6 件文书（宁第 30 页）第 5、6 行处有“右玉钤卫蒲昌府之印”。第 7 件文书（宁第 13 页、第 22 页和第 28 页缀合）的后半部分钤有“西州都督府之印”两处。第 14 件文书（宁第 21 页、第 28 页缀合）钤有“蒲昌县之印”。第 15 件文书（宁第 7 页、第 14 页、第 18 页缀合）的前半部分钤有“蒲昌县之印”两处，末尾部分钤有“右玉钤卫蒲昌府之印”。第 16 件文书（宁第 33 页）钤有“西州都督府之印”。第 17 件文书（宁第 16 页、第 17 页、第 19 页缀合）钤有“右玉钤卫蒲昌府之印”两处。第 18 件文书（宁第 14 页、第 22 页缀合）钤有“西州都督府之印”。第 20 件文书（宁第 12 页、第 18 页缀合）“开元二年三月”一行中间部分钤有“西州都督府之印”，其后“四月三日”一行及次行处钤有“右玉钤卫蒲昌府之印”。第 21 件文书（桥 3 号）钤有“西州都督府之印”3 处。第 27 件文书（宁第 25 页）钤有“蒲昌县之印”。第 28 件文书（宁第 4 页、第 27 页缀合）钤有“右玉钤卫蒲昌府之印”。第 30 件文书（宁第 21 页）钤有“蒲昌县之印”。第 34 件文书（宁第 23 页）钤有“西州都督府之印”。第 36 件文书（宁第 31 页）第 3、4 行处钤有“西州都督府之印”。第 41 件文书（宁第 8 页）第 2 行处钤有“蒲昌县之印”。第 42 件文书（宁第 8 页）第 2、3 行上部钤有“蒲昌县之印”。总之，这批残文书中，有些钤有“西州都督府之印”，有些钤有“蒲昌县之印”，有些钤有“右玉钤卫蒲昌府之印”。据此可知，有些是西州都督府文书，有些是蒲昌县文书，有些是蒲昌府文书。由于西州都督府文书和蒲昌县文书都与蒲昌府有关，概括称这批残卷为蒲昌府文书是可以的。

这 52 件残文书的第 5 件上有“开元二年二月三十日”一行，第 6、7、8 件的“三日”应为“闰二月三日”，开元二年有闰二月，而第 8 件文书上有"闰二月　日"一行。以下的残卷有年代者为开元二年三月、四月、五月、六月、七月、八月、九月。据此，这批残卷是开元二年蒲昌府文书和与蒲昌府有关的文书。

在日比野氏的文中，他提出：据《唐六典》卷24、光宅元年改"左右领军卫"为"左右玉钤卫"，至"神龙元年复故"，因此，开元二年时似应称为"右领军卫蒲昌府"，但这批残卷为官文书，"右玉钤卫蒲昌府之印"不应有误。日比野氏还举出《沙州图经》"张芝墨池"条所记开元四年时张怀福为守右玉钤卫西州蒲昌府折冲都尉摄本卫中郎将之文，则开元二年时之"右玉钤卫蒲昌府之印"实不误也。是否在神龙元年恢复"左右领军卫"之后，又有改变？如有改变，何以诸史籍均无记载？凡此种种，均有待于进一步研究。

日比野氏对文书考释详确，我的几条考释只是一些补充。

据史籍记载，我们只是在制度上了解唐代折冲府，少数吐鲁番文书虽记载了唐代折冲府的经常活动，但极简略。这批残卷颇为详细地记述了一个地处边境上折冲府的日常活动，是难得的研究唐代府兵制的重要资料，也是研究唐与边境少数民族之间关系的重要资料。这批残卷中有些字句的文义颇难理解，因看不到原卷或原卷的照片，不敢妄说。如据原卷或原卷的照片，并结合有关的史籍文献，在日比野氏研究的基础上，应作进一步的研究。但对我来说，至少在目前，是可望而不可及之事。因此，只能向敦煌吐鲁番学研究者介绍日比野氏的录文如后。

15.1.1　宁第2与第29页

15.1.1.1　宁第2页(一)

玉(押缝)

(1)　樊毳女　张成住　淳于士通　王玄达　赵[　　　]

(2)　康羊皮　赵才仁　李成子　苏□达　东却圈

(3)　冯住龙　高君(?)仁

(4)　　人　承帐及随番

(5)　安行仁　郭真通　张文达　竹文达　康海□

(6)　苏道德　宋荀仁　孙智(?)悉　丁龙达(?)　康进□

(7)　宋黄师　白君(?)住　康何六　韩(?)仁素　前(?)群□

(8)　张喜仁　康君住　宋梁师　秦孝成　赵黄□

(9)　赵石子　牛悉海(?)　淳于德通　鲁君行

(10)　皇甫填(?)子　王猫子　宋德备　龙胜(?)□

(11)　　人　入六十

(12)　阚龙珠　张武海　郭成节　王政则　茂□

(13)　车延住

(14)　　人　侍丁

(15)　麴同仁　苏贞礼　董白寿　康多(?)□

(16)　　人　五十停番

(17)　康何住　曹怛怛　翟永文　王满德(?)　纪(?)贞□

(18)　康兴奴　赵君达

玉(押缝)

15.1.1.2　宁第29页

(1)　　人　天兵军行　不回　康去(?)通

(2)　郑金刚　曹礼达　安祥定　氾供(?)礼　翟建□

(3)　　人　在阵没落

永兴按:日比野丈夫先生指出上列录文为蒲昌府卫士名簿残卷,并举出《唐六典》卷5及《旧唐书·职官志》为依据。按《唐六典》卷5“兵部郎中员外郎”条云:

凡卫士各立名簿,具三年已来征防若差遣,仍定优劣为三等。每年正月十日送本府印讫,仍录一通送本卫。若有差行上番,折冲府据簿而发之。

《旧唐书》卷44《职官志》“诸府”条云:

每岁十一月，以卫士帐上尚书省，天下兵马之数以闻。

日比野氏的意见甚确，他还指出：文书开端"玉(押缝)"的"玉"乃蒲昌府折冲都尉王温玉，亦是。读文书全文后自能知之。

文书中"人六十"、"五十停番"，读唐史者均应知之，可不解释。

15.1.2 宁第2页(二)

(1) 孙运才 宋
(2) 孙自师 姜□
(3) 康小苟 史
(4) 康僧奴 □
(5) 龙子□
(6) 人入
(7) 一 人
(8) 一人捉□
(9) 六人 五十
(10) 苏惠(?)绪 住
(11) 三 人
(12) 郑长寿 范
(13) 孙行智
(14) 张康师 樊(?)
(15) 康伏通 □
(16) 刘吃木 □

15.1.3 宁第13页、第16页缀合

(1) ⊔ 郑发(?)□
(2) 人终服
(3) 史(?)石子(删除) 刘吃木 ——(删除) ——(删除)
(4) 康赤子
(5) 人没番 孙行智 孙申海 氾悉(?)住
(6) 孙师智 康君胜(?) 张康师 樊达通

(7)　　郭永达　王洛海　安贞仟　康仕通　田通子

(8)　　　　见支配诸所

(9)　　□善通　龙赵子　竹详定　黄(?)申表(?)　刘吃木终服准例□

(10)　　思念　张车相　狼泉烽[1]主帅严定远　孙生□

(11)　　赵(?)英本　曹龙表　长探竹思敬　赵武刚

(12)　　帅樊孝通　张申敬　白记(?)生　贾定满

(13)　　▭礼　范玄傲　达匪[2]邢立亥(?)　范小远

(14)　　腾立节　孙申住　令狐□通　郑长寿

(15)　亭(?)康思礼　塞亭左君住　康节进　王才达

(16)郭主住　胡麻泉李仁则　米善文　程感子

(17)　磨(?)烽杨安升(?)　令狐行达　竹何□　车坊安[3]□子　□□文行

(18)　　　悬泉烽赵慈道便长探　赵长力　王守一

(19)　　　▭仁感▭

15.1.4　宁第11页

(1)　　　　▭褚(?)兴周　范国富　曹行□

(2)　　张感行改补虞候

---

[1]狼泉烽:《唐光启元年沙州伊州地志残卷》(斯0367号)云:

伊州下

伊吾县。在郭下。

烽七:水源、毛瓦、狼泉、香枣、盘兰泉、速度谷、伊地具。

据此,狼泉烽为伊州七烽之一,当在伊吾县境内。

[2]达匪:按《新唐书》卷40"陇右道"云:

伊州伊吾郡

纳职　自县西经独泉、东华、西华驼泉,渡茨萁水,过神泉,三百九十里有罗护守捉,又西南经达匪草堆,百九十里至赤亭守捉,与伊西路合。

据此,达匪应即是达匪草堆,大约在伊州纳职县西南四百里处。

[3]车坊:按《唐两京城坊考校补记》卷3云:

西京光宅坊　补:车坊,并注:《国史补》:初百官早朝,立马建福、望仙门外,宰相则于光宅车坊避风雨。按车坊属太仆寺。

又按黄文弼著《吐鲁番考古记》载《唐天宝十二载二月三月天山县申车坊新生犊牒》文书,多处记载车坊,如"天山县申车坊新生犊伍拾捌头"等等。盖车坊乃饲养牛及存放车之场所也。

(3)　　人小岭烽　　王威达

(4)　　人狼泉烽　主帅宋光(?)智　赵思恭　吕□

(5)　　淳于端住　范思智(?)

(6)　　人罗护烽[1]　康天宝　郭住贞　索(?)住　李

(7)　　长探虞[候]　安上木

(8)　　人达匪[烽]　[长]探虞候孙立通

玉(押缝)

(9)一人　赤亭镇[2]　李□子

(10)四人　塞亭烽　康□住　氾申才　氾立成　张守仁

15.1.5　宁第17页、第19页缀合

(1)　　游奕

(2)　处置。　咨。　　庆示。

(3)　　　　　　　　二(日)

(4)　依判。　玉示。　二日

(5)　　奕人王定远身死替行客王

(6)　　检替人中男氾至尚　白仁轨胡因

(7)　　□四月番长探□配悬泉悬泉游奕

---

[1]罗护烽:按《新唐书》卷40《地理志》"陇右道"云:

伊州伊吾郎

纳职　自县西(中略)三百九十里有罗护守捉。

罗护烽当亦在此处。

[2]赤亭烽:按伯2009号《西州图经残卷》有赤亭道。又唐岑参诗中多处记赤亭,如《全唐诗》卷198岑参《武威送刘单判官赴安西行营便呈高开府》云:"浑驱大宛马,系取楼兰王。曾到交河城,风土断人肠。寒驿远如点,边烽互相望。赤亭多飘风,鼓怒不可当。"

又,同书199岑参《天山雪歌送萧治归京》云:

天山有雪常不开,千峰万岭雪崔嵬。北风夜卷赤亭口,一夜天山雪更厚。

按天山亦在西州境内,赤亭应距交河城不远,赤亭即赤亭镇也。

(8)　　挎谷游奕人[1]段即忠已上

(9)　　□ 已差替讫

(10)　　□ 昌县牒。得上件

(11)　　给(?)田地。今被符云,是

(12)　　役请处分者。依检

(13)　　□ 配帖上。今为寇贼 □

(14)　　各例给报。即为折(?) □

(15)　　以(?)已牒县讫。牒至准状。

(16)　　开元二年二月三十日

(17)　　　　　　府阴达

(18)案

15.1.6　宁第30页

(1)　　　苏才应上萨捍烽长探奉司

(2)　　□ 如前。今月二十九日具检前后及

(3)　　应马疲被打,即走向州,将钱拟买肥

(4)　　□ 者。知兰临番,方始与替。状称

(5)　　□ 谨牒。

(6)　　　　　日　府范何祚牒

(7)　　　　都尉高庆

(8)　　　　尉王温玉

(9)　　　　月　日府秃(?)发谨牒

(10)　　　　　示

(11)　　　　　　三日

---

[1]游奕(弈)、游奕(弈)人(第1、8行):按《太白阴经》卷5《游奕地听篇》云:

经曰:于奇兵中选骁果谙山川井泉者,与烽子马铺土河计会交牌,日夕逻候于庭障之外捉生事,问敌营虚实。我之密谋,勿令游奕人知。其副使子将并久谙军旅好身手者任。

上引文说明"游奕(弈)"及"游奕(弈)人"二词的涵义。关于"游弈",《通典·兵典》多处记载,如卷157《兵十》"下营斥候并防捍及分布阵附"引《李卫公兵法》曰:"其游弈马骑昼日游弈候视。"与《太白阴经》所说的相同。

15.1.7 宁第 13 页、第 22 页、第 28 页缀合

(1) 打。 即走向州,将钱

(2) 肥□。 何期半路逢

(3) 眼看目验,困苦不虚

(4) 者。知园(?)临番方始

仗□

(5) 称春种失时,其(?)

(6) 须申上。 咨,庆。

(7) 依判,玉示。

(8) 三(日)

(9) 都督府

(10) —诸府县镇戍界烽候觇探等人,各仰

(11) 加常督察严警,常如见贼。州司即

(12) 三卫分往巡探,点检鞍马与仗,并应

(13) 事亏违,所由县府镇戍游奕巡官及押领

(14) 帅,且决陆拾,依法科罪。

(15) 蒲昌府,得兵曹参军王宝等牒,称寇贼在近,今又 □

(16) 百姓并散在田野庄坞。都督昨日亲领县府 □

(17) 民(?)押防援军粮(?)□充讨击,贼必付(?)空(?) □

15.1.8 桥 1 号

(1) 检,玉示

(2) 三日

(3) 思绾

(4) □ 检上件人,今日被州兵曹司牒,差令入

(5) 探贼讫。

(6) 件(?)检如前,余依本状,谨牒。

(7)　　　　闰二月[1]　日府范祚[2]
(8)　　　王仁礼既捉官马,宜差
(9)　　　诸官仗身兼丁。康龙 □
(10)　　　赴维磨戍上,仍牒差(?)
(11)　　　戍检领。李老子身死,
(12)　　　差吴方替老游奕
(13)　　　牒戍。准状,其苏才应

15.1.9 宁第24页、第26页缀合

玉(押缝)

(1)　牒,检案连如前,谨牒。
(2)　　　　闰二月　日
(3)　　　姜德李老子 □
(4)　　　替人准符牒
(5)　　　探逻,勿遣贼
(6)　　　不觉。其姜德 □
(7)　　　检疮深浅轻 □
(8)　　　温玉自往就城 □
(9)　　　　　　四日

15.1.10 桥2号

(1)　□ 肿□甚□□□怅满与食不得含(?)
(2)　□
(3)　件状如前,谨牒。
(4)　　　开元二年闰二月　日典索才

[1]闰二月:据《二十史朔闰表》,开元二年闰二月己未。
[2]府范祚:此人应即是15.1.6　"宁第30页"之"府范何祚"。

(5) 临川城押官镇副康[1]
(6) 检官折冲王温玉
(7) 付司,玉示。
(8) 五日
(9) 闰二月五日录事麹相受[2]
(10) 司马阙
(11) 李绾所负练,勒 ☐
(12) 典范祚领送州 ☐
(13) 昌县牒,报兵宋仗朝(?)
(14) 死不虚。以状牒上
(15) 兵曹司。 郭才感依

15.1.11 宁第10页

(1) ☐ 李思绾欠练壹拾捌匹,更贰拾匹,计叁拾捌匹

---

〔1〕临川城押官镇副康:按《册府元龟》卷958《外臣部·国邑二》"高昌国"条,高昌原有46镇,临川其一也。唐为边境军镇。按《唐六典》卷5"兵部郎中员外郎"条云:"凡镇皆有使一人,副使一人。"副使即镇副也。

同上书又云:

> 凡诸军镇使副使已上,皆四年一替,总管已上(《旧唐志》上作下)六年(《旧唐志》六作二)一替。押官随兵交替。

文书中的康某所带官衔即《六典》所载之官制也。

〔2〕录事麹相受:关于录事的职掌,日比野丈夫先生解释甚详,但有一点解释不确。"勾检稽失",日比野氏在括号中谓:"文书发受之日程检查"。按《唐律疏议》卷5《名例律》"诸同职犯公坐者"条略云:

> 检勾之官,同下从之罪。
>
> [疏]议曰:检者,谓发辰检稽失,诸司录事之类。
>
> 其官文书稽程,应连坐者,一人自检举,余人亦原之,主典不免。若主典自举,并减二等。
>
> 问曰:公坐相连,节级得罪,一人觉举,余亦原之。稽案即是公罪,勾官亦合连坐,勾检之官举讫,余官何故得罪?
>
> 答曰:公坐失错,事可追改,一人举觉,余亦原之。至于行事稽留,不同失错之例,勾官纠出,故不免科。

据上引律条及律疏,"稽"即是"官文书稽程",即是"稽案",即是"行事稽留",总之,未能按《公式令》所规定的程限把事办完。"失"即是"失错",即未遵照律、令、格、式办事或其他失误。

(2)　　司(?)被四镇节度使[1]牒令

(3)　　□□　□牒此等见

15.1.12　宁第 23 页

(1)　　检此色总有(?)

(2)　　一时牒所由,依前(?)

(3)　　知还。依年前所配

(4)　　上,　玉示。　九日

(5)　　至,谨牒。

(6)　　　闰二月　日

(7)　　连,玉示。

(8)　　　　十日

15.1.13　宁第 10 页

(1)　检案内上件人番当来月。上件检□□

(2)　□□注如前,请申州处分,谨牒。

(3)　　开元二年闰二月　日府索才

(4)　　付司,即是要

(5)　　守捉烽兵,火急□□

(6)　　支配,玉示。

(7)　　　　十八日

(8)　　　月十八日录事麹　受

(9)　　　　司马阙

(10)　　　连,玉示。[2]

(11)　　　　　十八日

---

[1]四镇节度使:按日比野丈夫先生据《唐会要》卷 78“节度使”条云:“安西四镇节度使,开元六年三月杨(应作汤)嘉惠除四镇节度经略使。自此始有节度之号。”(《新唐书》卷 67《方镇表》同)四镇节度使之设置始于开元六年,但本件文书之李思绾即“15.1.8　桥 1 号”文书之思绾,亦即“15.1.10　桥 2 号”文书之李绾,这两件文书都有开元二年纪年,则本件亦开元二年之文书。这样,四镇节度使的称号应从开元六年提前到开元二年。

[2]“连,玉示”:本件及前件文书都有此语。据唐代官府文书结构,“连”意为与有关文件连在一处。此二件文案之“连”字,应亦是连贴、连接之意。

(12)　玉(押缝)

15.1.14　宁第21页、第28页缀合

玉(押缝)

(1)　蒲昌县

(2)　　　卫士范君住母杨

(3)　蒲昌府:得上件人辞称[1]今有五日身亡

(4)　状。勘责得里正赵君傲(?)保人[2]刘睿

(5)　者。范君住母亡,勘责不虚。别牒府

(6)　季终举申者。此已牒乡讫,牒至准式。

(7)　　　　　　　开元二年闰二月

(8)　　　　　　　　　　史

15.1.15　宁第7页、第14页、第18页缀合

(1)　　　　遣□今验□□□

(2)　　　　符牒,知和均既替

(3)　　　　姜德临川城防御。牒

(4)　　　　城并牒和均知。玉示。

(5)　　　　　　　　　二日

(6)　　郭年肆拾伍

(7)　　人辞称:母今月二十五日身亡,请处分者。准

(8)　　麹义逷母郭身亡,勘责府同。牒上州户曹

(9)　　式者。此已各牒下讫。牒至准状,故牒。

(10)　　　开元二年三月一日

(11)　　　　　　　佐

(12)　　　　　　　史张义

(13)　　　三月三日录事麹相受

---

[1]细审所附图版,“称”下有“母”字。

[2]保人:按《唐六典》卷3“户部郎中员外郎”条云:

四家为邻,五家为保。

本件文书中的“保人”即五家为保同保之人也。

(14)　　司马阙

(15)　　检案，　玉示。[1]

(16)　　　　　　三日

15.1.16　宁第 33 页

(1)　　冯(?)住(?)子身

(2)　　卫士麹义逷母郭

(3)　　右得蒲昌县牒，得

(4)　　身亡。请处分者。

(5)　　式者。　麹逷 ☐

(6)　　蒲昌府得申

(7)　　一人遭母忧 ☐

(8)　　　　状。故

15.1.17　宁第 16 页、第 17 页、第 19 页缀合

(1)　　　　　　　　十六日

(2)　　三月十六日录事麹　　受

(3)　　司马阙

(4)　　连，玉示。

(5)　　　　　　十六日

(6)　　秀才马一匹忩草

(7)　　☐月十八日被州其月十三日牒

(8)　件(?)疲(?)废患肺热，鼻中生疮

(9)　有实者。患不虚。任从解退，牒府

(10)　送州并马同到者。当即准牒。

(11)　得郭盲才状，通(?)上件人堪充虞

(12)　　壮马者。当时依状下团追，依

---

〔1〕"检案，玉示"：据唐代官府文案结构，此句之后应有胥吏署名的内部牒"检案连如前"等语。此处"检案，玉示"意为告示小吏检出与上文某人辞有关文案，以备行判，非对某人上辞之最后判语。

(13) 今见到府,请处分。谨牒。

(14) 开元二年三月 日府索才牒。

(15) 付司,玉示。[1]

(16) 十六日

(17) 三月十六日录事麴 受。

(18) 司马阙。

15.1.18 宁第14页、第22页缀合

(1) 任从解退,牒

(2) 准状牒团,召得上件

(3) 依追到府,已勒李

(4) 申李秀才替。

(5) 蒲昌府件状。

(6) 开

(7) 兵曹三军宝

玉(押缝)

(8) 开元二年三月 日卫士

(9) 府司玄敬家贫 □

(10) 职没常配 □

15.1.19 宁第14页、第16页、第26页缀合

(1) 检(?)州牒,称上件人差替维磨戍长探。兵曹

(2) 者。依检案内,上件人,去月二日被州二月三十日

(3) 上件仁轨[2]终服。胡麻泉烽准旧例故上者。

(4) 准州牒,牒送赤亭镇胡麻泉烽上讫者。依(?)

(5) 日得果毅贺方镇副杨逸状,得府牒

(6) 遭忧,不上者。牒至速依前发遣者。

(7) 二月二十六日牒蒲昌赤亭送闰二月番

〔1〕"付司,玉示":此句意为蒲昌府长官"玉"命令将郭育才状交应管部门行判。

〔2〕轨:按《龙龛手镜》平声卷第一云:"轨:居水反,法也,车迹也。《说文》、《字样》皆从九。"则"轨"为"轨"之异体字。

(8)　　遭忧,至闰二月一日一日(兴按:原文如此)被州牒,胡麻泉烽

(9)　　终服,准例发故上者,当时下团发遣并

(10)　　检领。今州司称不上,事须更牒镇审□

(11)　　速检仁轨闰二月到不?速报立待申上者。依

(12)　　送:兵牒注,白仁轨注遭忧在服(?)续检到

(13)　　刈草有实者。白轨闰二月番上(?)

(14)　　不亏。具状牒府者,牒至准状。谨牒。

(15)　　　开元年三月二十日典任琯(?)牒

(16)　　　　　镇将刘恽

(17)　　三月二十一日录事麹　受

(18)　　司马阙

(19)　　检,玉示。

(20)　　　　二十一日

15.1.20　宁第12页、第18页缀合[1]

(1)　　□守(?)节

(2)　　昌府,得上件人辞:先患耳聋,更患困

(3)　□　眼暗,年老不能前进。今见可验州

(4)　　□遣配充仗身守府,来月一日

(5)　　上请乞处分者。司马判检验老

(6)　　充仗身依请者。配却填果毅

(7)　　月仗身。牒府准式,故牒。

(8)　　开元二年三月二十六日

---

〔1〕本件为西州都督府为处理蒲昌府病残兵士的文书,第10行"兵曹参军宝"为提出需要处理问题的主要负责人。第14行"检案,元德示"之元德为另一兵曹参军(兴按:西州都督府为中都督府有兵曹参军二人,皆判司也。见《唐六典》卷30),在此文案中为判案者。"检案"意为检出与要处理问题有关之文案,此为判官元德吩咐小吏(即主典)者。第16行"案连如前,谨牒","案"前脱"检"字,"谨牒"后脱小吏签署。此为小吏以内部牒形式申报已检出所需要的文案并连在一起。以上种种为唐代官府文案常见者。这些都是为了判官元德行判作准备。元德的判残缺了。

(9)　　　　　　　　　　府阴达

(10)　[兵曹参]军宝

(11)　　　　　　　　　史

(12)　　　　　　四月三日录事麹相　受

(13)　　　　　　司马阙

(14)　　　　　　检案,元德示

(15)　　　　　　　　　　三日

(16)　　　　　案连如前,谨牒。

15.1.21　桥3号

(1)　[警]［　　］

(2)　留诸处要路,陪须严备。请各牒县府,简灼然

(3)　强壮,谙山谷人,所别量配。并给壮马觇探,如其

(4)　预觉贼入,免被侵抄,即具姓名录奏,酬其官

(5)　赏。若不存心,疏慢纵贼入界,必依军法科决,

(6)　终不容舍者。诸府县界,各须严备,准状牒

(7)　所由府县,速简灼然强壮,谙山谷人并壮马,量

(8)　事便配遣讫上。蒲昌府县界近贼要冲,须

(9)　加投来蕃首领,共为觇探捉生。执案咨

(10)　差之讫。[1]牒所由准状者。司马判差处月沙

(11)　陁都满等两人,[2]往东界游奕,各给州槽官

(12)　马壹匹者。此已各牒讫。

(13)　蒲昌府件状如前。牒至各准状。故牒。

(14)　[开元二年]四月一日

---

〔1〕共为觇探捉生。执案咨差之讫:细审此文所附图版,"执"字恐非是,"执案"文义亦难解,此字似应作"报","报案"一词习用。其次,在"捉生"后句断,恐不妥,我认为应在"报案"后句断。"咨差之讫",不知其义云何?我认为"差"下乃重复号,即"咨差差讫。"

〔2〕处月沙陁都满等两人:按《新唐书》卷218《沙陀传》云:

　　沙陀,西突厥别部处月种也。

故文书谓处月沙陁、都满盖处月沙陀族之人也。

15.1.22 宁第5页

(1) 府

(2) 兵曹参军宝

(3) 史孟详

(4) 四月十一日录事

(5) 司马阙

(6) 缘举李绾事，有 敕。如索才忙请，火急发遣

(7) □忠来，孟祥状牒。

(8) 折冲公

玉（押缝）

(9) 检案，玉示。

(10) 十三日

(11) 牒。检案。连如前。谨牒。[1]

(12) 四月 日府索才牒

(13) 准州牒。李绾替玉游奕。玉示

(14) 十三日

15.1.23 宁第6页

玉（押缝）

(1) 五月一日录事麴相 受

(2) 司马阙

(3) 检案，玉示。

(4) 一日

(5) 牒，检案连如前。谨牒。

(6) 五月日府索才牒

(7) 今月游奕官准

(8) 各牒知。其李六 □

〔1〕“牒。检案。连如前。谨牒”：根据唐代官府文案程式，“检案”应与“连如前”连读。全句应如下，“牒，检案连如前。谨牒。”

(9)　　　车坊[1]康苟嶺番

(10)　　到待番到日举

(11)　　示。

(12)　　　　　　一日

考释

【1】日比野丈夫先生谓车坊与马坊以及长坊相同,乃边境要地设备。恐非是。我在上文对车坊已有考释,长安城亦有车坊。

15.1.24　宁第3页

(1)　　不　可□头(?)□□依(?)□

(2)　　牒柳中县。　请差一骑 ＿＿

(3)　　填。仍录申州取裁。

(4)　　玉示。

(5)　　　　　八日

(6)　　　五月八日录事麹　受

(7)　　　司马阙

(8)　　检案,　玉示。

(9)　　　　　八日

玉(押缝)

(10)　　牒,检案连如前。谨牒。

(11)　　　　　五月　日府索才牒。

(12)　　　　依□州(?)牒上州□

15.1.25　宁第1页、第27页缀合[1]

(1)　　达匪长探。东方平白丁。虞候孙玄通被符放倚团。塞亭康欢住

(2)　　被符放倚团。胡麻泉白仁轨遭忧,三月改配维磨,帖上讫。悬泉烽主

〔1〕原录文第1~9行均无标点句断。为便于读者,作者加了标点句断。

帅史

(3)　才智便抽长探。长探虞候郭才感已上两人因贼,两脚五指落。

(4)　上萨捍旅帅王憙(?)感身死。长探虞候苏才感,三卫苏才应

(5)　已上两人来月次当长探,合去不?请裁下。维磨长探行客[1]苏仁义,挎谷烽质

(6)　才仁没落。长探虞候石善君,柳中县白丁曹感达已上两人

(7)　来月次当长探,合去不?请裁下。,州上兵柳成德、王盲秃(?)已上身死,果毅

(8)　阴寿仗身郭智子,曹靖文仗身曹感达。

(9)　检案内上件人等并合来月当上。其人等身死、倚

(10)　团、没落、改补等色,其替事须州处分,谨以牒举。

(11)　牒

(12)　开元二年五月　日府索才牒

玉(押缝)

(13)　付司,玉示。

(14)　十九日

(15)　五月十九日　录事麹　受

(16)　司马阙

(17)　检案,玉示。

(18)　十九日

(19)　如前,谨牒。

15.1.26　宁第7页

(1)　郭才感妻麹辞

(2)　月番当悬泉

(3)　下走报消息,为

[1]行客即非本地土著之人,在敦煌文书中常见。此处苏仁义以行客身份充当维磨长探。

(4) 深(?)遂即脚瘃[1](兴按:原文如此)十指

(5) 百日不能起止

(6) ▭ 不蒙符至(?)

15.1.27 宁第 25 页

(1) 宋□才

(2) ▭ 人 秃子等□并□快同者。 □□□

(3) ▭ 不虚。勘责快同,牒录上户曹,并牒

(4) 讫。今已状牒,牒至准状,故牒。

(5) 年五月二十四日

(6) ▭ □

(7) 事麹 受

(8) 示

15.1.28 宁第 4 页、第 27 页缀合

玉(押缝)

(1) 六月三日辰时录事麹 受

(2) 司马阙

(3) ▭

(4) 检案,玉示。

(5) 三日

(6) 检案连如前,谨牒。

(7) 六月 日府索才牒

(8) 今月游奕官及所

(9) 乘马,各牒所由,速即准

(10) 状。其张感行等替,

(11) 依状各牒下所由,

(12) 速即发遣讫报。

(13) 其曹禧(?)等既在州,

[1]瘃:我推测此字即"瘃"。据《龙龛手镜》卷 2,"瘃":徒曰反。

(14)　　火急白状上州。请

(15)　　下所由发遣。玉示。

(16)　　　　三日

15.1.29　宁第 11 页、第 30 页缀合

(1)　　长(?)寿多力

(2)　　又告上

(3)　　有常例

(4)　　先已帖常(?)

(5)　　牒府,仰检侍丁孝

(6)　　者。牒至准状,故牒。

(7)　　　六月十一日

(8)　　府阴达

(9)　　史

(10)　　一十六日录事麹　受

(11)　　马阙

15.1.30　宁第 21 页

(1)　　警(?)□传(?)知上件人父身死是实

(2)　　白诨庆身死不虚,牒上州

(3)　　准状□讫,牒。

(4)　　二年七月

15.1.31　宁第 8 页

(1)　　奕□状(?)请(?)

(2)　　州听裁。其来月诸职掌闻

(3)　　听裁。诸烽戍交替兵勘过

(4)　　　　二十二日

(5)　牒,检有事至,谨牒。

(6)　　七月　日府秃

(7)　　连,方示。

(8)　　　　　二十二日

15.1.32　宁第9页

(1)　检案连如前,谨牒

(2)　　　八月　日府索才牒

(3)　队副高行琳符下授官讫。其上

(4)　萨捍烽所即顿阙人候望。突

(5)　播烽既有四人并长探两人,宜抽

(6)　烽兵白圈子,向上萨捍替高琳

(7)　候望。即帖维磨戍。准状,方示。[1]

(8)　　　　　五日

15.1.33　宁第21页、第30页缀合

15.1.33.1　宁第21页

(1)　　得牒,称州司差替宋严

(2)　　迟许时始到府,即□

(3)　　供军行昨日检州□

(4)　　长探州典阴达即□

(5)　□君行迟迟如□

(6)　　　实谨牒。

(7)　　　　开元二年八月

(8)　　　　　宋神严替

(9)　　　　　送维磨戍

15.1.33.2　宁第34页

(1)　　　牒君

(2)　　　神严

(3)　　　如□

15.1.34　宁第23页

玉(押缝)

[1] 本件“方示”以及前件“方示”之“方”,乃蒲昌府果毅贺方(见第5.1.19文书)。

(1)　　都督府

(2)　　　今月维磨长探曹

(3)　　　　右得牒，曹顺落贼

(4)　　　　前帖至，火急发

(5)　　　　警备勿失 □

15.1.35　宁第15页

(1)　　　　上遍身有疢疾

(2)　　　　气困卧不能行，

(3)　　　　蹉跙。检验策杖 □

(4)　　　　右得上件

(5)　　　　上具患状

(6)　　　　既不堪 □

(7)　　　　捉。牒上 □

(8)　　　　报蒲昌

(9)　　　　达□行 □

(10)　　　　充(?)六月县

(11) □

15.1.36　宁第31页

(1)　　　捉仰倍万恒日 □

(2)　　　如姜德患损即 □

(3)　　狼泉长探张建方替

(4)　　突播杜和感替人孙行福塞亭

(5)　　悬泉刘思亮替人张尾达长探

(6)　　上萨捍长探苏贞□

15.1.37　宁第20页

玉(押缝)

(1)　　都督府

(2)　　　镇副杨逸

(3)　　右从苁蓉

(4)　　镇戍并□

(5)　　山着人□

(6)　　匪悬泉

(7)　　两头计

(8)　　警策

(9)　　贼即

(10)　　山望

(11)　　幡从

(12)　　两人[来]

(13)　　谷底

(14)　　便告

(15)　　▭▭

15.1.38　宁第7页

(1)　　西至柳(?)谷,逐要▭▭▭遂(?)东▭

(2)　　诸路。先配人马觇探,仰谷□高

(3)　　此等探巡,并当贼路,贼在达

(4)　　谍者。据高下人马,百方牢固。

(5)　　觉贼徒,贼内有汉语之人,弥须

(6)　　督察。见骑贼,即点绯幡,见步

(7)　□　马于谷底倭,着人看守,与高

(8)　　记号的见。贼从东来,向东点,

(9)　　西点。从北来,向北点。壹人点壹下,

(10)　　[两]下。若拾人已上百人已下,急多点。

(11)　　人见山头幡,的知贼来,即走马逐

(12)　　都知界内兵马,烽火通明。处月劫

(13)　　恒日交横觇探,勿招深累。

(14)　　叁拾里内烽,依前县府官巡逻。朝

15.1.39 宁第 16 页、宁第 26 页缀合

(1) 右东从小岭西
(2) 并拔北山诸路。先配
(3) 望此等探巡,并当贼 □
(4) 据高谷下人马。百方
(5) 内有汉语之人,
(6) 即点绯幡。见 □
(7) 看守与高望 □
(8) 幡。从西来,向西点。
(9) 来,点两下。若拾 □
(10) 见山头点幡,的知
(11) 内兵马,烽火通明。

15.1.40 宁第 10 页

(1) □
(2) 贼在达匪悬泉处
(3) □ 百方牢固。两头计
(4) □ 语之人,弥须警策
(5) 即点绯幡。见步贼
(6) □ 馁,着人看守
(7) 贼徒
(8) 来

15.1.41 宁第 28 页

(1) 卫士田通子　高君
(2) 右同前得府牒得
(3) 速报者。依检上件,
(4) 蒲昌府,件状如前者。 □
(5) 牒府知,其张进德等
(6) 州户曹,仍牒府知。其阙

(7)　　任埋殡,依前附牒上州。其
(8)　　下所由准式者。此已牒上州。
(9)　　状牒,牒至准状。故牒。

15.1.42　宁第8页

(1)　蒲昌县
(2)　　逃卫士刘文伯
(3)　　　右得牒称,上件人元无县牒报入六十处者
(4)　　　去年貌入六十。正月州使覆[1]至(?),已牒府讫。
(5)　　曹回住　氾惠住　吴师子
(6)　　　九月前得团状注没贼,依检案内今年四
(7)　　　月得县牒,报前件人见在,不言没贼 □
(8)　　　　团状□□□县牒州(?)□今□□□ □

15.1.43　宁第27页

(1)　　　维磨上。其人入山 □
(2)　　　得免死,其灵柩今月十(?)
(3)　　　月二十一日[2]将来到此。见在□
(4)　　　之罪者。又问同上人解 □
(5)　　　同上。至其月二十五日
(6)　　　君妻同往维磨
(7)　　　有虚,求受重罪。
(8)　　　人款,与状快同。前
(9)　　　差团头高惁前
(10)　　　检前件人等灵

15.1.44　宁第32页

玉(押缝)

---

〔1〕州使覆:日比野丈夫先生指出,据文书第4行,县貌阅后,由州覆检。此点史籍文献无记载,文书可补史,此又一例。

〔2〕"今月十月二十一日":此句文义难解。"今月"是否为"今年"之误书?不知原卷如何?

(1)　　司兵[1]

(2)　　今月维磨路长探

(3)　　牒，今月十六日被州

(4)　　先得果毅贺方等

(5)　　牒至，火急发遣讫上者(?)。

(6)　　副牒镇勘报，仍帖团追。

(7)　　及下团追，依检至(?)

15.1.45　宁第16页、第20页缀合

(1)　　月二十二日身

(2)　　□乡贡保

(3)　　知前件人母

(4)　　□之人求受

(5)　　乡准式。仍牒

(6)　　牒上州户曹。

(7)　　　　四日(兴按：有朱线)

(8)　　　八日

(9)　　达丁探男行(?)

(10)　　侍九十母既

15.1.46　宁第9页

(1)　　赤亭镇　牒蒲昌府(兴按：蒲昌府三字侧有朱线)

(2)　　　方亭戍刘吃木　狼泉毛宝本　赤亭康思礼已上倚团。

(3)　　小岭张车相身死

(4)　　得牒送今月应上兵，依检前件人牒注倚

(5)　团及身死。又检前牒，此色并合应替者。蒲

(6)　昌府牒注刘吃木等倚团及身死，承前既合

(7)　差替，今牒不送，牒请速差替送镇。

---

[1]司兵：日比野丈夫先生据《唐六典》卷30唯京县设官有司兵，一般县无司兵，蒲昌县地处边陲，军事上有必要设置司兵。日比野氏的意见甚确。

15.1.47 宁第 25 页

(1) 烽上
(2) 人去月内替刘
(3) 贼下日在身当
(4) 否,兵替人落贼,
(5) 处分,以状上。
(6) 日,队正宋允恭状,
(7) 牒团因何得
(8) 代,令其落贼。
(9) □上,玉示
(10) 十八日

15.1.48 宁第 20 页

(1) 人,去景龙三年正月二十一
(2) 今月二十二日得团状,称其
(3) 到团。

15.1.49 宁第 25 页

(1) □路
(2) 奈其应上
(3) 了典录
(4) 当上及镇
(5) □连署封
(6) 弹子许
(7) □人拾石直(?)
(8) 已西上□
(9) 便指□

15.1.50 宁第 22 页

(1) □
(2) □守捉者,帖至,仰

(3)　　从春来，准帖壹

(4)　　姓名上四月五日

15.1.51　宁第15页、第20页缀合

(1)　　□一人准此州界，

(2)　　□论不济□

(3)　　塞悬泉谷

(4)　　□　牒

　　方

(5)　　□方示。

(6)　　　二十二日

(7)　　日，录事麹相受

(8)　　示。

(9)　　　二十二日

15.1.52　宁第24页

(1)　　□戍主李昭旦权

(2)　　符到之日，住停

(3)　　　一日

(4)　　□示

(5)　　一日

15.2　唐蒲昌府文书二

日本学者日比野丈夫在《东方学报》第45期发表的关于新获得的唐代蒲昌府文书的论文中，考释了21件蒲昌府文书，实际上是21件文书断片。这些文书断片和日比野氏在《东方学报》第33册所发表论文中研究的52件蒲昌府文书属于同类。兹据日比野氏的论文移录如下（永兴按：文书行数是我加上的，下同）：

15.2.1　第一件

(1)　　□□□□帖□□□□□□

(2)　去月二日被州二月三十〇日牒,上件人终服。

(3)　泉烽准旧帖上,当即准州牒,牒送赤

(4)　镇胡麻泉烽上讫者。依检闰二月二十

(5)　果毅贺方镇副杨逸状,得府牒破

(6)　□□□遭忧不上者,牒府速发遣。仍勘

(7)　所由上——

永兴按:此件文书上钤有“西州都督府之印”。

15.2.2　第二件

(1)　家(?)子弟车顺成第十一人——

(2)　状。上件人,今月七日具利害牒上,请处

(3)　两处,胡麻泉安置,东西交排,至今不

(4)　□□□□者。依检今月十二日已牒府县及

永兴按:本件文书钤有“西州都督府之印”。

15.2.3　第三件

(1)　人番当,今月一日上,依检不到

(2)　　人。　每月二十五日县府点检粮

(3)　　时发遣,赴州所由官典衙。　日到州利

(4)　　府阴达帖。　　　兵曹参军王　　宝

(5)示

(6)　　　五月三日申时录事麹

(7)　　　司马阙

永兴按:此件文书钤有“西州都督府之印”。

15.2.4　第四件

(1)　□□□贼来处谷下,驰马逐便

(2)　并园田等一物已上,都督

(3)　□□□有人无人,一一取实状报。

(4)　虞候吴玄武徒久奈蹄已上驴岭南突播路

(5)　□□□巡逻,准前知贼报告。

永兴按：此件文书钤有"西州都督府之印"。

15.2.5 第五件

(1) 牒

(2) 开元二年六月十四日

(3) 府

(4) 录事参军判户曹思

(5) 史 宋芝

永兴按：此件钤有"西州都督府之印"。

15.2.6 第六件

(1) □□ □□

(2) 白仁轨终服帖上讫，替人康文行 □

(3) 郭才感两脚五指落，替人郑长寿 □

(4) 虞候苏才感 石善君 已上配上 萨捍烽

(5) 曹祷 已上配维磨路觇探 质

(6) □ □已上配

永兴按：此件钤有"西州都督府之印"。

15.2.7 第七件

(1) 帖蒲昌府

(2) 年定番案，并身死没落遭忧

(3) 上件案， 勾会。 帖至， 仰府获 □

(4) □ 立待勘会。 八月七日 史安进帖。

(5) 录事参军 □

(6) □府

15.2.8 第八件

(1) 肃州建安镇将告身

(2) 裁者， 依勘告身，同 □

(3) 建安镇将告身既到

(4) 此已牒县讫，牒至准状。

(5) 案准式者,牒至准状。

(6) 　　开元二年

永兴按:此件钤有“右玉钤卫蒲昌府之印”。

15.2.9 第九件

(1) [ ]称,先被牒孙玄通等勋官,准

(2) 团依白丁例驱使,但此色人数既多,

(3) 并支入番,配要路职掌。今并倚团

(4) 缺防御,又准　敕团结逐要守

永兴按:此件钤有“右玉钤卫蒲昌府之印”。

15.2.10 第十件

(1) 　玉

(2) 上萨捍长探三卫苏才应

(3) 右检去年十月二十三日符,配才应上萨捍烽

(4) 奉司马今月二十四日判,今检前件处分[ ]

(5) □□如前。今月二十九日具检前符及检校

15.2.11 第十一件

(1) 处分。今春种是时,番役又到,望请(?)

(2) 处分。谨牒。

(3) 　　　　开元二年二月　日检校[ ]

(4) 　　司马判前符

(5) 　　检前符,准

(6) 　　分,玉示。

(7) 　　　　三

15.2.12 第十二件

(1) 谨牒

(2) 　　日府索才牒

(3) [ ]县牒,报兵梁

(4) 德身死不虚。准

(5)

15.2.13　第十三件

(1)

(2)　具名速报待

(3)　替，思缩示。

(4)　二

15.2.14　第十四件

1

2　六月　日府范祚牒

3　来月应上番兵，

4　据名牒所由，发遣

玉

5　检领讫上（?）。并衣

6　粮器仗，点检。并须

7

15.2.15　第十五件

(1)　检案，方示。

(2)　连如前，谨牒。　十四日

(3)　七月　日府索才

(4)　修塞贼路

(5)　游奕

15.2.16　第十六件

(1)　身死，牒上州兵曹

(2)　示

(3)　三十日

15.2.17　第十七件

(1)　玉（?）

(2)　尉康宝团

(3)　王君生　罗和达　闰二月逃回

(4)　右件人等先逃走去,正月内并逃归到团。比

(5)　来(?)未经支配。今牒状上。

15.2.18　第十八件

(1)　年三月　日郭才感辞

(2)　感去年十一月番当悬泉烽长探,

(3)　十五日夜三更被贼。其时步走告报

(4)　烽戍城堡,为雪深石粗,因即两脚

(5)　□遣(?)气(?)身(?)退(?)虞候绫(?)

绫(?)

15.2.19　第十九件

(1)　下萨捍王洛海没落,

(2)　毛胜行已上没落,□

(3)　州番康赤子终服,□

(4)　宋仫相身死,　马主

(5)　维磨戍长探品子

15.2.20　第二十件

(1)　捍烽李□才　王思礼　白洪节

(2)　□烽史善积　康至定　宋至福(?)　苏□

(3)　□龙德　曹(?)住子　孙诠叡　苏龙师交替人张文□

(4)　□振地(?)　孙盲之　康富达　高思俊　辛(?)

(5)　李义通　邓胡子　田奴子　张玄定(?)

(6)　替人苏安达　□

15.2.21　第二十一件

(1)　李君俊　令孤君素　史神静　朱三例　刘行则

(2) 承帐及随番逃

(3) 张神则 张绍(?)子 苏绍居 孙道德

(4) □□□ 何英毗 苏文亥 康德诸

(5)

永兴按:此件文书第1行第二人之姓“令孤”,应作“令狐”,不知原卷如何?

以上21件残文书,均据日比野氏录文移录,谨向他表示感谢。

关于这21件残文书的内容,日比野氏已详细考释,我不再赘述。

15.3 唐蒲昌府文书三

《历史档案》1982年第4期刊载6件唐代文书录文和图版,这些文书现藏于辽宁省档案馆。辽宁省档案馆介绍说:

> 我馆现存6件唐代档案,原藏于敦煌石窟,夹杂在唐人写经之中。1909年后,罗振玉请学部购运敦煌石窟文物,这6件唐档便落到了罗振玉手中。
>
> “九一八”事变后,罗振玉为追随溥仪,将其所藏的明清档案和这几份唐档全部奉送给伪满洲国,在省立奉天图书馆保存。1948年沈阳解放后,为东北图书馆(后改辽宁图书馆)所接管,1969年后,转至我馆保存至今。

这6件唐代文书是出自敦煌藏经洞吗?就其中5件的内容来讲,和本书上文从日比野丈夫的论文转录的蒲昌府文书基本相同,都记述了西州折冲府的活动,阴达、麹相等人名相同,时间都是开元二年,应该说这5件是大批蒲昌府文书中的5件,应出自西北边境地区。我推测这5件蒲昌府文书和日比野丈夫两次介绍的七十几件蒲昌府文书都出自同一地区。我推测,这大批唐文书的保有者可能是王树枏氏,是从王氏处流散出来的。

现藏于辽宁省档案馆的6件唐文书,其中一件载“追福寺麹上座”27个僧徒的名字,与蒲昌府无关,故不录。兹据图版移录其他5件文书如下：

15.3.1　第一件

（前　缺）

(1)　　　　[　　]成德今月二日身死

(2)　　[　　]得上件人男大珎辞：今月二日身□

(3)　　勘责牒府下，仰准式者。准状勘问[　　]

(4)　　[　　]□梁成德身死，勘查不虚，各

(5)　　[　　]□准式，仍牒上州户曹者。此已[　　]

(6)　　[　　]讫，今状，牒至准状，谨牒

(7)　　　　　　开元二年二月六日

（后　缺）

15.3.2　第二件

（前　缺）

[六十一]

(1)　　　　　　□□□

(2)　　[　　]□今并倚团，寇贼在近，又

(3)　　[　　]要守捉，今年请各折

(4)　　[　　]牒县准状者。此已牒县讫，牒

(5)　　[　　]

(6)　　开元二年二月二十四日

(7)　　　　府阴达

(8)　宪

(9)　　　　史

(10)　　　二月三十日录事麹相受

(11)　　　司马阙

（后　缺）

15.3.3　第三件

（前　缺）

(1)　牒,检案连如前,谨牒

(2)　　　　　　闰二月　　日府□□

(3)　　　　张建方等称:有□ [　　]

(4)　　　　勋,准式并合倚团, [　　]

(5)　　　　勃(?)判(?)待贼,宁当 [　　]

(6)　　　　□勒上者,谌状不□ [　　]

(7)　　　　　□〔检〕事抽入者□ [　　]

(8)　　　　　　　　牒城

(后　缺)

15.3.4　第四件

(前　缺)

(1)　[　　] 申者,依检,姜德合闰 [　　]

(2)　[　　] 患,差镇副史崇来月 [　　]

(3)　[　　] 至,替德游奕讫者。姜德 [　　]

(4)　[　　] 至游(来月)奕,牒府速发遣 [　　]

(5)　　　　开元二年 [　　]

(6)　　　　　　府 [　　]

(7)　兵曹参军峰

(8)　　　　　　〔史〕

(9)　　　　三月二日〔录〕

(10)　　　　.司马阙

(11)　　　　检案,　□〔示〕

(12)

(后　缺)

15.3.5　第五件

(前　缺)

(1)　[　　] 白园子　白员才　张玄运　石惠仁

(2)　[　　] □元尚(无为?)　樊僧海　安山海

(3)　▭安怀洛　杨住洛

(4)　▭身令孤端通(?)　安洪美　焦成贞

(5)　▭身马文行　裴文粱　孙惠(?)行

(6)　▭身翟建仁　康胡通　竹行子

(7)　▭身支神通　何慈力

(8)　▭玄德　　姜▭

(9)　▭君　张穆仁　康义摩　周仁来　赵孝(?)感(?)

(10)　▭郭三才　卜慈通　田[龙]敏　□□　▭

（后　缺）

主要参考文献

(一)史料

〔汉〕司马迁,撰. 史记[M]. 北京:中华书局,1975.

〔东汉〕班固,撰. 汉书[M]. 〔唐〕颜师古,注. 北京:中华书局,1975.

〔北齐〕魏收,撰. 魏书[M]. 北京:中华书局,1984.

〔唐〕魏征,令狐德棻,撰. 隋书[M]. 北京:中华书局,1982.

〔后晋〕刘昫,等,撰. 旧唐书[M]. 北京:中华书局,1975.

〔宋〕欧阳修,宋祁,撰. 新唐书[M]. 北京:中华书局,1975.

〔宋〕欧阳修,撰. 新五代史[M]. 〔宋〕徐无党,注. 北京:中华书局,1974.

〔宋〕薛居正,等,撰. 旧五代史[M]. 北京:中华书局,1976.

〔宋〕司马光,编著. 资治通鉴. 〔元〕胡三省,音注. 北京:中华书局,1976.

〔宋〕王溥,撰. 唐会要[M]. 北京:中华书局,1955.

〔唐〕李林甫,等,撰. 唐六典[M]. 广池本. [S. n]:广池学园,1973.

〔唐〕李林甫,等,撰. 大唐六典[M]. 影印南宋本. 北京:中华书局,1983.

〔唐〕长孙无忌,等,撰. 唐律疏议[M]. 刘文俊,点校. 北京:中华书局,1983.

〔唐〕杜佑,撰. 通典[M]. 北京:中华书局,1984.

〔宋〕王钦若,等,编. 册府元龟[M]. 影印本. 北京:中华书局,1982.

〔宋〕王应麟,撰. 玉海[M]. 文渊阁四库全书本.

〔唐〕李吉甫,撰. 元和郡县图志[M]. 贺次君,点校. 北京:中华书局,1983.

〔宋〕乐史,撰. 太平寰宇记[M]. 文渊阁四库全书本.

〔宋〕宋敏求,撰. 长安志[M]. 北京:商务印书馆,1930.

〔宋〕宋敏求,编. 唐大诏令集[M]. 北京:商务印书馆,1959.

〔唐〕李肇,撰. 唐国史补[M]. 上海:上海古籍出版社,1983.

〔唐〕吴兢,编著. 贞观政要[M]. 上海:上海古籍出版社,1984.

〔宋〕李昉,等,编. 太平广记[M]. 北京:中华书局,1961.

〔唐〕李筌,撰. 太白阴经[M]//守山阁丛书.

〔宋〕曾公亮,丁度,等,撰. 武经总要[M]. 影印本. 北京:中华书局,1959.

〔唐〕骆宾王,著. 骆宾王集[M]. 北京:中国书店,1988.

〔唐〕杨炯,著. 杨盈川集[M]. 四部丛刊初编本.

〔唐〕元稹,撰. 元稹集[M]. 冀勤,点校. 北京:中华书局,1982.

〔唐〕白居易,纂. 白氏六帖事类集[M]. 宋本影印本. [S. n]:吴兴张芹伯莚圃,1933.

〔梁〕萧统,编. 文选[M]. 〔唐〕李善,注. 北京:中华书局,1983.

〔唐〕徐坚,等,著. 初学记[M]. 北京:中华书局,1985.

〔宋〕李昉,等,编. 文苑英华[M]. 北京:中华书局,1982.

〔宋〕李昉,等,撰. 太平御览[M]. 影印本. 北京:中华书局,1985.

〔清〕彭定求,等,编. 全唐诗[M]. 北京:中华书局,1985.

〔清〕董浩,等,编. 全唐文[M]. 影印本. 北京:中华书局,1983.

〔日〕仁井田陞,编. 唐令拾遗[M]. 东京:东京大学出版会,1983.

〔日〕惟宗直本,撰. 令集解[M]. 东京:吉川弘文馆,1981.

罗振玉,辑. 鸣沙石室佚书[M]. 影印本. [S. n]:东方学会,1913.

罗振玉,辑. 贞松堂藏西陲秘籍丛残[M]. [S. n]:上虞罗氏影印本,1939.

罗振玉,辑. 敦煌石室遗书[M]. [S. n]:诵芬室,1909.

〔日〕池田温,著. 中国古代籍帐研究[M]. 东京:东京大学东洋文化研究所,1979.

〔日〕小田义久,责任编集. 大谷文书集成:壹[M]. 京都:法藏馆,1984.

国家文物局古文献研究室,新疆维吾尔自治区博物馆,武汉大学历史系,编. 吐鲁番出土文书[M]. 北京:文物出版社,1981—1987.

黄永武,主编. 敦煌宝藏[M]. 台北:新文丰出版公司,1983—1986.

黄文弼. 吐鲁番考古记[M]. 北京:中国科学院,1954.

黄文弼. 高昌砖集[M]. 北京中国科学院,1951.

新疆维吾尔自治区博物馆,编. 新疆出土文物[M]. 北京:文物出版社,1975.

〔清〕段玉裁,撰. 说文解字注[M]. 上海:上海古籍出版社,1984.

〔清〕王念孙,撰. 广雅疏证. 上海:上海古籍出版社,1983.

〔清〕王先謙,撰集. 释名疏证补[M]. 上海:上海古籍出版社,1984.

〔辽〕释·行均,编. 龙龛手镜[M]. 北京:中华书局,1985.

秦公,辑. 碑别字新编[M]. 北京:文物出版社,1985.

〔梁〕顾野王,撰. 宋本玉篇[M]. 北京:中国书店影印,1983.

中国历史地图集编辑组,编. 中国历史地图集:第5册[M]. 中华地图学社,1975.

(二)研究论著

1. 专著

陈寅恪. 唐代政治史述论稿[M]. 上海:上海古籍出版社,1982.

陈寅恪. 隋唐制度渊源略论稿[M]. 上海:上海古籍出版社,1982.

王国维. 观堂集林[M]. 北京:中华书局,1984.

王重民. 敦煌遗书总目索引[M]. 北京:中华书局,1962.

〔清〕徐松,撰. 唐两京城坊考[M]. 张穆,校补. 方严,点校. 北京:中华书局,1985.

吴廷燮. 唐藩镇年表[M]. 北京:中华书局,1980.

〔唐〕劳经原. 唐折冲府考[M]//二十五史补编:第6册. 北京:中华书局,1955.

罗振玉. 唐折冲府考补[M]//二十五史补编:第6册. 北京:中华书局,1955.

谷霁光. 唐折冲府校补[M]//二十五史补编:第6册. 北京:中华书局,1955.

北京大学中国中古史研究中心,编. 敦煌吐鲁番文献研究论集:第1-4辑[M]. 北京:中华书局、北京大学出版社,1982—1988.

武汉大学历史系魏晋南北朝隋唐史研究室,唐长孺,主编. 敦煌吐鲁番文书初探[M]. 武汉:武汉大学出版社,1983.

韩国磐,主编. 敦煌吐鲁番出土经济文书研究[M]. 厦门:厦门大学出版社,1986.

唐长孺. 山居存稿[M]. 北京:中华书局,1989.

王永兴. 唐勾检制研究[M]. 上海:上海古籍出版社,1991.

2. 论文

安家瑶. 唐永泰元年(765)——大历元年(766)河西巡抚使判集(伯二九四二)研究[M]//敦煌吐鲁番文献研究论集. 北京:中华书局,1982.

程喜霖. 释烽铺. 魏晋南北朝隋唐史资料[J]. 1982(4).

程喜霖. 从吐鲁番出土文书中所见的唐代烽堠制度之一[M]//敦煌吐鲁番出土文书初探. 武汉:武汉大学出版社,1983.

程喜霖. 从吐鲁番出土文书中所见的唐代烽堠制度之三——唐代的烽铺劚田[J]. 武汉大学学报,1985(6).

姜伯勤. 上海藏本敦煌所出河西支度营田使文书研究[M]//敦煌吐鲁番出土文献研究论集:第2辑. 北京:北京大学出版社,1983.

姜伯勤. 吐鲁番文书所见的“波斯军”[J]. 中国史研究,1986(1).

姜伯勤. 敦煌新疆文书所记的唐代“行客”[M]//国家文物局古文

献研究室,编. 出土文献研究续集. 北京:文物出版社,1989.

李锦绣. 唐开元二十二年秋季沙州会计历考释[M]//敦煌吐鲁番学研究论文集. 上海:汉语大词典出版社,1990.

辽宁省档案馆. 唐代档案[J]. 历史档案,1982(4).

孙继民. 吐鲁番文书所见唐代三次行军考[J]. 武汉大学学报,1988(1).

唐长孺. 唐肃代期间的伊西北庭节度使及留后[J]. 中国史研究,1980(3).

唐长孺. 跋吐鲁番所出唐代西州差兵文书[J]. 魏晋南北朝隋唐史资料,1981(3).

唐长孺. 唐西州差兵文书跋[M]//敦煌吐鲁番文书初探. 武汉:武汉大学出版社,1983.

王永兴. 唐天宝差科簿研究——兼论唐代色役制度和其他问题[M]//敦煌吐鲁番文献研究论集. 北京:中华书局,1982.

王永兴. 伯三三四八背文书研究[M]//敦煌吐鲁番学研究论文集. 上海:汉语大词典出版社,1990.

王永兴. 读吐鲁番文书札记二则[J]. 中国文化,1991(4).

王永兴,李志生. 吐鲁番出土《汜德达告身》校释[M]//北京大学中国中古史研究中心. 敦煌吐鲁番文献研究论集:第2辑. 北京:北京大学出版社,1983.

吴丽娱. 唐高宗永隆元年府兵卫士简点文书的研究[M]//敦煌吐鲁番学研究论文集. 上海:汉语大词典出版社,1990.

吴宗国. 唐贞观廿三年敕旨中有关三卫的几个问题[M]//敦煌吐鲁番文献研究论集:第3辑. 北京:北京大学出版社,1986.

小笠原宣秀,西村元佑. 唐代徭役制度考[J]. 西域文化研究,1960(3).

小笠原宣秀,西村元佑. 唐代徭役制度考[M]//敦煌学译文集——敦煌吐鲁番出土社会经济文书研究. 兰州:甘肃人民出版社,1985.

周藤吉之. 吐鲁番出土佃人文书的研究——唐代前期的佃人制[J]. 西域文化研究,1959(2).

周藤吉之. 吐鲁番出土佃人文书的研究——唐代前期的佃人制[M]//敦煌学译文集——敦煌吐鲁番出土社会经济文书研究. 兰州:甘肃人民出版社,1985.

周藤吉之. 佃人文书研究补考[M]//唐宋社会经济史研究. 东京:东京大学出版会,1965.

周藤吉之. 佃人文书研究补考[M]//敦煌学译文集——敦煌吐鲁番出土社会经济文书研究. 兰州:甘肃人民出版社,1985.

大庭脩. 唐告身古文書學的研究[M]//西域文化研究三:敦煌吐鲁番社会经济资料. 京都:法藏馆,1960.

内藤乾吉. 西域发现唐代官文书研究[M]//西域文化研究三:敦煌吐鲁番社会经济资料. 京都:法藏馆,1960.

日比野丈夫. 唐代蒲昌府文书の研究[J]. 东方学报,1963,33.

日比野丈夫. 新获の唐代蒲昌府文书について[J]. 东方学报,1973,45.

编后记

外子王永兴先生《敦煌吐鲁番出土唐代军事文书考释》一书，始撰于1989年初，完稿于1990年夏。

外子认为研究历史应实事求是，一切从当时的历史实际出发，从史籍文献、各种资料的记载出发。因而他研究唐史极重史料，而敦煌吐鲁番文书是未经删改、直接反映历史原貌的资料，他更为重视。在北大教学和科研中，他大力提倡敦煌吐鲁番文书研究。敦煌吐鲁番文书与唐代专题史，一直是他给本科和研究生同时开设的两门课程，每年授课的具体内容和重点有所不同，但敦煌吐鲁番文书和唐史本身一直是并驾齐驱，缺一不可的。1988年12月，他提出了编辑"隋唐五代史料丛书"的计划，包括隋唐五代史料整理和敦煌吐鲁番文书校释两类：前者初步选题为《唐大诏令集校补》、《隋诏敕辑校》、《〈隋书·百官志〉注》、《唐田令、户令、赋役令辑考》等；后者包括《敦煌吐鲁番土地文书校释》、《敦煌吐鲁番户籍、手实、计帐、差科簿文书校释》、《敦煌吐鲁番军事文书校释》等。后因筹措出版经费的努力失败，丛书未能出版，但他仍然坚持敦煌吐鲁番文书的校注工作。由于当时《敦煌吐鲁番土地文书校释》、《敦煌吐鲁番户籍、手实、计帐、差科簿文书校释》已经完稿，他接下来就开始了《敦煌吐鲁番军事文书校释》一书的撰写。

1989年，北京图书馆（今中国国家图书馆）敦煌资料中心请外子讲授"敦煌学"课，每周一次，为期一年。那时的讲课都是没有报酬的，外子也心甘情愿为弘扬敦煌学无偿奉献。但敦煌资料中心主任徐自强先生于心不忍，他知道外子手抖、书不成字，就想在这本书的抄写和出版上提供一些帮助。这一年，外子搜集了北京图书馆、法国国家图书馆、大英图书馆、上海文物管理委员会所藏敦煌军事文书及《吐鲁番出土文书》、《大谷文书集成》、《中国古代籍帐研究》、《西域文化研究》所载吐鲁番军事文书，并参考黄文弼《吐鲁番考古记》、罗振玉《贞松堂藏西陲秘籍丛残》、日比野丈夫关于唐代蒲昌府文书的论文等，对敦煌吐鲁番出土唐代军事文书进行汇编、分类、整理、说明及注释。最初搜集的文书较多，后经多次删改，明确类别，精简注释，就成了现在这个样子。对一个75岁的老人而言，资料汇编工作是艰巨而繁重的，外子无法书写，尤感困难。这期间，其子王珠文帮助抄写了一些资料。外子在是书原"后记"中写到：

> 在十年浩劫中，我在身体上和精神上受到极大摧残，以致双手几乎失去写字的能力。后经医治和锻炼，有所恢复，但书写时仍颤抖，字不成形。这本书稿有些是由我的孩子王珠文抄写的。珠文有志也有能力读书治史，但没有读书的环境和条件。为我抄写这类书稿，他似乎可以得到一些稍偿夙愿的满足。我得到帮助却感到悲哀。但愿有一天他能真正地得偿夙愿，然而这又是何等渺茫啊！

1990年夏，《敦煌吐鲁番出土唐代军事文书考释》完稿。徐自强先生找人誊清，经外子核对修订后，又为之多方联系出版社。之后，出版的事不了了之。外子索回了誊清稿，置诸箧内，然后就将主要精力放在唐代军事史研究之上了。这部书稿，可以说是外子研究领域从经济史到军事史的转折点。

本书稿的内容，大多未曾发表。外子在本书《前言》中说："吐鲁番出土吐谷浑北返归朝文书20件，是很重要的军事文书，因我已有专文研究这批文书，本书不再收录。"但我并不知外子此文发表于何处。1991年出版的《中国文化》第4卷上，载有外子《读吐鲁番文书札记二则》，其一则与吐谷浑有关，但并不是吐谷浑北返归朝文书的考释，而是对一条注释的发挥和升华。也许外子写完了就随手一放，年深日久，也不记忆了。

这部书稿也是时代的产物。外子之所以编这样一本书，是因为当时条件困难：国外主要研究著作、论文不易得，敦煌吐鲁番文书原件、图版均不易见，片纸只字，视为至宝。“文革”后期，外子恢复了些人身自由，陪伴他的只有历史所编辑的《敦煌资料》第一辑。也就是这本书，让他“如在灾难深重之中与老友重逢”，他反复研读书中支离破碎的残卷，重新开始敦煌学研究。而正因为资料苦觅难寻，搜集时倍感艰辛，外子才决定整理军事文书，汇成一册，以为有志者提供便利。

斗转星移。随着中外学者的共同努力，敦煌吐鲁番文书的整理刊布已经取得了重大成绩。今天，不仅外子苦盼的《吐鲁番出土文书》第九册、第十册已付梓，煌煌四卷图版本得以出版，日本小田义久先生编辑的《大谷文书集成》贰、叁、肆也尽展庐山真面目，这些都让外子没有了“不知原卷如何？”的遗憾。更有甚者，随着考古发掘的进展，新出土的文书也络绎不绝，敦煌吐鲁番文书也不再莫测高深。外子所关注的唐代蒲昌府文书，1997 年，陈国灿先生与刘永增一起，在日比野丈夫先行整理的基础上对日本宁乐美术馆藏 110 片 82 件蒲昌府文书进行了重新整理、拼接、缀合、释文、增加、补正，并按月日先后为序重新排列，且同时刊布了文书的全部图版。至此，这批蒲昌府文书完全揭开了神秘的面纱。二十多年来，敦煌吐鲁番军事文书、唐代军事史研究也突飞猛进，陈国灿、程喜霖、孙继民等先生均在细致分析敦煌吐鲁番文书的基础上，提出创新之见，不断丰富和深化唐代军事制度的认识。这些研究不但填补敦煌吐鲁番学研究的空白，而且拓宽了唐代军事史研究的领域。

这些资料和成果，本书都未能收入和体现，这不能不说是一个重大遗憾。修补完善工作颇巨，我一时无力进行，只好一仍其旧。感谢余太山先生的盛情，我就这样把这株孤苍的老枝，也植于内陆欧亚学研究的百花园中了！

今年的 6 月 16 日，是外子百年诞辰。没有纪念会和纪念论文集，我带他去了新疆博尔塔拉，和他一起看了唐代军事史上重要一战——苏定方平阿史那贺鲁双河之战的战场，以偿他“行至乌鲁木齐以西”的夙愿。在圣洁得令人窒息的赛里木湖畔，我感受到他喜欢在百岁这一天来到这里，也喜欢这样静静地被怀想与思念。

寄出本书二校样之后,我做了一个梦。梦中突然被告知外子去世了,我失声长恸,肝肠寸断。那种心痛和恐惧,醒来后持续了很久。泪眼模糊中,我意识到,六年了,外子虽离开了尘世,但却还在一直陪伴着我,从未离开。

兰州大学出版社施援平、高燕平女史不仅在本书的编辑上花费了巨大心血和努力,而且一次次对我宽容有加,令我羞愧并深为感动。我对她们二人的感激之情,无法用言语表达。

李锦绣

2014年6月21日

索　引

A

B

C

D

F

G

H

J

K

L

M

P

Q

S

T

W

X

Y

Z

欧亚历史文化文库

林悟殊著:《中古夷教华化丛考》 定价:66.00 元
赵俪生著:《弇兹集》 定价:69.00 元
华喆著:《阴山鸣镝——匈奴在北方草原上的兴衰》 定价:48.00 元
杨军编著:《走向陌生的地方——内陆欧亚移民史话》 定价:38.00 元
贺菊莲著:《天山家宴——西域饮食文化纵横谈》 定价:64.00 元
陈鹏著:《路途漫漫丝貂情——明清东北亚丝绸之路研究》 定价:62.00 元
王颋著:《内陆亚洲史地求索》 定价:83.00 元
〔日〕堀敏一著,韩昇、刘建英编译:《隋唐帝国与东亚》 定价:38.00 元
〔印度〕艾哈默得·辛哈著,周翔翼译,徐百永校:《入藏四年》 定价:35.00 元
〔意〕伯戴克著,张云译:《中部西藏与蒙古人——元代西藏历史》(增订本) 定价:38.00 元
陈高华著:《元朝史事新证》 定价:74.00 元
王永兴著:《唐代经营西北研究》 定价:94.00 元
王炳华著:《西域考古文存》 定价:108.00 元
李健才著:《东北亚史地论集》 定价:73.00 元
孟凡人著:《新疆考古论集》 定价:98.00 元
周伟洲著:《藏史论考》 定价:55.00 元
刘文锁著:《丝绸之路——内陆欧亚考古与历史》 定价:88.00 元
张博泉著:《甫白文存》 定价:62.00 元
孙玉良著:《史林遗痕》 定价:85.00 元
马健著:《匈奴葬仪的考古学探索》 定价:76.00 元
〔俄〕柯兹洛夫著,王希隆、丁淑琴译:《蒙古、安多和死城哈喇浩特》(完整版) 定价:82.00 元
乌云高娃著:《元朝与高丽关系研究》 定价:67.00 元
杨军著:《夫余史研究》 定价:40.00 元
梁俊艳著:《英国与中国西藏(1774—1904)》 定价:88.00 元
〔乌兹别克斯坦〕艾哈迈多夫著,陈远光译:《16—18 世纪中亚历史地理文献》(修订版) 定价:85.00 元

成一农著:《空间与形态——三至七世纪中国历史城市地理研究》
定价:76.00 元
杨铭著:《唐代吐蕃与西北民族关系史研究》 定价:86.00 元
殷小平著:《元代也里可温考述》 定价:50.00 元
耿世民著:《西域文史论稿》 定价:100.00 元
殷晴著:《丝绸之路经济史研究》 定价:135.00 元(上、下册)
余大钧译:《北方民族史与蒙古史译文集》 定价:160.00 元(上、下册)
韩儒林著:《蒙元史与内陆亚洲史研究》 定价:58.00 元
〔美〕查尔斯·林霍尔姆著,张士东、杨军译:
《伊斯兰中东——传统与变迁》 定价:88.00 元
〔美〕J. G. 马勒著,王欣译:《唐代塑像中的西域人》 定价:58.00 元
顾世宝著:《蒙元时代的蒙古族文学家》 定价:42.00 元
杨铭编:《国外敦煌学、藏学研究——翻译与评述》 定价:78.00 元
牛汝极等著:《新疆文化的现代化转向》 定价:76.00 元
周伟洲著:《西域史地论集》 定价:82.00 元
周晶著:《纷扰的雪山——20 世纪前半叶西藏社会生活研究》
定价:75.00 元
蓝琪著:《16—19 世纪中亚各国与俄国关系论述》 定价:58.00 元
许序雅著:《唐朝与中亚九姓胡关系史研究》 定价:65.00 元
汪受宽著:《骊靬梦断——古罗马军团东归伪史辨识》 定价:96.00 元
刘雪飞著:《上古欧洲斯基泰文化巡礼》 定价:32.00 元
〔俄〕T. Б. 巴尔采娃著,张良仁、李明华译:
《斯基泰时期的有色金属加工业——第聂伯河左岸森林草原带》
定价:44.00 元
叶德荣著:《汉晋胡汉佛教论稿》 定价:60.00 元
王颋著:《内陆亚洲史地求索(续)》 定价:86.00 元
尚永琪著:
《胡僧东来——汉唐时期的佛经翻译家和传播人》 定价:52.00 元
桂宝丽著:《可萨突厥》 定价:30.00 元
篠原典生著:《西天伽蓝记》 定价:48.00 元
〔德〕施林洛甫著,刘震、孟瑜译:
《叙事和图画——欧洲和印度艺术中的情节展现》 定价:35.00 元
马小鹤著:《光明的使者——摩尼和摩尼教》 定价:120.00 元
李鸣飞著:《蒙元时期的宗教变迁》 定价:54.00 元

〔苏联〕伊·亚·兹拉特金著,马曼丽译:
《准噶尔汗国史》(修订版) 定价:86.00 元
〔苏联〕巴托尔德著,张丽译:《中亚历史——巴托尔德文集
第 2 卷第 1 册第 1 部分》 定价:200.00 元(上、下册)
〔俄〕格·尼·波塔宁著,〔苏联〕B. B. 奥布鲁切夫编,吴吉康、吴立珺译:
《蒙古纪行》 定价:96.00 元
张文德著:《朝贡与入附——明代西域人来华研究》 定价:52.00 元
张小贵著:《祆教史考论与述评》 定价:55.00 元
〔苏联〕K. A. 阿奇舍夫、Γ. A. 库沙耶夫著,孙危译:
《伊犁河流域塞人和乌孙的古代文明》 定价:60.00 元
陈明著:《文本与语言——出土文献与早期佛经词汇研究》
定价:78.00 元
李映洲著:《敦煌壁画艺术论》 定价:148.00 元(上、下册)
杜斗城著:《杜撰集》 定价:108.00 元
芮传明著:《内陆欧亚风云录》 定价:48.00 元
徐文堪著:《欧亚大陆语言及其研究说略》 定价:54.00 元
刘迎胜著:《小儿锦研究》(一、二、三) 定价:300.00 元
郑炳林著:《敦煌占卜文献叙录》 定价:60.00 元
许全胜著:《黑鞑事略校注》 定价:66.00 元
段海蓉著:《萨都剌传》 定价:35.00 元
马曼丽著:《塞外文论——马曼丽内陆欧亚研究自选集》 定价:98.00 元
〔苏联〕И. Я. 兹拉特金主编,М. И. 戈利曼、Г. И. 斯列萨尔丘克著,
马曼丽、胡尚哲译:《俄蒙关系历史档案文献集》(1607—1654)
定价:180.00 元(上、下册)
华喆著:《帝国的背影——公元 14 世纪以后的蒙古》 定价:55.00 元
Π. K. 柯兹洛夫著,丁淑琴、韩莉、齐哲译:《蒙古和喀木》 定价:75.00 元
杨建新著:《边疆民族论集》 定价:98.00 元
赵现海著:《明长城时代的开启
——长城社会史视野下榆林长城修筑研究》(上、下册) 定价:122.00 元
李鸣飞著:《横跨欧亚——中世纪旅行者眼中的世界》 定价:53.00 元
李鸣飞著:《金元散官制度研究》 定价:70.00 元
刘迎胜著:《蒙元史考论》 定价:150.00 元
王继光著:《中国西部文献题跋》 定价:100.00 元
李艳玲著:《田作畜牧
——公元前 2 世纪至公元 7 世纪前期西域绿洲农业研究》
定价:54.00 元

〔英〕马尔克·奥莱尔·斯坦因著，殷晴、张欣怡译：《沙埋和阗废墟记》
定价：100.00 元

梅维恒著，徐文堪编：《梅维恒内陆欧亚研究文选》 定价：92.00 元
杨林坤著：《西风万里交河道——时代西域丝路上的使者与商旅》
定价：65.00 元

王邦维著：《华梵问学集》 定价：75.00 元
芮传明著：《摩尼教敦煌吐鲁番文书译释与研究》 定价：88.00 元
陈晓露著：《楼兰考古》 定价：92.00 元
石云涛著：《文明的互动
——汉唐间丝绸之路中的中外交流论稿》 定价：118.00 元
孙昊著：《辽代女真族群与社会研究》 定价：48.00 元
尚永琪著：《鸠摩罗什及其时代》 定价：70.00 元
薛宗正著：《西域史汇考》 定价：136.00 元（上、下册）
张小贵编：
《三夷教研究——林悟殊先生古稀纪念论文集》 定价：100.00 元
许全盛、刘震编：《内陆欧亚历史语言论集——徐文堪先生古稀纪念》
定价：90.00 元

石云涛著：《丝绸之路的起源》 定价：94.00 元
〔英〕尼古拉斯·辛姆斯－威廉姆斯著：
《阿富汗北部的巴克特里亚文献》 定价：170.00 元
李锦绣编：《20 世纪内陆欧亚历史文化研究论文选粹》（第一辑）
定价：108.00 元

李锦绣编：《20 世纪内陆欧亚历史文化研究论文选粹》（第二辑）
定价：100.00 元

李锦绣编：《20 世纪内陆欧亚历史文化研究论文选粹》（第三辑）
定价：98.00 元

李锦绣编：《20 世纪内陆欧亚历史文化研究论文选粹》（第四辑）
定价：86.00 元

马小鹤著：《霞浦文书研究》 定价：115.00 元
林悟殊著：《摩尼教华化补说》 定价：140.00 元
余太山、李锦绣主编：《古代内陆欧亚史纲》 定价：118.00 元
王永兴著：《唐代土地制度研究——以敦煌吐鲁番田制文书为中心》
定价：70.00 元

王永兴著：《敦煌吐鲁番出土唐代军事文书考释》 定价：70.00 元

淘宝网邮购地址：http://lzup.taobao.com